AF500319

ŒUVRES COMPLÈTES

DE

BENOIT MALON

MANUEL
D'ÉCONOMIE SOCIALE

PREMIÈRE PARTIE

HISTORIQUE DE L'ÉCONOMIE POLITIQUE, DEPUIS LES ATHÉNIENS JUSQU'A NOS JOURS

DEUXIÈME PARTIE

EXPOSÉ CRITIQUE DES LOIS ÉCONOMIQUES ET DES PHÉNOMÈNES SOCIAUX

Prix : 2 fr. 50

PARIS
DERVEAUX, LIBRAIRE-ÉDITEUR
32, RUE D'ANGOULÊME, 32

1883

MANUEL
D'ÉCONOMIE SOCIALE

VIENT DE PARAITRE

DU MÊME AUTEUR

HISTOIRE DU SOCIALISME, depuis les temps les plus reculés jusqu'en 1884.

Est paru le tome premier comprenant l'Histoire du socialisme depuis les temps les plus reculés jusqu'en 1800. Un beau volume in-4° illustré de soixante-dix gravures dans le texte et de sept grandes primes hors texte, entièrement inédites. Prix du volume broché . . . . 5 fr. »
Non broché. . . 4 fr. 50

Vient de paraître le tome deuxième comprenant l'**Histoire du socialisme depuis 1801 jusqu'en 1871.** Un fort et beau volume in-4° illustré de cent-dix gravures dans le texte et cinq primes hors texte, entièrement inédites. Prix du volume non broché. . . . . 10 fr.
Broché. . . . . 11 fr.

LE NOUVEAU PARTI, tome Ier. **Le Parti ouvrier et ses principes**, in-18 jésus, 2e édition, revue et corrigée par l'auteur et précédé d'une préface par Jules Vallès. 1 f. 50

LE NOUVEAU PARTI, tome II. **Le parti ouvrier et sa politique**, 1 vol. in-18 jésus. . . . . 1 f. 50

LE PARTI OUVRIER EN FRANCE, une brochure avec couverture. . . . . 25 cent.

SOUS PRESSE

POUR PARAITRE PROCHAINEMENT

LA MAIN A LA PATE, un volume in-18 jésus.

Paris. — Imprimerie DERVEAUX, 32, rue d'Angoulême.

ŒUVRES COMPLÈTES

DE

BENOIT MALON

MANUEL D'ÉCONOMIE SOCIALE

PREMIÈRE PARTIE

HISTORIQUE DE L'ÉCONOMIE POLITIQUE, DEPUIS LES ATHÉNIENS JUSQU'A NOS JOURS

DEUXIÈME PARTIE

EXPOSÉ CRITIQUE DES LOIS ÉCONOMIQUES ET DES PHÉNOMÈNES SOCIAUX

Prix : 2 fr. 50

PARIS
DERVEAUX, LIBRAIRE-ÉDITEUR
32, RUE D'ANGOULÊME, 32

1883

MANUEL
D'ÉCONOMIE SOCIALE

PREMIÈRE PARTIE

HISTORIQUE DE L'ÉCONOMIE POLITIQUE DEPUIS LES ATHÉNIENS JUSQU'A NOS JOURS.

CHAPITRE PREMIER.

L'ÉCONOMIE POLITIQUE DES GRECS.

§ Ier. Considérations générales.

L'économie sociale ne tendit à devenir une branche spéciale de la politique que vers le milieu du XVIIIe siècle. Ce fait nouveau s'explique par l'avénement, à cette époque, des manufactures dont nous donnerons dans le cours de ce livre la signification sociale. L'accumulation des capitaux, les agglomérations d'hommes, la division du travail, l'immense circulation de produits qu'elles nécessitèrent, appelaient une science de la production et de distribution des richesses et les recherches se dirigèrent spécialement de ce côté : la littérature économiste était née.

Non pas cependant que les *économistes financiers*, ceux de l'*école italienne*, les *physiocrates* français et les économistes de l'*école anglaise* fussent les premiers apôtres des disciplines économiques. Bien avant eux, des penseurs éminents, à commencer par Platon, Aristote et Xénophon s'étaient préoccupés de la *science des richesses*. Mais il est vrai de dire que l'économie politique est fille de nos temps modernes. Car qu'était-il besoin de science économique pour ces civilisations primitives, pour ces sociétés antiques où tout était réglé soit par l'omnipotence d'un patriarche, soit par l'écrasante suprématie d'une caste, soit par le despotisme illimité d'un monarque asservi, le mode dominant d'acquisition étant toujours le brigandage en grand, appelé guerre, et le travail, ayant pour caractéristique d'être déshonorant, d'être infligé presque exclusivement aux esclaves, comme un châtiment?

Nous pourrions donc commencer notre historique économique au XVIe siècle. Toutefois, pour indiquer à grands traits, la filiation du développement social dans l'humanité, nous ferons ressortir ce que les historiens nous ont conservé de la vie économique des peuples les plus influents de l'antiquité et notamment des Phéniciens, des Athéniens et des Romains. Nous passerons ensuite par le douloureux moyen âge et arriverons ainsi à l'ère moderne.

§ II. Les Phéniciens.

Nous connaissons peu de chose de la vie intérieure des

Phéniciens et des Carthaginois, sinon qu'ils furent les agents les plus actifs de l'antique civilisation méditerranéenne du développement de laquelle leur nationalité allait périr.

Les Phéniciens entreprenants, surnommés les Anglais de l'ancien monde, quoique établis sur une rive étroite, resserrée entre de hautes montagnes et la mer, surent conquérir une grande place parmi leurs contemporains et dans l'histoire, par leur commerce, leur navigation et leur industrie.

C'est dans cette contrée restreinte, mais où les ports abondaient, qu'ils étaient venus chercher un refuge contre les migrations de la haute Asie, qui les avaient déjà réduits à délaisser les environs du golfe Persique. Par cette nouvelle situation, ainsi que par les nécessités de l'existence, ils semblaient tout naturellement poussés à servir d'intermédiaire — ce dont ils ne se firent pas faute — entre l'Orient et les rivages de l'Occident, et à ouvrir un marché à tous les pays, depuis l'Inde et l'Arabie jusqu'à l'Océan Atlantique. Un système colonial des plus étendus appuyait solidement le rôle fructueux qu'ils jouaient entre deux civilisations extrêmes, et leur navigation, trouvant devant elle un champ immense, s'enrichissait des perfectionnements les plus notables. Mais si leur commerce maritime fut gigantesque, s'ils firent faire à l'art nautique des progrès décisifs, si leur commerce de terre lui-même fut loin d'être languissant, il est incontestable qu'ils se vouèrent également avec succès aux principales branches de l'industrie, telles que l'extraction et le travail des métaux, la tisseranderie et la teinture, la fabrication du verre, appropriée aux exigences du luxe comme aux usages de la vie et qu'ils se montrèrent même si soucieux des choses de l'esprit et des spéculations scientifiques qu'ils passent encore pour les inventeurs de l'écriture en lettres, pour les premiers mathématiciens et astronomes. Aussi comprend-on qu'ils aient pu arracher à un de leurs voisins inspirés, au prophète Isaïe, cette exclamation significative : « qui réserva un tel destin à la ville de Tyr, distributrice des couronnes, et dont les marchands furent des souverains [1] ? »

Tout cela gâté par la cruauté africaine, par ce culte atroce de Moloch qui fut, à juste titre, la haine et l'effroi de l'ancien monde et empêchera toujours l'histoire, quoi qu'ait pu dire Adolphe Blanqui, de s'affliger outre mesure de la destruction par Rome du monde punique.

§ III. Economie politique des Athéniens.

Comme les Phéniciens, comme les Perses, comme les autres Grecs, comme toutes les nations d'alors, la république athénienne était fondée sur l'esclavage.

Les esclaves d'Athènes (qui étaient au nombre 350,000 sur 90,000 habitants et 45,000 étrangers) faisaient presque tout le travail. A eux incombait de moudre le blé, de cuire le pain, de faire la cuisine ou les habits, d'accompagner leurs maîtres, à s'occuper de l'intérieur de la maison, du bétail, du soin des champs, des arts mécaniques, des mines, des fonderies et de tous les travaux des journaliers. Quelques-uns n'avaient que des fonctions machinales et dignes à peine d'un automate. C'est ainsi que sous le nom d'*Horolo-*

1. E. Worms, *Exposé élémentaire de l'économie politique.*

gètes, certains esclaves, immobiles comme nos grandes pendules d'antichambre, n'avaient d'autre emploi, d'autre destinée sur la terre, que de crier les heures et de retourner le clepsydre.

En général, dit Villeneuve de Bargemont[1], ils étaient mal nourris. Un pain grossier formait leur principal aliment. Considérés comme de véritables machines à produire, ils n'avaient de valeur qu'en raison de leur produit et de l'économie de leur entretien. On disait à Athènes, d'un esclave *qu'il rapportait tant de drachmes*, comme on dit d'une machine à vapeur *qu'elle est de la force de tant de chevaux.*

L'application des esclaves à l'industrie explique comment les professions industrielles étaient si peu considérées chez les Grecs, comme chez les peuples où l'esclavage a été l'agent principal de la production et une des bases de l'économie politique. Jamais un homme d'une famille distinguée n'y serait descendu, quoique, d'un autre côté, un fabricant pût s'élever jusqu'à s'emparer du gouvernail de l'Etat, ainsi que Cléon, Hyperbolus et quelques autres y parvinrent.

Toutefois les plus anciens législateurs, Solon, Thémistocle et Périclès, favorisèrent ces professions, dans la vue d'améliorer le sort de la basse classe, d'enrichir l'Etat, d'augmenter le commerce et d'avoir des hommes pour monter les flottes qui, depuis Thémistocle, dominèrent la mer.

Du reste l'industrie était libre ; tout étranger domicilié (*métèque*) pouvait exercer un métier, quoiqu'il ne pût posséder un fonds de terre ; les citoyens avaient seulement,

1. *Histoire de l'économie politique.*

pour la vente au marché, quelque avantage sur les étrangers qui étaient obligés d'en acheter la permission.

L'Attique recevait du commerce tout ce qu'elle ne produisait pas.

Les défenses d'exporter du numéraire étaient inconnues à Athènes comme chez les autres peuples de l'antiquité. Cependant il paraît qu'une quantité énorme d'or et d'argent s'est accumulée à Athènes, comme depuis à Rome, et comme jadis elle l'avait été pareillement dans le royaume de Juda, chez les Mèdes et les Perses, et chez toutes les nations qui avaient acquis de la supériorité dans la guerre ou dans les arts. L'or et l'argent semblent obéir à une loi d'attraction ou de nivellement, selon la localisation ou le développement de la civilisation.

En temps de paix, toutes les productions étrangères arrivaient à Athènes. La liberté du commerce paraît avoir existé de tous les temps dans l'Attique sans graves restrictions. « On ne savait, dit Heeren, ce que c'était qu'une « Balance du commerce », et toutes les mesures violentes qui en découlent restaient naturellement inconnues. Il y avait des *Douanes*, comme aujourd'hui. »

Mais ce qui place les Athéniens à l'avant-garde sociale de l'ancien monde c'est, outre leur incomparable efflorescence philosophique, politique et artistique, l'honneur dans lequel ils tenaient le travail au grand scandale des hommes de rapines et de sang qui, de Sparte la cruelle et la grossière, opprimaient et spoliaient la Grèce dorienne. L'Athénien devait justifier de ses moyens d'existence. Il arriva souvent dans les moments de crise que le peuple assemblé à l'*Agora* ou au *Pnix* confiât les destins de la patrie menacée à des prolétaires, comme Cléon, Hyperbolus, Eucratès, Lysaclès, Cléophon qui surent toujours, à la tête de leurs concitoyens, sauvegarder l'honneur et l'indépendance d'Athènes ou mourir pour elle et pour ses lois.

Le libéralisme athénien n'allait pas naturellement jusqu'au sacrifice du sens social.

« Tous les concitoyens de Solon, de Socrate, de Périclès, de Clisthène, d'Epicure, de Thémistocle, étaient convaincus, que l'Etat avait des droits sur la totalité des propriétés particulières. Toute restriction apportée à l'usage de ces propriétés et amenée par les circonstances, paraissait juste.

On regardait le commerce comme soumis à l'Etat, puisqu'il ne peut exister sans une société soumise à des règles. De là le droit de l'Etat, de lui donner des limites et même de s'en appliquer quelquefois les avantages. Quiconque ne partageait pas cette doctrine, n'appartenait pas à l'Etat et pouvait s'en séparer. Cette manière de voir autorisait les *monopoles publics*, qui furent assez fréquents, mais de peu de durée. Il était passé en règle d'y recourir dans toutes les crises de finance.

Les gouvernements dirigeaient l'entrée et la sortie des marchandises suivant leurs vues et leurs besoins, ce qui ne saurait s'accorder avec une liberté indéfinie de commerce. Le principe du droit de restriction et de prohibition de l'exportation, était admis et général dans l'Attique, et d'autres Etats suivaient la même loi, du moins en cas de disette. » (A. de Villeneuve)

Qu'ici l'on n'oublie pas que nous parlons d'une société florissant cinq siècles avant notre ère, et si on la compare aux pesantes monarchies asiatiques d'alors, véritables broiements d'hommes ; aux cités syriennes et puniques si florissantes mais si remplies d'abominations et de cruautés avec leur culte énervant d'Astarté, d'Adonis le fils incestueux de Myrrha et de Moloch qui engloutissait dans ses flancs de feu des générations entières d'enfants et de peuples ; à l'immobile Egypte des castes ; aux autres peuples dits civilisés de la Grèce, de l'Asie Mineure et de l'Italie, on se convaincra que l'immortelle cité de Cécrops, était, malgré la plaie de l'esclavage, le phare et l'avant-garde de l'humanité progressiste [1].

Partout ailleurs, sauf chez les Hébreux, l'esclave n'était qu'une chose ; à Athènes, il était quelquefois considéré comme une personne et il était protégé par une loi dite *loi d'outrage*, due à l'initiative de Démosthène.

§ IV. **Les théories économiques des Grecs.**

Pendant que ce brillant peuple grec dont Athènes était le cerveau et le cœur, éblouissait le monde par ses arts et par sa philosophie, il produisait les premiers théoriciens politiques, Hésiode, Pythagore, Epicure (qui le premier parla d'appliquer aux sociétés l'acte de contrat) Xénophon, Platon, Aristote, Stobée, Hiéroclès, Byson, Callicratidès, Hyppodome de Millet, Phaléas de Chalcédoine et beaucoup d'autres. Hésiode que Virgile devait imiter, bien des siècles après dans ses *Géorgiques*, relève plus de la mythologie que de l'économique ; Pythagore fut exclusivement un philosophe réformateur [2], mais Xénophon, Platon, Aristote ont abordé la

1. Voir A. de Villeneuve *loc. cit.* et Bœchk : *Economie politique des Athéniens.*

2. Voir *Histoire du socialisme*, par B. Malon, tome Ier.

question économique avec une précision qui, vu les époques, ne manque pas d'être remarquable.

Dans ses *Economiques*, Xénophon commence par définir son sujet *l'art d'améliorer la maison*, *maison* entendue par l'ensemble des biens qu'on possède.

Toutefois, après avoir si largement défini la science économique inconnue encore, il l'aborde plus en philosophe qu'en économiste, dit, avec raison, Villeneuve de Bargemont. C'est ainsi que comparant les carrières qui peuvent conduire à la fortune, il fait une peinture charmante de l'agriculture, source de bonheur peur les familles qui s'en occupent, et dont il montre l'intime alliance avec la force du corps, le courage, l'hospitalité et toutes les vertus. Les arts mécaniques, pour lesquels il a le premier indiqué les effets de la division du travail lui paraissent, au contraire, (tout homme est de son temps, hélas!) justifier le mépris universel dont ils étaient alors l'objet parce qu'ils débilitent le corps, altèrent la santé, abrutissent l'âme et énervent le courage. « *Les arts sordides*, dit-il, sont infâmes. »

Platon aussi sacrifie aux dieux de servitude de son époque. Du progrès seul de la société résulte, selon lui, l'opulence de quelques-uns de ses membres qui se livrent à l'oisiveté, aux plaisirs de l'étude, *justement parce que les autres travaillent*. L'inégalité des lieux, l'altération de la santé, celle de la justice et les besoins croissants des cités rivales, lui font conclure enfin qu'il doit exister une *population gardienne*, maintenue aux dépens du reste du peuple et par une participation au produit de son travail. Après vingt-deux siècles de vie sociale, nos Cousin, nos Jules Simon et nos Renan ne parlent pas autrement.

La pensée dominante de Platon, dans sa *République*, est de tout soumettre aux lois de la morale et de la justice, ce que n'acceptent pas en fait nos modernes conservateurs.

« *L'homme, dit-il, n'a pas été placé dans le monde pour ses seuls intérêts. Tous les hommes sont nés les uns pour les autres, afin de s'aimer et de s'aider par des services réciproques. On doit de la bienveillance et des secours, non seulement à ses parents, à ses amis, à ses concitoyens, mais encore aux étrangers*; car il existe entre tous les hommes des liens sacrés établis par le ciel même et qu'on ne peut rompre sans détruire de fond en comble la bienfaisance, la générosité, la bonté, la justice et la piété envers les dieux immortels. Ce sont ceux qui ont fondé la société du genre humain dont le lieu le plus fort est de croire qu'il vaut mieux s'exposer aux maux de la vie que de faire tort à son semblable.

» Dans un temps de disette, un marchand de blé, suivi de plusieurs autres, arrive le premier dans un port, doit-il déclarer que d'autres marchands arriveront bientôt? ou peut-il n'en point parler pour mieux vendre son blé? — La décision est qu'il doit le déclarer, parce que le bien de la société humaine pour lequel il est né le demande. — Un homme a reçu un payement en fausse monnaie, peut-il la donner à d'autres comme bonne la connaissant fausse? — Il ne le peut s'il est homme de bien. — Un autre vend un lingot d'or qu'il prend pour du cuivre. — Celui qui le marchande est-il obligé d'avertir le vendeur que c'est de l'or et peut-il n'acheter qu'un écu ce qui en vaut peut-être mille? — Il ne le peut en conscience. »

Dans une république fondée sur la vertu, Platon ne veut pas que l'on puisse *prêter à usure*. Il ne perd jamais de vue que la richesse n'a de prix qu'autant qu'elle peut contribuer au bonheur général de la société ; il ne la considère point abstractivement, d'accord en cela avec tous les autres philosophes, et c'est pour ce motif, disent Sismondi et de Villeneuve que leur point de vue est plus juste que le nôtre.

Avec Aristote, on croirait parfois entendre un économiste moderne. Sa définition de l'économique, qualifiée par lui de *Chrématistique* (science des richesses) est même plus exacte que les mille et une définitions inventées par les épigones de Smith et de Say.

Aristote définit tout d'abord les richesses : *l'abondance des choses ouvrées domestiques et publiques*, définition irréprochable.

Les principaux objets de la science sont ensuite classés par lui de la sorte : Les finances ; — La paix et la guerre ; — la sûreté du pays ; — la législation — et enfin l'importation et l'exportation la plus importante de toutes [1].

Relativement à l'art d'acquérir, Aristote dit en substance :

« 1° Il ne faut pas confondre l'espèce de science *du maître et de l'esclave* avec l'art d'acquérir. Celui-ci est un art véritable, qui a ses principes comme la chasse et la guerre.

2° *La spéculation naturelle* diffère de l'économie. La première fournit les objets de consommation et la seconde les

1. Pour régler ce qui concerne cet objet, dit-il, il faut savoir de combien de subsistances le pays a besoin, ce qu'il produit, ce qu'il faut y introduire, quels accords et quels traités on doit conclure avec ceux à qui l'on est obligé de recourir ; car, envisagé sous ce point de vue, le commerce appartient à la science politique, et doit donner lieu, suivant les circonstances, à beaucoup de restrictions et d'encouragements.

emploie en dépense. A qui appartient-il de disposer des biens de la maison? A la seule économie.

Les besoins naturels des hommes (que la nature a faits à la fois carnivores et frugivores), établissent les diverses professions de pasteurs, de chasseurs et d'agriculteurs. » Ainsi, éducation des troupeaux, agriculture, *brigandage*, chasse, pêche : voilà les moyens naturels à l'homme pour se procurer la subsistance, je dis *naturels* parce que le courtage et le commerce sont *factices*. »

Tel était l'esprit général de l'antiquité.

« La guerre, reprend Aristote est un moyen d'acquisition *naturelle*, car la chasse est une partie de cet art. Ainsi, la guerre est une espèce de chasse aux bêtes et *aux hommes nés pour obéir et qui se refusent à l'esclavage : il semble que la nature a imprimé le sceau de la justice à de pareilles hostilités*. La chasse est une profession excessivement noble, et qui a obtenu les honneurs divins à ceux qui s'y sont illustrés, tels qu'Hercule, Thésée et autres demi-dieux.

3° Il y a une espèce de richesse conforme à la nature, qui tient à la fois à l'économie politique et à l'économie privée. Il y a une autre espèce de biens qu'on appelle plus communément *richesses;* l'art de les acquérir mérite plus particulièrement le nom de spéculations : ce sont ces produits artificiels que l'avarice accumule sans mesure et sans frein ; on confond quelquefois ces deux espèces de spéculation, à cause de leur affinité. Il est vrai qu'elles se touchent, mais leurs caractères ne sont pas les mêmes. La première est fondée sur la nature, la deuxième n'est que le résultat de de l'industrie et de l'adresse; c'est de celle-ci que nous allons traiter.

4° Tout objet de propriété a deux usages, usages *naturel* et usage *artificiel*. Le commerce d'échange des objets utiles à la consommation est naturel; il a donné lieu au commerce artificiel.

5° La monnaie n'est pas par elle-même richesse et abondance la fable de Midas en est une preuve [1]. Le besoin la fit inventer, lorsque les hommes s'éloignant progressivement, il leur devint difficile de s'aider, d'importer le nécessaire et d'exporter le superflu.

6° L'art *factice* est ce commerce de courtage, qui procure la richesse uniquement par le trafic, et dont la monnaie paraît l'agent naturel. Cet art factice d'amasser des richesses n'a pas de fin déterminée. Il est dans la nature de l'économie que toute espèce de richesse ait sa limite; mais ce qui se passe sous nos yeux est l'opposé de ce principe. Tous ceux qui emploient l'argent comme moyen de spéculation, acquièrent, entassent sans mesure. Pourquoi? parce que les deux espèces de spéculation se touchent. L'une arrête à sa fin, l'autre tend à accroître la richesse dans une progression indéfinie. D'où vient ce renversement de principe? De ce qu'on ne pense qu'à vivre, sans s'inquiéter de bien vivre.

Le désir de la vie est infini, on veut posséder à l'infini les moyens de vivre. Ceux qui aspirent à la gloire de

1. Midas, roi fabuleux de Phrygie, ayant obtenu de Bacchus le don de changer en or tout ce qu'il toucherait, fut fort embarrassé quand il eut besoin de manger. Il supplia le dieu alors de le délivrer de cette dangereuse puissance. Bacchus se laissa toucher par ces supplications royales, et Midas fut guéri en se plongeant dans le Pactole qui, depuis cette époque, roule des sables d'or.

bien vivre ne laissent pas de rechercher les plaisirs du corps: mais ce sont les richesses qui procurent ces jouissances. Voilà ce qui a donné lieu à l'espèce de spéculation factice, qui ne s'occupe que de l'argent. Il y a donc une spéculation hors de la nature, qui n'a ni *but fixe*, ni *mesure*.

7° La spéculation *naturelle*, essentielle à nos besoins, est un art noble et honorable : la spéculation *artificielle* est justement méprisée parce qu'elle n'est pas dans la nature, et qu'elle n'existe que par l'avarice des hommes qui l'ont créée. L'art de la spéculation *naturelle* embrasse plusieurs branches de première nécessité, entre autres l'agriculture et presque toutes les parties de l'histoire naturelle.

La spéculation *artificielle* embrasse plusieurs branches, dont voici les principales : 1° Le commerce. 2° Les opérations d'argent qui produisent intérêt. 3° Les salaires du travail. 4° L'art d'exploiter les productions renfermées dans le sein de la terre.

8° La spéculation ou *chrématistique* diffère de l'économie, en ce que la première consiste à chercher et à augmenter, et la seconde à se servir.

« Les richesses, dit-il, ne doivent point être multipliées à l'infini. Qu'on donne à un homme toutes les richesses qu'il désire, et tous les hommes seront indigents et pauvres. Solon s'est trompé lorsqu'il a dit qu'il n'y avait point de limites aux richesses, à moins qu'il n'ait voulu parler de celles qui sont purement humaines et artificielles, telles que celles produites par le commerce et les échanges. De celles-là on peut dire qu'il n'y a aucune limite aux désirs des richesses formés par les tristes mortels; mais de telles richesses, par cela même qu'elles sont de l'argent, ne sont pas de l'argent, ne sont pas de véritables richesses. » L'avarice et la cupidité datent de l'invention de l'argent monnayé. — Le numéraire doit être en petite quantité dans les Etats et suffire seulement aux échanges. — Trop souvent il est destiné à l'usure et aux gains illicites. — L'usure est odieuse et contre nature. »

9. Outre la chrématistique *naturelle* et *artificielle*, il en est une troisième mixte, celle-là qu'on peut appeler *métallique* parce qu'elle se compose des produits du bois, des métaux, du feu, et de l'industrie.

10° On peut distinguer les travaux des hommes 1° en *très artificiels* dans lesquels la valeur de la chose n'est rien que par l'intelligence de plusieurs. — 2° En *impurs* où les corps sont souillés. — 3° En *serviles*, où le travail matériel est tout et l'intelligence nulle. Enfin, en *très ignobles*, n'ayant besoin d'aucune vertu. Ainsi, plus un métier demande d'art et de combinaison, plus il est *honnête*; plus il déforme et abâtardit le corps, plus il est *avilissant*; plus il exige exclusivement de forces physiques, plus il est *servile*; enfin, moins la main d'œuvre a de vertu, plus la profession est *ignoble*.

11° Le *monopole* aussi est au rang des moyens d'acquérir la richesse, mais il est très préjudiciable à la société. »

La conception d'Aristote, que son génie et son savoir ne purent prémunir contre un conservatisme indigne de sa gloire, était certainement — et c'est là sa condamnation — inférieure à la pratique de la démocratie athénienne pour ce qui garde la production et la distribution des richesses et à peine supérieure à la cupide aristocratie spartiate, mais elle était en harmonie avec l'état social que Rome allait réaliser.

CHAPITRE II

ÉCONOMIE POLITIQUE DES ROMAINS

§ Ier. L'Enfant de la peine.

L'illustre auteur de l'*Essai sur la philosophie de l'histoire du genre humain*, Herder, a dans un apologue au sens profond, raconté ainsi la genèse de l'homme :

« Un jour la Peine vient s'asseoir près des eaux bruyantes d'un torrent ; elle méditait. Enfoncée dans le rêve de ses pensées, elle façonne avec ses doigts une figure d'argile. » Qu'as-tu là, déesse rêveuse ? lui dit Jupiter, qui venait de s'approcher d'elle. — C'est une figure que j'ai façonnée avec de l'argile : anime-la, ô dieu, je t'en supplie ! — Eh bien, soit, qu'elle vive, mais cette créature m'appartiendra. — Non, lui répliqua la Peine, laisse, laisse-la moi : mes doigts l'ont façonnée. — Et moi j'ai animé l'argile, » dit Jupiter. Pendant qu'ils parlaient de la sorte s'approche aussi Cybèle. « Cet enfant est à moi dit-elle, car la Peine l'a arraché de mon sein. — Eh bien, dit Jupiter, attendez ; je vois venir celui qui décidera la question ; c'est Saturne. » Saturne alors parla de la sorte : « Cette créature vous appartient à tous ; c'est ainsi que le veut le Destin suprême. Toi,

Jupiter, tu lui as donné la vie, tu reprendras après sa mort le souffle que tu as mis en elle. Toi, Tellus (la terre), tu auras ses ossements, tu ne dois pas prétendre à plus ; et toi, ô Peine, toi sa mère, on te la confiera pendant sa vie. Aussi longtemps qu'un souffle animera ton enfant, tu ne l'abandonneras pas ; semblable à toi, il s'inclinera tous les jours de plus en plus vers la tombe.

L'oracle du Destin est accompli ; cette créature s'appelle homme. »

Ainsi durent penser les philosophes qui assistèrent au triomphe de Rome sur les peuples méditerranéens. La porte d'airain de la force victorieuse semblait a jamais fermée sur un monde d'iniquité, de douleurs et de supplices qu'on pouvait présumer éternel.

Rien de plus affligeant à contempler que le bonheur insolent et perpétuel du patriciat romain, allant par le brigandage guerrier, par la fourbe politique, par le vol de la richesse publique, par l'usure[1], par l'écrasement des plébéiens

1. Aucun peuple ne poussa plus loin la rapacité. A l'époque de la Rome vertueuse tant célébrée par les disciples du haïssable et funeste Rousseau, un article de la loi des *Douze Tables* portait: « Pour le payement d'une dette d'argent avouée ou d'une condamnation juridique, que le débiteur ait un délai légal de trente jours.

Passé lequel, qu'il soit saisi et amené devant le magistrat.

Alors, à moins qu'il ne paye ou que quelqu'un ne se porte caution, que le créancier l'emmène chez lui et qu'il l'enchaîne ou par des courroies ou par des fers aux pieds, pesant au moins quinze livres, plus si l'on veut.

Après le troisième jour, qu'ils (les créanciers) se le partagent en morceaux ; s'il en coupent des parts plus ou moins grandes, qu'ils n'en soient pas responsables. »

Le Shiloch de Shakespeare, n'exigeait que sa livre de chair et comprit qu'il n'avait pas droit à plus.

et par la torture de tant de millions d'esclaves à la domination et à l'appropriation du monde alors connu, personnes et choses, et y arrivant, broyant, écrasant tout sous son talon de fer, puis s'affaissant dans une orgie sans nom, faite de gaspillages, à donner le vertige, de férocités inouïes et de vices sans nom.

§ II. Rome esclavagiste.

Que fut Rome esclavagiste ? Chateaubriand (*Etudes historiques*) va nous le dire.

« Dans une société où moins de dix millions d'hommes disposaient de la liberté de plus de cent vingt millions de leurs semblables, on conçoit, dit l'historien clérical, la facilité que les diverses cupidités avaient à se satisfaire. L'esclavage était une source inépuisable de corruption. La seule définition légale de l'esclave, disait tout : *non tam vilis quam nullus* : moins vil que nul. » Le maître avait le droit de vie et de mort sur l'esclave, et l'esclave ne pouvait acquérir qu'au profit du maître. Vous lisez au XXIe livre du titre Ier de l'*Edit des Ediles*, au sujet de la vente des esclaves : « Ceux qui vendent des esclaves doivent déclarer » aux acheteurs leurs maladies et leurs défauts, s'ils sont » sujets à la fuite et au vagabondage, s'ils n'ont point commis » quelques délits ou dommages.

» Si, depuis la vente, l'esclave a perdu sa valeur, si au » contraire il a acquis quelque chose, comme une femme qui » aurait eu un enfant... Si l'esclave s'est rendu coupable d'un » crime qui mérite la peine capitale, s'il a voulu se donner

» la mort. S'il a été employé à combattre contre les bêtes dans » l'arène, etc. »

» Immédiatement après cela, vient un article sur la vente des chevaux et autre bétail, commençant de la même manière que celui sur la vente des esclaves. « Ceux qui vendent des chevaux doivent déclarer leurs défauts, leurs maladies, leurs vices, etc... » Toutes les misères humaines sont renfermées dans ces texte que les légistes romains énonçaient sans se douter de l'abomination d'un tel ordre social.

» Les cruautés exercées contre les esclaves font frémir. Un vase était-il brisé, ordre aussitôt de jeter dans les viviers le serviteur maladroit dont le corps allait engraisser les murènes favorites ornées d'anneaux et de colliers; les esclaves malades étaient abandonnés ou assommés.

» Le possesseur d'un serf le pouvait condamner aux bêtes, le vendre aux gladiateurs, le forcer à des actions infâmes. Si un esclave tuait son maître, on faisait périr avec le coupable tous ses compagnons innocents. Avant de mettre un esclave à la question, l'accusateur en déposait le prix. Le gouvernement confisquait les esclaves qui survivaient, lorsqu'ils avaient déposé contre leurs maîtres.

» Les Romaines livraient aux traitements les plus cruels, pour la faute la plus légère, les femmes attachées à leur personne.

» Les esclaves laboureurs passaient la nuit enchaînés dans des souterrains. On leur distribuait un peu de sel et ils ne prenaient de l'air que par une petite lucarne. »

Il y avait à la porte [1] de chaque maison romaine une

1. Voir Dureau de la Malle : *Economie politique des Romains*, et Villeneuve de Bargemont : *loco citato*.

borne à laquelle un esclave était attaché par le pied, comme nous enchainons un dogue dans une basse-cour. Les esclaves appelés *artistes* ou *artisans* étaient enchaînés dans leurs ateliers. Les esclaves qui travaillaient aux champs l'étaient par les pieds et les mains et marqués d'un fer chaud : « *Vincti pedes, impeditæ manus, inscripti vultus.* » Il y avait une classe de forgerons spécialement chargés de ferrer les esclaves. Ces malheureux étaient entièrement nus. On voyait la plupart le nez et les oreilles mutilés, les lèvres dentelées, les joues et le front tatoués par le fer et par le feu. Il suffisait de trouver un homme marqué sur le front pour le supposer un esclave fugitif et le mettre à mort sans autre forme de procès.

« Il existait dans les palais ou *villæ* des riches Romains, des galeries d'environ cent cinquante pieds de long et larges de trois au plus, sur quatre pieds de hauteur. Six portes basses s'ouvraient latéralement sur cette galerie, elles aboutissaient à un pareil nombre de cachots ayant quarante pieds de profondeur sur quinze de large et cinq pieds cinq pouces de hauteur. Au-dessus de la porte de chaque cabanon, la voûte était percée d'une fente longue de quatre pieds, large seulement de quelques pouces, destinée à donner un peu d'air et de lumière, à servir au besoin de meurtrières contre les prisonniers, et à recevoir le grillage qui tombait sur la porte à peu près comme celui qui se baisse et se lève sur la fosse aux ours dans le Jardin-des-Plantes. C'était la demeure des esclaves pendant la nuit. Sans ces précautions un maître n'aurait osé dormir tranquille, et on le comprend lorsqu'on songe qu'un riche citoyen romain possédait jusqu'à trois mille, quatre mille et cinq mille esclaves, et que plusieurs de ceux-ci n'avaient d'autre soin que de compter les autres. Ils en parlaient comme d'un troupeau Ces obstacles matériels n'étaient pas la seule garantie des maîtres. La solidarité des esclaves obligeait ceux-ci à faire leur police eux-mêmes. Sedanus Secundus ayant été assassiné dans sa maison, ses quatre cents esclaves furent mis à mort pour le crime d'un seul. Lorsqu'un esclave devenait vieux et inutile, on l'envoyait mourir de faim dans une île du Tibre. Caton, lui-même, se débarrassait ainsi de ses vieux serviteurs...

» La loi Pétronia, l'Edit de l'empereur Claude, et plus tard les efforts d'Antonin le Pieux, d'Adrien et de Constantin, furent sans efficacité...

» Le grand nombre des esclaves avait fondé à Rome le principe de l'industrie manufacturière par la division du travail, source féconde de la multiplication des produits. Les propriétaires d'esclaves spéculaient sur leurs travaux pour augmenter leurs richesses. Crassus possédait cinq cents maçons et menuisiers qu'il louait moyennant une certaine somme par jour. On achetait les esclaves aux criées, et on les échangeait suivant leurs facultés ; on donnait quelquefois deux cuisiniers pour un bibliothécaire, et dans d'autres temps deux bibliothécaires pour un cuisinier.

» Un esclave de cette dernière profession fut d'abord vendu assez bon marché à Rome ; il valait moins qu'un musicien et qu'un mathématicien ; mais le prix s'éleva bientôt au delà de ceux-ci. Un grammairien valait moins qu'un eunuque ; on n'en cite qu'un seul, nommé *Daphnis*, qui fut vendu très cher. On troquait souvent les esclaves contre des bêtes de somme, des armes, des pièces de terre ; on les donnait en gage ; on leur mettait quelquefois un collier sur lequel était leur nom, avec prière de les ramener à leur maître. Ces malheureux représentaient assez ce que sont aujourd'hui les machines partant comme elles le nom de la chose à laquelle ils servaient : *horticularii, cubicularii, ostiarii*, etc., et valant de même en raison de leur durée ou de leur adresse. »

Les Romains avaient, on le voit, une véritable science de l'esclave.

A l'exemple des anciens peuples, ils faisaient creuser les mines par les malfaiteurs. On arrachait ainsi, dit Pline, le *travail au désespoir*. Ces malfaiteurs n'étaient autres pour les neuf dixièmes que des esclaves fugitifs. Il faut lire dans Diodore de Sicile les épouvantables tortures de ces malheureux dans les carrières. Ils étaient là des milliers, hommes, femmes et enfants, entièrement nus, le carcan au cou, la chaîne aux reins, les entraves aux pieds, travaillant tantôt sous un soleil brûlant, tantôt dans des cavités froides, les pieds endoloris, les membres brisés, le dos meurtri, les jambes déchirées, sous les lanières sanglantes que faisait siffler sans cesse l'exécrable et infatigable tourmenteur.

Ceux qui tentaient de se laisser mourir de faim étaient soumis à d'horribles tortures.

Il fallait, dans des douleurs sans nom, attendre la mort trop lente à venir, car l'impitoyable nature a fait l'homme de façon qu'il peut tout souffrir sans mourir !

Carthage fut maîtresse dans l'organisation en grand du supplice des carrières ; Rome l'imita.

§ 3. — Mœurs romaines.

Au-dessus de ces inénarrables misères, le brigandage politique et militaire se donnait carrière qui avait commencé par la dépopulation de l'Italie.

Tite-Live montre cette dépopulation en une phrase : « Une multitulde innombrable d'hommes libres a existé dans ces lieux, qui maintenant, fournissant un petit nombre de soldats, ne sont plus peuplés que par quelques esclaves. »

Tibérius Gracchus, allant en Espagne, vit avec douleur les campagnes désertes, et plus tard, dans ses harangues au peuple, il peint cette situation en traits enflammés. « Les bêtes sauvages ont leur tanière où elles peuvent se retirer, et ceux qui versent leur sang pour défendre l'Italie n'y ont à eux que la lumière et l'air qu'ils respirent. Sans demeures fixes, ils errent de tous côtés avec leurs femmes et leurs enfants. Ils ne combattent et ne meurent que pour entretenir l'opulence et le luxe d'autrui. On les appelle les maîtres du monde et ils n'ont pas en propriété une motte de terre. »

Les nations conquises furent naturellement plus maltraitées encore.

On commençait par l'asservissement de la plus grande partie de la population échappée aux massacres, puis venaient les extorsions fiscales.

Outre les tributs ordinaires, les commandants exigeaient tous les jours de nouvelles sommes, ou à titre de présent, à leur entrée dans la province, ou par forme d'emprunt. Souvent même on ne cherchait plus de prétexte. Il suffisait pour exiger de nouveaux impôts, de leur donner de nouveaux noms. Ce qui aggravait encore le fardeau des peuples vaincus, c'est que pour avoir de l'argent comptant on remettait la levée de ces tributs extraordinaires à des *publicains* qui, sous prétexte d'avoir avancé leurs deniers, doublaient les dettes des provinces et absorbaient, par des usures énormes les revenus de l'année suivante. Toutes ces richesses venaient s'engloutir à Rome. Des fleuves d'or, ou pour mieux dire le plus pur sang des peuples, y coulait de toutes les provinces et y portait un luxe désordonné. On voyait s'élever tout à coup et comme par enchantement de superbes palais dont les murailles, les plafonds et les voûtes étaient dorés. Ce n'était pas assez que les lits et les tables fussent d'argent, il fallait encore que ce riche métal fût gravé ou orné de bas-reliefs de la main des plus excellents ouvriers. Il est curieux de lire, dans les écrits de Sénèque, le tableau de ce changement survenu dans les mœurs de l'antique Rome, et surtout de lui voir déplorer avec une éloquence admirable la disparition des vertus simples et frugales, et regretter l'amour de la pauvreté et le mépris des richesses. Sénèque était riche lui-même de sept millions d'or (près de cinquante-neuf millions de francs), amassés en quatre ans de faveur. On le voyait dans Rome épier les testaments, circonvenir les vieillards et dévorer l'Italie et les provinces par une insatiable usure. En déclamant contre le luxe, il avait cinq cents tables de bois de cèdre montées d'ivoire, toutes pareilles, où il prenait de délicieux repas. L'excès de cette dépense peut faire juger de ses autres déréglements.

Cependant Sénèque ne valait pas moins que tout autre. Ammien Marcellin, historien romain du IVe siècle, fit des riches Romains de son temps ce terrible portrait :

« Ils se distinguent par de hauts chars; ils suent sous le » poids de leur manteau, si léger pourtant que le moindre » vent le soulève. Ils le secouent fréquemment du côté gau» che pour en étaler les franges et laisser voir leur tunique » où sont brodées diverses figures d'animaux. Etrangers, » allez les voir, ils vous accableront de caresses et de ques» tions. Retournez-y, il semble qu'ils ne vous aient jamais » vus. Ils parcourent les rues avec leurs esclaves et leurs » bouffons... Devant ces familles oisives marchent d'abord » les cuisiniers enfumés, ensuite des esclaves avec les para» sites. Le cortège est fermé par des eunuques, vieux et » jeunes, pâles, livides, affreux.

» Envoie-t-on savoir des nouvelles d'un malade, le » serviteur n'oserait entrer au logis avant de s'être lavé de » la tête aux pieds. La populace n'a d'autre abri pendant la » nuit que les tavernes ou les toiles tendues sur les théâ» tres; elle joue aux dés avec fureur ou s'amuse à faire un » bruit ignoble avec ses narines.

» Ceux qui s'enorgueillissent de porter les noms des Reb» burri, des Faburri, des Pagani, des Geri, des Dali, des » Tarrasi des Perrasi, vont aux bains couverts de soie et » accompagnés de cinquante esclaves. A peine entrés dans » la piscine, ils s'écrient : « Où sont mes serviteurs ? » S'il » se trouve quelque créature jadis usée au service du pu» blic, quelque vieille qui a trafiqué de son corps, ils cou» rent à elle, et lui prodiguent de sales caresses. Et voilà les » hommes dont les ancêtres admonestaient un sénateur pour » avoir donné un baiser à sa femme devant sa fille! Les pré» tendez-vous saluer, tels que des taureaux qui vont frapper » de la corne, ils baissent la tête de côté, et ne laissent

» que leurs genoux ou leur main au baiser de l'humble » client.

» Au milieu des festins, on fait apporter des balances » pour peser les poissons, les loirs et les oiseaux. Trente se- » crétaires, les tablettes à la main, font l'énumération des » services. Si un esclave apporte trop tard de l'eau tiède, on » lui administre trois cents coups de fouet. Mais si un vil » favori a commis un meurtre, que voulez-vous ? dit le » maître ;c'est un misérable. Je punirai le premier de mes » gens qui se conduira ainsi.

» Ces illustres patrices vont-ils voir une maison de cam- » pagne ou une chasse que d'autres exécutent devant eux ; » se font-ils transporter dans des barques peintes par un » temps un peu chaud, de Putéoles à Cajète, ils comparent » leurs voyages à ceux de César et d'Alexandre. Une mouche » qui se pose sur les franges de leur éventail doré, un » rayon de soleil qui passe à travers quelque trou de leur pa- » rasol, les désolent ; ils voudraient être nés parmi les » Cimmériens.

» Cincinnatus eût perdu la gloire de la pauvreté si, après » sa dictature, il eût cultivé des champs aussi vastes que » l'espace occupé par un seul des palais de ses descendants. » Le peuple ne vaut pas mieux que les sénateurs ; il n'a pas » de sandales aux pieds, il se fait donner des noms reten- » tissants ; il boit, joue et se plonge dans la débauche ; le » grand cirque est son temple, sa demeure, son forum. Les » plus vieux jurent par leurs rides et leurs cheveux gris, » que la république est perdue, si tel cocher ne part le pre- » mier et ne rase habilement la borne. Attirés par l'odeur » des viandes, ces maîtres du monde suivent des femmes

» qui crient comme des paons affamés et se glissent dans » la salle à manger des patrons. »

Que sera-ce si nous levons les voiles d'or de l'orgie césarienne ?

Nous prendrons celui des empereurs qui, selon Chateaubriand, ne fit que réunir en sa personne ce qu'on avait vu avant lui depuis Auguste jusqu'à Commode, et voici :

Héliogabale nourrissait les officiers de son palais d'entrailles de barbot, de cervelles de faisans et de grives, d'œufs de perdrix et de têtes de perroquets. Il donnait à ses chiens des foies de canard, à ses chevaux des raisins d'Apamène, à ses lions des perroquets et des faisans. Il avait, lui, pour sa part des talons de chameaux, des crêtes arrachées à des coqs vivants des tétines et des vulves de laies, des langues de paon et de rossignol, des pois brouillés avec des grains d'or, des lentilles avec des pierres de foudre, des fèves fricassées avec des morceaux d'ambre et du riz mêlé avec des perles : c'était encore avec des perles au lieu de poivre blanc, qu'il saupoudrait les truffes et les poissons...

En été, il donnait des repas dont les ornements changeaient chaque jour ; sur les réchauds les marmites, les vases d'argent du poids de cent livres, étaient ciselées des figures du dessin le plus impudique. De vieux sycophantes, assis auprès du maître du banquet, le caressaient en mangeant.

Les lits de table d'argent massif étaient parsemés de roses, de violettes, d'hyacinthes et de narcisses. Des lambris-tournants lançaient des fleurs avec une telle profusion que les convives étaient presque étouffés. Le nard et des parfums précieux alimentaient les lampes de ces festins qui comptaient quelquefois vingt-deux services. Et entre chaque service on se lavait et l'on passait dans les bras d'une nouvelle femme. » Les débauches d'Héliogabale étaient dignes de l'Alexandre de Bagoas, du Tibère des *spynthriæ*, du Néron de Sporus. Il porta surtout dans les débauches infâmes, dit l'auteur que je suis, l'obscénité à un degré qu'on ne saurait dire. Puis en bon Romain, il mêlait l'immolation des victimes humains à la débauche, les choisissant parmi les enfants les plus aimés de leurs parents pour qu'il y eût plus de douleur.

Ce monstre impérial était vêtu de robes de soie brodée de perles.

« Il ne portait jamais deux fois la même chaussure, la même bague, la même tunique; il ne connut jamais deux fois la même femme. Les coussins sur lesquels il couchait étaient enflés d'un duvet cueilli sous les ailes des perdrix. A des chars d'or incrustés de pierres précieuses, il attelait deux, trois, quatre belles femmes, le sein découvert et il se faisait traîner sur le quadrige. Quelquefois il était nu ainsi que son élégant attelage et il roulait sous des portiques semés de paillettes d'or, comme le Soleil conduit par les Heures. » (Chateaubriand : *Etudes historiques*.)

C'est pour de telles réalisations que la terre était épuisée, que cent nations avaient été asservies, que Spartacus avait été vaincu, les Gracques assassinés et que deux cents millions d'êtres humains gémissaient dans l'opprobre et dans les douleurs inénarrables de l'esclavage.

Pour compléter tant d'horreurs, le meurtre, le carnage, les supplices furent dans des cirques, (contenant jusqu'à 87 000 spectateurs) donnés en spectacle.

Pline le Jeune félicitait le grand Trajan d'avoir transformé l'extermination des ennemis en amusements pour le peuple. C'était, disait-il, le plus beau triomphe auquel couraient avec fureur un peuple et une aristocratie dignes l'une de l'autre. L'humanité, ainsi foulée aux pieds trouvera-t-elle en elle des forces progressistes ?

La philosophie vaincue s'était réfugiée dans quelques consciences individuelles, impuissantes à endiguer le torrent de décomposition qui se répandait sur l'empire ; même quand elles furent sur le trône avec Antonin le Pieux ou Marc-Aurèle ; c'est du sein du travail que surgirent quelques germes de vie.

Dans le cours de la domination romaine, les *Collèges* des artisans avaient presque disparu devant l'envahissement rapide de l'esclavage qui alimentait alors les grandes entreprises, celles-ci, comme toujours, ruinant les petites. Quelques entreprises s'efforcèrent de réagir en faveur des collèges sans grands résultats.

Mais l'augmentation du nombre des esclaves n'empêchait pas la dépopulation des terres ravagées par la guerre et desséchées par le fisc.

« Il y avait dans l'empire, » dit Lactance « grâce à la multiplicité des fonctionnaires, plus de recevants que de contribuants ; aussi l'énormité des taxes épuisait le cultivateur. Les champs étaient désertés, et les terrains jadis cultivés, abandonnés, se couvraient de bois ! » « Le fisc » dit Salvien, au VIe siècle « était un brigandage. »

Pour obvier à cet état de choses, Constance (258) interdit la vente des *servi glebæ*, esclaves attachés à la glèbe, autrement qu'avec la terre. Le code de Justinien insista en ce sens, il s'ensuivit pour l'esclave agricole l'assimilation de son état au *colonat* et par conséquent une amélioration due à des préoccupations purement fiscales [1].

Seulement, il faut bien le dire, la rapacité du fisc détruisait ce que les nécessités sociales avaient fait entreprendre.

Cette forte organisation romaine, dit Yves Guyot, avec raison, m'apparaît comme une gigantesque machine pneumatique. Après avoir aspiré toutes les forces vives des peuples placés dans le rayon de son action, elle aspira les Romains eux-mêmes; un jour, à la place de l'empire, il n'y eut plus qu'un grand vide : les barbares et les chrétiens vinrent le remplir et les curiales même ne pouvant payer ce qu'on exigeait d'eux par la ruine et la torture, renonçaient à la liberté, se précipitaient dans l'esclavage ou, ce qui valait mieux, se réunissaient par bandes dans les forêts et sous le nom de *Bagaudes* faisaient une guerre terrible aux oppresseurs, aux spoliateurs.

Telle était la situation du malheureux peuple dans tout l'empire; en Orient, comme en Occident, comme en Afrique, les producteurs étant divisés en esclaves domestiques et en colons agricoles au dernier point misérables [2].

L'avénement des chrétiens et des barbares allait encore faire empirer le sort du peuple; allait transformer les *colons* en serfs et rendre plus dur l'esclavage adouci par les édits de plusieurs empereurs.

Les Romains n'eurent ni des Platon ni des Aristote pour aborder la question économique.

1. Tourmagne : *Histoire du Servage ancien et moderne.*

2. Les nécessités de la défense avaient seulement fait un certain nombre de colons privilégiés, barbares pour la plupart. Sous le nom de *Lettes*; ils avaient des terres et ne devaient en retour que le service militaire, pour toute redevance.

Quelques écrivains chez eux ont parlé de l'agriculture et du gouvernement de la maison : ce sont Caton l'Ancien, Varron, Cicéron, Virgile, Pline et Columelle. Aucun d'eux n'a traité la science des richesses à la manière des Grecs précités, car il n'y eut pour les fils de la louve d'autre science des richesses que le brigandage en grand appelé guerres.

Le monde romain possédait-il, avec le concours de la philosophie grecque, ainsi que l'affirme Michelet, les éléments suffisants pour sa rédemption sociale?

Pour ma part je n'en crois rien. Les hypothèses sont d'ailleurs permises, l'empire, étant déjà miné par son terrible système fiscal [1], par l'infiltration énervante des mystères orientaux et du culte chrétien, fut emporté par les invasions torrentielles des barbares, avant que l'expérience pût être faite.

1. Les publicains romains (fermiers de l'impôt) sont encore l'exécration de l'histoire. Il y avait les fermiers dont était Atticus, l'ami de Cicéron, et les sous-fermiers les plus haïs parce qu'ils agissaient personnellement.

On demandait à Théocrite, l'immortel poète pastoral, quelles étaient les plus terribles de toutes les bêtes. Il répondit : « l'ours et le lion parmi les animaux des montagnes, les publicains et les parasites parmi ceux des villes. »

CHAPITRE III

ÉCONOMIE POLITIQUE DU MOYEN AGE

§ 1. La liquidation sociale catholique.

En succombant sous les coups multipliés des Barbares et des Chrétiens, l'empire romain n'entraîna pas dans son écroulement (qui faillit être l'écroulement de toutes les conquêtes philosophiques, morales et artistiques alors faites) la plus grande de ses iniquités.

L'esclave avait précédé la domination romaine, il lui survécut.

Mais il y eut naturellement dans ces siècles de pillages, de folie, de massacres et de mort, de grandes mutations dans le personnel des asservis. Chrétiens et barbares opérèrent à l'envi une « liquidation sociale » où la science et la justice n'avaient rien à voir.

Nous parlerons tout d'abord de celle des chrétiens.

Avec le règne de Théodose, le premier empereur catholique, et le bourreau de Thessalonique, la révolution chrétienne fut déchaînée sur la société romaine. Le sang coula à flots, les trésors furent pillés, les biens confisqués et les temples, les édifices, les statues, tous ces monuments de la plus poétique inspiration artistique de l'humanité tombèrent sous la pioche sacrilège d'une population grossière, conduite par des moines avides et cruels.

C'est en vain que par la voix de Symmaque, la vieille Rome décapitalisée et fidèle encore à ses anciens dieux suppliait Théodose, Arcadius et Valentinien II de lui laisser garder la religion de ses ancêtres : « Que je vive selon mes mœurs, puisque je suis libre, mon culte a rangé le monde sous mes lois ; mes sacrifices ont éloigné Annibal de mes murailles et les Gaulois du Capitole. N'ai-je donc tant vécu que pour être insultée, au bout de ma longue carrière! »

Les Césars chrétiens furent impitoyables. Théodose le Cruel joignant l'ironie à la haine, mit aux voix, parmi les ombres survivantes du Sénat romain, Jupiter et Jésus-Christ. Les Sénateurs *obéirent* naturellement et votèrent pour Jésus-Christ. La population romaine fit éclater sa douleur : Elle avait le pressentiment de ce qui l'attendait : le *chrétien* Alaric était aux portes avec ses Goths, et la funèbre Saint-Barthélemy de 410 approchait [1].

Pendant six jours et six nuits de pillage et de meurtre, les Goths chrétiens n'épargnèrent que les églises, ce que S. Augustin trouve *très glorieux pour le Christ*, et très méritoire pour Alaric. Ils partirent enfin ayant tué l'âme romaine et laissant aux Vandales de Genséric, *également chrétiens*, le soin de compléter l'œuvre dévastatrice par un pillage de quatorze jours et quatorze nuits.

Mais avant les chrétiens barbares, les chrétiens de l'empire avaient commencé l'œuvre de destruction. Le signal avait

1. C'est le 24 août 410 que Rome fut prise par Alaric.

été donné par les lois du même Théodose, proscrivant les sacrifices, excitant au renversement des temples.

De toutes parts,on se mit à l'œuvre destructrice. S. Martin évêque de Tours, suivi d'une troupe de moines, dit Chateaubriand, parcourut la Gaule abattant les temples, les statues et tous les monuments glorieux de l'art grec. S. Marcel, évêque d'Apamée, fit de même en Syrie par le fer et le feu. La Carthage romaine fut aussi détruite. Les plus beaux édifices de Rome, sauf le Panthéon sauvé par Boniface III, ne furent pas non plus épargnés. Les édifices et les statues d'Athènes qu'avaient respectés les Goths d'Alaric n'échappèrent pas aux chrétiens : les chefs-d'œuvre de Phydias, la *Minerve du Parthénon* et le *Jupiter Olympien* furent pulvérisés sous le marteau démolisseur des sectateurs de Jésus. Il en fut ainsi de toutes les merveilles de l'ancien monde. Les Barbares même les avaient admirées, le fanatisme catholique les détruisait, Alexandrie, la métropole intellectuelle du monde avec l'immortelle Athènes, fut aussi la proie des pieux dévastateurs. Le temple de Sérapis, le plus vaste et le plus célèbre de l'univers, fut détruit par la sape et par le feu. Et, crime inexpiable, la bibliothèque des Ptolémées, le réservoir unique de toute science et de toute philosophie alors connue, fut également incendiée par les bandes de moines féroces que conduisait l'archevêque Théophile [1].

Ici il y eut résistance; des philosophes s'armèrent sous la

1. Ce forfait fit plus tard honte aux chrétiens. Ils accusèrent Omar d'avoir détruit, au VIIe siècle, ce qu'ils avaient brûlé au IVe. La critique historique moderne a fait justice de ce mensonge. Omar brûla ce qui restait : c'était peu de chose.

direction d'Olympius, « homme d'une beauté admirable et d'une éloquence divine » (Chateaubriand), et les grammairiens Hellade et Ammone. Ils se firent tuer vainement, hélas! pour la défense du trésor intellectuel du genre humain. L'archevêque Théophile s'appropria les dépouilles.

Ce n'était pas assez encore pour la férocité monacale et catholique.

L'une des plus grandes femmes qui aient honoré l'humanité, l'illustre *philosophesse* Hypatia florissait quelques années plus tard à Alexandrie.

Sa gloire excita l'envie de l'évêque Cyrille.

« La populace chrétienne ayant à sa tête un *lecteur* nommé Pierre, se jeta sur la fille de Théon, lorsqu'elle rentrait un jour dans la maison de son père. Ces forcenés la traînèrent à l'église Césarium, la mirent toute nue, et la déchiquetèrent avec des coquilles tranchantes; ils brûlèrent ensuite sur la place Cinaron les membres de la créature céleste qui vivait dans les astres qu'elle égalait en beauté, et dont elle avait ressenti les influences les plus sublimes (Chateaubriand).

La philosophie grecque qui aurait peut-être réussi à régénérer le monde païen, tenta un dernier effort pour le salut de la civilisation méditerranéenne. Elle s'efforça de pénétrer la pensée chrétienne en élevant le génie des Synésius et des Arius; on put croire un moment à une fusion, dans les hautes régions philosophiques du platonisme et du christianisme; mais les empereurs, préférant l'ignorance grossière des catholiques au libéralisme conscient des ariens, prirent parti pour les premiers à qui les Francs de Clovis allaient donner, pour le malheur de l'humanité, la victoire définitive. En attendant le fanatisme des coreligionnaires de Cyrille et de Théophile ravageait le vieux monde.

Contre tant d'horreurs, une grande voix s'éleva, celle du vieux Libanius qui ne put attendrir Théodose, l'empereur catholique.

« On renverse nos temples, les uns y travaillent avec le bois, la pierre et le fer, les autres emploient leurs mains et leurs pieds. On sape les murailles, on enlève les statues, on renverse les autels, et l'on va ainsi d'expéditions en expéditions. Voilà pour les villes, dans les campagnes, c'est bien pis encore! Là se rendent les ennemis des temples; ils se dispersent, se réunissent ensuite et se racontent leurs exploits; celui-là rougit qui n'est pas le plus criminel. Ils vont, comme des torrents bondissants, contre la maison des dieux. La campagne privée de ses temples est ruinée, détruite, morte...

Voilà la conduite des chrétiens ils protestent qu'ils ne font la guerre qu'aux temples; *mais cette guerre est le profit des oppresseurs*; *ils ravissent aux malheureux les profits de la terre et s'en vont avec les dépouilles comme s'ils les avaient conquises et non volées.*

Cela ne leur suffit pas, *ils attaquent encore les possessions particulières*, parce qu'au dire de ces brigands elles sont consacrées aux dieux. Sous ce prétexte un grand nombre de propriétaires sont privés des biens qu'ils tenaient de leurs ancêtres, tandis que leurs spoliateurs qui, à les entendre, honorent la divinité par leurs jeûnes, s'engraissent aux dépens des victimes. »

Que devenaient les richesses ainsi pillées?

« Les destructeurs de nos temples, dit encore Libanius, ce sont surtout des hommes vêtus de robes noires, qui s'intitulent moines, qui mangent plus que des éléphants, qui demandent au peuple du vin pour des chants et cachent leur débauche sous la pâleur artificielle de leur visage. »

Mais la plus grande part des dépouilles était prise par le haut clergé qui se formait.

Ammien Marcellin dit des évêques de Rome : « Ils sont enrichis par les présents des femmes, traînés sur des chars et vêtus d'habits magnifiques : la somptuosité de leurs festins surpasse celle des tables impériales. »

« S. Grégoire de Nazianze parle des chars dorés, de la suite nombreuse des prélats ; il représente la foule s'écartant d'eux comme des bêtes féroces » (Chateaubriand).

A propos de la loi interdisant aux moines, captateurs insatiables de testaments, d'hériter, saint Jérome pouvait dire: « Cette loi, je ne me plains pas qu'on l'ait faite ; *mais que nous l'ayons méritée ; elle fut inspirée par une sage prévoyance ; mais elle n'est pas assez forte contre l'avarice : on se joue de ces défenses par de frauduleux fidei-commis.* »

Cependant la plus grande partie des terres était inculte. Les propriétaires, fuyant le fisc et la curie, (administration municipale dont les membres étaient responsables de l'impôt) abandonnaient leurs propriétés, les uns pour fuir dans les forêts et organiser une seconde Bagaudie, — n'ayant d'autres ressources que l'insurrection contre cette société qui les dépouillait et les torturait ; — les autres pour se faire esclaves. Les curiales eux-mêmes étaient réduits à cette extrémité. Il en résulta, en plein triomphe chrétien, une extension de l'esclavage. Les esclaves domestiques continuaient à être marqués et traités comme des bêtes de somme : quant aux esclaves ruraux on les vendait avec la terre : ce sont eux qui plus tard furent appelé *serfs*. Venaient ensuite les esclaves impériaux. La plaie de l'esclavage était si étendue que, sur plus de douze millions d'habitants, la Gaule n'avait pas plus de 200,000 libres.

§ II. La liquidation sociale barbare.

Ainsi le clergé du Dieu de pauvreté s'appropriait les dépouilles de la civilisation vaincue [1]. Mais il ne fut pas seul à opérer cette sommaire liquidation sociale, les Barbares voulurent leur part. Du nord et du sud, de l'est et de l'ouest, ils vinrent par hordes innombrables et se ruèrent à l'assaut du monde greco-romain, déjà miné, rançonné et bouleversé par les sectateurs du nouveau dieu et de la sorte plus facile à vaincre.

1. Tout ne fut cependant pas mauvais dans le renouveau chrétien ; les paroles de miséricorde, de charité qu'il jetait à tous les vents durent certainement adoucir le sort des esclaves. Combien furent touchantes ses agapes et quelques-unes de ses communautés tant calomniées par les païens ! Qui n'a lu ou entendu les terribles apostrophes des Pères de l'église contre les riches ? Nous devons nous incliner devant ces Bagaudes chrétiens justifiés par Salvien qui se soulevèrent par désespoir, combattirent et moururent pour l'affranchissement du monde. Mais à l'époque du triomphe, au IVe siècle, le christianisme eut un mouvement de recul (Chateaubriand l'avoue) ; il fut envahi par ces hordes flottantes et cruelles qui sont toujours au plus fort. Elles le déshonorèrent et le corrompirent par des actes comme ceux que nous venons de rappeler. Le christianisme fut dès lors empoisonné, frappé dans sa source de vie par la défaite à jamais déplorable de l'arianisme ou christianisme philosophique. Châtiment terrible, les progrès humains n'ont guère cessé d'être depuis en raison inverse de l'influence chrétienne, notamment de l'influence catholique.

Les Barbares ne l'étaient pas au point de dédaigner les trésors ; aussi, ditencore Chateaubriand, l'historien clérical, et féodal, « les barques des Saxons et des Vandales étaient chargées de tout ce que les arts de la Grèce et le luxe de Rome avaient accumulé pendant des siècles. On déménageait le monde comme une maison que l'on quitte. Genséric ordonna aux citoyens de Carthage de lui livrer, sous peine de mort, les richesses dont ils étaient en possession. Il partagea les terres de la province proconsulaire entre ses compagnons : il garda pour lui-même le territoire de Byzance et des terres fertiles en Numidie et en Gétulie. Le même prince dépouilla Rome et le Capitole, dans la guerre que Sidoine appelle « la quatrième guerre punique. » Il composa d'une masse de cuivre, d'airain, d'or et d'argent, une somme qui s'élevait à plusieurs millions de talents.

« Le trésor des Goths était célèbre. Il consistait dans les cent bassins remplis d'or, de perles et de diamants, offerts par Ataulphe à Placidie, dans soixante calices, quinze patènes et vingt coffres précieux pour renfermer l'Evangile. Le *missorium*, partie de ces richesses, était un plat d'or de cinq cents livres de poids, élégamment ciselé. Un roi goth, Sisenand, l'engagea à Dagobert pour un secours de troupes. Le Goth le fit voler sur la route, puis il apaisa le Franc pour une somme de deux cent mille sols d'or, prix jugé fort inférieur à la valeur du plat. Mais la plus grande merveille de ce trésor était une table formée d'une seule émeraude : trois rangs de perles l'entouraient. Elle se soutenait sur soixante pieds d'or massif, incrustés de pierreries, on l'estimait cinq cent mille pièces d'or. Elle passa des Visigoths aux Arabes, conquête digne de leur imagination. »

Ainsi furent mises au pillage toutes les richesses de l'ancien monde.

§ III. Le Servage.

Quand la tourmente de cette double révolution sociale, la plus aveugle et la plus sanglante qui fût jamais, se fut un peu calmée, l'esclavage fut peut-être moins intense mais il se généralisa sous le nom de servage.

Pas plus que les chrétiens, les barbares ne se firent émancipateurs. La constitution de 613 consentie par Clotaire ne s'occupa nullement des serfs et l'avénement des Carlovingiens au VIIIe siècle, — ces premiers rois de droit divin, — aggrava plutôt le mal. Sous Charlemagne, on comptait des grands personnages et même des *saints* qui avaient plus de 20,000 esclaves sur leurs terres. Innombrables étaient ces derniers sur les domaines royaux. C'est de cette époque que datent les premiers soulèvements des serfs paysans. Avec l'établissement de la *Féodalité* inaugurée par le traité d'Andelot imposé par les leudes révoltés à Clotaire II (en 587) et légalisée par Charles le Chauve, en 877 par le traité de Kiersy-sur-Oise [1] la condition des asservis fut encore aggravée.

Dès lors les guerres royales incessantes furent doublées de centaines de petites guerres entre féodaux rapaces et cruels. Les pauvres serfs étaient non seulement volés, maltraités,

1. Jusqu'à cette époque les bénéfices ou fiefs (dons de terres) aux soudards qui entouraient le roi, étaient viagers. A la mort du bénéficiaire le roi désignait un autre titulaire. Il est vrai le dire qu'en fait les usurpations étaient nombreuses. Charles le Chauve légalisa ces usurpations, en rendant les bénéfices héréditaires. La France fut ainsi livrée en proie à 500,000 tyrans ou sous-tyrans dont le brigandage était le métier.

mais tués comme des mouches pour l'amusement ou l'utilité des seigneurs guerroyants. Il en résulta que les terres ne furent presque plus cultivées, des famines continuelles tantôt générales tantôt frappant seulement quelques provinces, achevèrent la désolation et aidèrent plus encore que les effroyables pestes périodiques du temps au dépeuplement et à la ruine générale.

Le clergé chrétien, lui, s'enrichissait toujours de la douleur universelle. Il s'appropria encore le quart des biens, en inventant la fable de *l'an mille.*

Un économiste conservateur, (E. Worms : *loc cit.*) dit de cette époque : « On chercherait vainement un lien entre les peuplades ou les individus; c'est, au contraire, entre les divers groupes sociaux et les membres qui les composent un assaut perpétuel, assaut qui n'a pour mobile que la cupidité, procède par la ruse et le guet-apens, et qui se termine pas la spoliation. Il fallait bien, en effet, vivre de la violence, puisqu'on ne voulait pas vivre du travail. Mais pour faire comprendre à quel point l'anarchie s'était abattue sur ces malheureux temps, il suffit de rappeler ce passage d'auteur qui n'explique que trop la transformation déjà accomplie au commencement de la troisième race d'un nombre infini de Francs libres en serfs ou colons : « Hors d'état, dit-il de conserver leur propriété et la dignité de leur origine, des hommes libres se soumettent à l'humble condition de colon; réduits ainsi à cette extrémité que les exacteurs les dépouillent non seulement de leurs biens mais de leur état, non seulement de ce qui est à eux, mais d'eux-mêmes, qu'ils se perdent eux-mêmes en même temps que ce qui est à eux, n'ont plus de propriété et renoncent au droit de la liberté. »

Chaque bourgade, chaque hameau finit par avoir son petit tyran, qui suçait sa substance, et nous laissons à penser ce qu'une société ainsi morcelée en opprimés et en oppresseurs qui eux-mêmes se combattaient incessamment pouvait fournir, nous ne disons pas en théories, mais même en résultats économiques.

Ce qu'elle fournit ce fut le déchaînement sur l'Europe de 500,000 brigands féodaux et de leurs valets bardés de fer, tous ravageurs de terre, voleurs de produits et massacreurs de populations. Ces *guerriers* eurent pour alliés les prêtres du nouveau dieu, qui épouvantaient les populations avec leur enfer éternel et leurs prochaines fins du monde, leur prenaient par la ruse ce qui avait échappé à la rapine des guerriers germaniques ou scandinaves.

Certes avant la conquête de l'Empire par les barbares, l'esclavage domestique et agricole était la règle générale pour les producteurs. La Gaule avant César n'était guère mieux gouvernée : au-dessous des Druides et des militaires gémissait un peuple asservi.

Il n'y eut pas d'ailleurs d'exception dans toutes les nations connues: l'asservissement de l'homme par l'homme fut d'abord le fait universel. Mais au moyen âge, après la proclamation de l'égalité religieuse, après l'incomparable floraison philosophique et morale de la pensée grecque qui, d'Athènes, d'Alexandrie, de Rome, d'Arles et de vingt autres villes avaient jeté de si vives lueurs, le maintien et surtout l'aggravation des abominations antiques avait un caractère plus révoltant.

Les anciennes *villæ* romaines se transformèrent en *châteaux* ou *repaires* bâtis sur les hauteurs, d'où les titulaires partaient pour exercer le brigandage : Aposté comme un oiseau de proie dans son aire, dit Guevard, le seigneur fondait sur la campagne d'alentour, il attaquait son ennemi, son voisin, le voyageur, le passant, pillant, tuant et brûlant. Tout le monde européen était ainsi infesté de milliers et de milliers de repaires féodaux.

Le pillage n'était pas le privilège des nobles. Le clergé, dit Lavallée (*Histoire de France*) ne cherchait qu'à agrandir ses domaines par la force des armes. Il devint ainsi tout aristocratique, reçut des fiefs et changea la France en théocratie militaire. Les prêtres l'épée à la main pillaient sur les routes, tenaient auberge dans les églises et s'entouraient de femmes perdues... La papauté elle-même était dégoûtante de sang et de débauche. Deux femmes galantes, Marozia et Théodora faisaient élire leurs amants Sergius III et Jean X, et ce dernier était assassiné par sa maîtresse qui élevait au trône son fils adultérin Jean XI (904). Bientôt les abbayes et les monastères furent plus riches en serfs que les grands seigneurs. L'abbaye de Saint-Bertin avait 300 serfs et 60 servantes sans compter les tenanciers ; celle de Marmoutiers quatorze villages. L'abbaye de Saint-Germain-des-Prés avait 8000 esclaves ou serfs de la glèbe contre huit ménages libres seulement. Dans 60 villages l'église de Viviers en avait plus encore. Le monastère de S. Riquier possédait 14 villes, 300 villages, c'est-à-dire plus de 80,000 serfs et le monastère de Saint-Martin dès le VIIIe siècle plus de 100,000 *manses*, c'est-à-dire plus de 100,000 familles de serfs ; ainsi de centaines d'autres abbayes, églises ou monastères. Et les serfs du clergé n'étaient pas moins maltraités, pas moins spoliés, pas moins foulés aux pieds que les serfs des seigneurs.

A la domination funeste des Carlovingiens, ces alliés de la papauté, est due surtout l'extension du servage.

« La race des hommes libres déjà épuisée par les guerres » de Charlemagne, dit Sismondi (*Histoire des Français*), s'é- » tait éteinte par les règnes languissants de Louis le Débon- » naire et de ses fils; les habitants des villes méprisés, rui- » nés, désarmés, n'avaient plus de moyen de se défendre. » Vivant de quelques professions mécaniques ou des chari- » tés des moines, ils ne pouvaient inspirer aucune jalousie à » la noblesse : cependant elle s'indignait que des hommes » d'aussi bas étage ne fussent pas esclaves, et loin de les » protéger, elle se réjouissait de leurs calamités. Aussi » les murs des cités étaient entr'ouverts, leurs milices avaient » cessé de s'assembler, le trésor de leur curie était vide, » leurs magistrats n'inspiraient plus de respect : les plus » grandes villes n'étaient plus considérées que comme des » villages, que comme la dépendance d'un château voisin, » et lorsqu'une armée de pirates se présentait à leurs portes » les menaçant du pillage, de l'esclavage et de la mort, les » citadins ne connaissaient d'autre refuge que le pied des » autels et l'enceinte de l'Eglise où ils subissaient bientôt la » brutalité du vainqueur. Les habitants des campagnes ré- » duits à l'état le plus oppressif d'esclavage, et devenus » presque indifférents à leur existence, étaient pourchassés » comme des bêtes fauves par les Normands et les Sarra- » sins, et périssaient par milliers dans les bois. Ils n'avaient » plus le courage d'ensemencer leurs champs, et chaque » année était marquée par une nouvelle perte ou une nou- » velle famine. Leur destruction comme celle des troupeaux » de bœufs ou de moutons, n'était considérée que comme

» une perte pécuniaire; c'était un vil bétail que les mau-
» vaises récoltes ou les épidémies pouvaient faire périr, que
» les ennemis pouvaient enlever et chasser devant eux pour
» le revendre et qui ne pouvait jamais être confondu avec
» la nation des Francs. La rapide extinction de celle-ci
» était seule considérée comme une calamité publique. »

Parlant de cette triste époque, H. Rivière, (l'*Eglise et l'Esclavage*) n'est pas moins explicite.

« Bientôt étouffés au milieu de cette caste puissante de prêtres et de moines, partout investie de terres immenses peuplées d'esclaves, de colons, d'affranchis, de serfs, les hommes libres tendirent à disparaître. Tout se précipite et se confond dans la servitude. Les petits propriétaires libres sont obligés d'aliéner leur liberté et leur propriété pour conserver à titre précaire, et la vie et la jouissance de leurs domaines. »

Et quelle vie leur était faite?

Les famines les plus épouvantables complétaient l'œuvre d'extermination des Danois [1]. En 879, selon la chronique saxonne « une grande famine poussa les hommes à se manger entre eux. » Le gouvernement stupide des Carlovingiens et la théocratie de l'Eglise avaient réalisé à la lettre la théorie de Hobbes, *Homo homini lupus*.

1. En Angleterre, de 1049 à 1355 on a vu 121 famines, soit une famine par trois années. En France, pendant le XIIe siècle, on compta 51 famines, —51 en 100 ans! Il s'agit de famines dans lesquelles, après avoir brouté l'herbe comme les bêtes, on tuait les vivants pour les manger et l'on finissait par n'avoir plus la force de tuer ni de manger, ni d'enterrer ni de déterrer, et l'on attendait la mort sur les cadavres de ceux que l'épidémie ou la faim venait d'enlever. A Tonnerre et à Tournus, on mit publiquement en vente de la chair humaine!...

« Le seigneur, disait la formule, enferme ses manants comme sous voutes et gonds... Du ciel à la terre tout est à lui. » Redevances personnelles, tailles de tout genre : cens, champarts droit de lods et servitudes : droit de prise de gîte; *banalités*, telles que droit de chasse de pêche de banvin, de moulin, de four, de passage, de halles et marchés et droit de haute et basse justice et corvée ne leur laissaient rien en propre. Couverts de quelques loques, se nourrissant le plus souvent de raves, de racines, le pain noir était un luxe, ils peinaient jusqu'à la mort dans une sombre douleur que la perspective de l'enfer rendait cent fois désolée et désespérée encore. Avec cela l'arbitraire le plus complet, chaque seigneur tyran à sa manière : « Les personnes sont diverses qu'on ne porrait trouver el royaulme de France, deuz chastellenies qui de toz cas usassent d'une mesme coustume. »

La pauvre personnalité du serf qu'en restait-il avec ce tas de servitudes personnelles qui contenaient en elle, à côté de tant de vexations. tant d'humiliations et tant d'opprobres? Tels, par exemple, le droit de *formoriage* et le droit de cuissage [1] que les abbés, les prieurs et les évêques exerçaient aussi bien que les seigneurs. En somme esclavage complet, avec l'aggravation de famines, de massacres périodiques que les esclaves romains n'avaient pas connus : voilà au moyen âge le sort du peuple européen livré à deux ou trois millions de brigands bardés de fer ou couverts de

1. « Une sentence de la sénéchaussée de Guienne (18 juillet 1302) condamne après enquête les époux Becaron à céder le droit de prélibation au seigneur de Blanquefort en des termes que seul le latin peut indiquer : » *Maritus ipse, femora nuptæ aperiet, ut dominus primitias delibet facilius.* (Tourmagne, loco citato.)

l'étole, que rien ne retenait ni autorité politique, ni contrat garanti, ni liens sociaux, l'anarchie était complète, et le droit du plus fort décidait de tout. Chacun se faisait justice soi-même, ou plutôt pillait et tuait selon ses forces sur le dos d'une plèbe accablée. La force brutale régnait seule, les vilains et les serfs étaient livrés à des souffrances perpétuelles, avec le pillage, l'assassinat, les tortures et l'incendie en permanence.

Il sembla un moment que l'Europe dût périr de ses folies et de ses atrocités. On parcourait cent lieues de terre sans entendre aboyer un chien. Le paysan constamment dépouillé et broyé par ses seigneurs et par ses prêtres, comme la fourmi du chemin sous le talon du voyageur, fuyait dans les bois, mangeant de l'herbe. Cependant les terres étaient en friche, la famine perpétuelle et des pestes comme n'en avait jamais vu le monde, s'abattaient sur chaque génération enlevant le tiers parfois de son effectif, toute science était morte, tout art éteint, toute espérance disparue ; on put croire à une agonie du monde chrétien-féodal.

Et nous ne savons que peu de chose.

« L'histoire en nous faisant la peinture générale des désastres de l'espèce humaine à cette époque, dit Chateaubriand, a laissé dans l'oubli les calamités particulières, impuissante qu'elle était à redire tant de malheurs. Nous apprenons seulement par les apôtres chrétiens quelque chose des larmes qu'ils essuyaient en secret. La société bouleversée dans ses fondements ôta même à la chaumière l'inviolabilité de son indigence. Elle ne fut pas plus à l'abri que le palais. A cette époque chaque tombeau renferma un misérable. »

La résignation chrétienne couvrit le tout de son voile

funèbre et du désolant abandon de soi. La perspective de l'enfer éternel, horrible aggravation de tant de souffrances fut subie comme une fatalité la plus cruelle, la plus abominable qu'ait jamais conçue dans ses rêveries cruelles le tigre humain. Quand l'homme, dit Michelet[1], qui s'était démis de la liberté à défaut de la justice, comme d'un meuble inutile, pour se confier aveuglément aux mains de la grâce, la vit se concentrer sur un point imperceptible, les privilégiés, les élus, et tout le reste perdu sur la terre et sous la terre, perdu pour l'éternité, vous croiriez qu'il s'éleva de partout un hurlement de blasphème. Non, il n'y eut qu'un gémissement, et ces touchantes paroles : « S'il vous plaît que je sois damné, que votre volonté soit faite, ô Seigneur ! »

« Et ils s'enveloppèrent paisiblement, soumis, résignés, du linceul de damnation...

» Et pourtant quelle tentation constante de désespoir et de doute !... Que le servage ici-bas, avec toutes ses misères, fut le commencement, l'avant-goût de la damnation éternelle ! D'abord, une vie de douleurs, puis, pour consolation l'enfer !... Damnés d'avance !... Pourquoi alors ces comédies du jugement qu'on joue aux parvis des églises ? N'y a-t-il pas barbarie à tenir dans l'incertitude, toujours suspendu sur l'abîme, celui qui, avant de naître, est adjugé à l'abime, lui est dû, lui appartient ?

» Avant de naître ?... L'enfant, l'innocent, créé exprès pour l'enfer !... Mais, que dis-je, l'innocent ? C'est là l'horreur du système : il n'y a plus d'innocence.

» Je ne sais point, mais j'affirme, hardiment, sans hésiter :

1. *Histoire de la Révolution*. Introduction.

là fut l'insoluble nœud où s'arrêta l'âme humaine, où branla la patience...

» L'enfant damné ! Plaie profonde, effroyable, du cœur maternel... Celui qui la sonderait, y trouverait beaucoup plus que les affres de la mort.

» C'est de là, croyez-le bien, que partit le premier soupir de plainte... A l'insu même du timide cœur de femme qui le laissa échapper, il y avait un *Mais* terrible dans cet humble, dans ce bas, dans ce douloureux soupir.

» Si bas, mais si déchirant !... L'homme, qui l'entendit la nuit, ne dormit plus cette nuit... ni bien d'autres... Et le matin, avant le jour, il allait sur son sillon ; et alors, il trouvait là beaucoup de choses changées. Il trouvait la vallée et la plaine de labours plus basses, beaucoup plus basses, profondes, comme un sépulcre ; et plus hautes, plus sombres, plus lourdes les deux tours à l'horizon, sombre le clocher de l'église, sombre le donjon féodal... Et il commençait aussi à comprendre la voix des deux cloches. L'église sonnait : *Toujours*. Le donjon sonnait : *Jamais*... Mais en même temps, une voix forte parla plus haut dans son cœur. Cette voix disait : *Un jour !...*

» Un jour reviendra la justice. Laisse là ces vaines cloches ; qu'elles jasent avec le vent... Ne t'alarme pas de ton doute. Ce doute c'est déjà la foi. Crois, espère ; le droit ajourné aura son avénement, il viendra siéger, juger dans le dogme et dans le monde... Et ce jour du jugement s'appellera la Révolution. »

Lammenais a peint en deux lignes cette *terreur de mille ans*, quand il a dit de son histoire : « C'est le long procès-verbal du supplice de l'humanité, les puissants tenant la hache et les prêtres exhortant le patient. »

§ VI. L'oasis arabe.

Cependant la barbarie catholico-féodale n'avait pas triomphé partout. Les citoyens des républiques italiennes, Amalfi, Gênes, Nice, Florence, Milan, Venise, Sienne, Pise, etc., etc., les bourgeois des communes de Gand, de Marseille, de Montpellier, de Narbonne, d'Albi, d'Agde, de Béziers, de Cahors, de Toulouse, de Barcelone, de Lubech, de Hambourg, de Dantzig se livraient à l'industrie et au commerce et élaboraient, en s'enrichissant et en étant des asiles pour les proscrits du fanatisme religieux, une nouvelle civilisation plus démocratique que la civilisation antique.

Dans le midi de la France, la pensée arienne revivait et s'épanouissait au milieu du peuple le plus éclairé et le plus libre de la terre. Cela ne pouvait convenir ni aux papes ni aux féodaux francs. Les hommes de fer, altérés d'or et de sang se ruèrent donc sur ceux qu'on appela les *Albigeois* et, encore une fois, la force eut raison du droit, l'obscurantisme, du progrès, le pillage et le massacre d'une civilisation naissante fut consommé pendant qu'en Italie la funeste guerre des *Investitures* entre le pape et l'empereur, entre Guelfes et Gibelins *barbarisaient* les cités républicaines, détournées par des guerres incessantes et particulièrement cruelles, de leurs buts pacifiques et civilisateurs.

Au moins la barbarie féodale n'avait pas pu encore franchir les Pyrénées et tandis que la chrétienté s'affaissait ainsi dans l'imbécillité et dans le sang, les Arabes d'Espagne sous les glorieux règnes d'Addérame III et d'Alkahem II (913-976) jouissaient d'une prospérité brillante. La bibliothèque du palais de Merwan à Cordoue était la plus riche du monde ;

les universités arabes n'avaient pas de rivales surtout au point du vue scientifique et comptaient parmi leurs écoliers jusqu'à des futurs papes comme Gerbert (Sylvestre II) qui y puisa ce merveilleux savoir, l'étonnement et l'admiration de ses contemporains.

Les sciences, les lettres et les arts à Séville, à Cordoue, à Tolède, comme à Grenade, brillèrent d'un éclat inouï.

Quoi de supérieur dans l'architecture à la Mosquée de Cordoue, à l'Alcazar de Séville, à l'Alhambra de Grenade!

C'est sous les portiques mauresques que dès le IXe siècle commença la *Renaissance*, par la résurrection de la philosophie ancienne par des découvertes scientifiques sans nombre. On comptait dans les grands kalifats (Cordoue, Bagdad, Damas, le Caire) plus de 1000 historiens, presque tous remarquables et l'on peut dire que la médecine fut recréée par le génie arabe. A côté de cela, une agriculture florissante, telle que jamais l'Espagne n'en a jamais connu une pareille, un industrialisme et un commerce très développés. La Méditerranée fut pendant deux siècles un lac musulman. La renommée des fabriques d'armes de Tolède, des fabriques d'étoffes et de tissus de Valence, de Séville et de Grenade, des cuirs de Cordoue et de Maroc sont devenues légendaires.

Quant au peuple il se composait, dit Michelet, d'une foule de marchands et d'industriels entassés dans de riches cités... des agriculteurs paisibles, occupés dans leurs délicieuses vallées (outre le travail agricole) du soin des mûriers et du travail de la soie; une nation vive et ingénieuse qui ne respirait que la musique et la danse (aussi les sciences, les arts, le travail, l'industrie et le commerce) qui recherchait des vêtements éclatants et qui parait jusqu'à ses tombeaux. »

Comparez avec l'Europe catholique.

§ IV. Luttes et améliorations.

Les paysans chrétiens n'acceptèrent pas sans résistance la servitude. Leurs *unions* de résistances avaient déjà donné des soucis à Charlemagne qui s'occupa de légiférer contre elles dans ses *Capitulaires*. En 997 l'insurrection était prête à éclater parmi des milliers de paysans normands conjurés. C'est surtout après les ravages des Normands que les paysans ayant pu juger de la lâcheté de leurs anciens seigneurs, se mirent à cultiver pour leur compte des lambeaux de terre. Si les prêtres chrétiens n'avaient pas inventé la fable cruelle de l'*an mil*[1] pour se faire donner par les seigneurs et par les possesseurs la plus grande partie des biens, l'amélioration eût été plus rapide. Mais cette attente de la fin du monde brisa toutes les volontés et désagrége a toutes les forces en formation (hormis la force cléricale, spoliatrice consciente), dans ce monde qui allait bourgeonner cependant mais que l'égoïsme clérical dessécha autant que la brutalité et l'anarchie féodales.

Deux grands faits survinrent néanmoins, espoir du monde occidental : Les Croisades et les Communes. Les croisades, en faisant périr par centaines de milliers les féroces féodaux qui étaient allés porter en Orient leurs brigandages, allégèrent un peu le sort du peuple et favorisèrent le rachat de la liberté (très relative) et des terres, — non délivrées encore des servitudes, — il ne faut pas l'oublier. Mais cet état nouveau de quelques-uns n'était au moins plus l'esclavage.

Autrement fécond encore en libertés nouvelles et en forces

1. Voir les gravures sur l'an mil dans le tome I de *l'Histoire du socialisme*, par B. Malon. — En vente chez Derveaux, éditeur.

régénératrices fut l'affranchissement des Communes par la force des armes, affranchissement qui avait déjà eu des phases brillantes en Italie et dans les Flandres. Il fut inauguré en France aux débuts du XIIe siècle, et les insurrections bourgeoises furent plus heureuses que les insurrections paysannes, si nombreuses pourtant [1].

A l'abri des cités affranchies, le travail industriel se développa rapidement et tendit à s'organiser. En 1258, Louis IX régnant, Estienne Boileau, prévôt des marchands, établit dans ses *Lois des divers métiers*, les statuts de cent professions déjà organisées; les bases de l'industrie et du commerce français étaient ainsi jetées, grâce au courage des artisans précurseurs de délivrance [2].

1. Notons ici les grandes insurrections des Pastoureaux. La première éclata en 1214, l'année même de la bataille de Bouvines. Pendant que toute la noblesse était réunie auprès de Philippe-Auguste, des milliers de serfs s'armèrent de fourches et de fléaux se répandirent par la campagne, donnant, l'assaut aux châteaux et proclamant l'égalité universelle. Les féodaux bardés de fer massacrèrent facilement ces révoltés demi nus.

En 1250, pendant la captivité de Louis IX, éclata la seconde insurrection pastourienne ayant pour chef un moine nommé Jacob se faisant appeler le *Maitre de Hongrie* et que suivaient 100,000 hommes. Cette fois l'insurrection était autant contre le clergé que contre les féodaux. Elle débuta par un massacre de prêtres à Orléans. Ayant commis la faute de se séparer en plusieurs corps, les croisés révolutionnaires furent exterminés par la reine Blanche et par les féodaux, partie dans le Berry, partie en Provence.

Le troisième soulèvement paysan, qui éclata en 1320, réunit 40,000 hommes qui furent exterminés en Languedoc, léguant leur vengeance aux *Jacques* de 1358.

2. Les avantages généraux furent incontestables ; mais les

« Ainsi le servage, originairement, s'étendait aux habitants mêmes des villes où s'agglomérait la population industrielle et commerçante. Le besoin que l'on avait d'elle, le profit que les classes privilégiées tiraient de ses travaux, les moyens que sa richesse, difficile à saisir sans en tarir la source, lui fournissait pour en acquérir les immunités, objet de ses ardents désirs, changèrent peu à peu sa condition jusqu'à l'époque où commença cette opiniâtre et glorieuse lutte dont l'affranchissement des communes fut le fruit. Car la liberté veut être conquise, jamais elle n'est concédée volontairement, et il est remarquable que partout elle a été due primitivement aux efforts généreux de l'artisan, toujours le premier à la réclamer, le premier à l'obtenir en mourant pour elle. » (Lammenais : *Le passé et l'avenir du peuple.*)

Bien des douleurs devaient encore venir, bien des servitudes onéreuses, infamantes, cruelles, pesaient encore et devaient peser longtemps sur les producteurs des champs et des villes, mais le travail avait conquis le droit de cité. En Flandre et en Italie, il s'essayait déjà au gouvernement et infligeait de sanglantes leçons au brigandage féodal [1].

producteurs payèrent chèrement au prix d'une servitude multiforme le plus de sécurité que leur donnait l'édit sur les métiers.

En 1581, sous Henri III ; en 1597, sous Henri IV ; en 1673, par Colbert, des édits nouveaux, ayant d'ailleurs des buts purement fiscaux, aggravèrent encore les charges corporatives, en les rendant plus onéreuses, en les généralisant « dans toutes les villes et lieux du royaume » et en jetant leurs tentacules sur les marchands aussi bien que sur les artisans.

1. Défaite des féodaux germaniques à Legnano (1176) par les Communes lombardes ; défaite des féodaux français à Courtrai (1302) par les Communes flamandes.

Avec le xve siècle les bornes du monde furent reculées, les sciences et les arts purent bientôt renaître et l'on commença enfin à comprendre que l'enrichissement social n'est pas le fils de la guerre, de la rapine, mais le fils du travail et de l'échange. Des économistes pouvait venir une science nouvelle, la science de la production et de la circulation des richesses attendait ses maitres.

Mais, tant il est vrai qu'avant d'arriver à la vérité et à la justice le génie sophistique de l'esprit humain, épuise toutes les formes de l'erreur et de l'iniquité, on ne sortait du brigandage guerrier et de la servitude, que pour gémir, peiner et lutter longtemps dans les limbes de l'exploitation du travail par le capital : le jour est fils de la nuit, disent les légendes runniques. C'est d'une autre forme de la servitude économique que les apôtres nouveaux vont se faire les théoriciens.

Contemporainement, le travail avait été partiellement élevé en estime par l'initiation corporative des ouvriers constructeurs qui prétendait remonter à Hiram, le constructeur du temple de Salomon et qui comptait parmi ses membres honoraires des souverains comme Charlemagne, des preux comme Roland et Gérard de Roussillon.

Frappées mortellement par la Réforme, et tuées en France, par François Ier, ce prétendu « père des Lettres » qui faisait brûler les imprimeurs, les communautés des *frères constructeurs* donnèrent naissance, en se dissolvant au *Compagnonnage* et à la *Franc-Maçonnerie.*

CHAPITRE IV

LES PRÉCURSEURS DE L'ÉCONOMIQUE MODERNE

§ 1. Angleterre, Espagne, Allemagne.

Ce n'est guère qu'avec le XVIe siècle que vint la littérature économique dans les nations les plus avancées du temps : l'Angleterre, la France, l'Espagne, la Hollande, l'Italie ; elle ne se manifeste d'une manière précise qu'au XVIIe siècle, pour s'épanouir au XVIIIe.

La Hollande entre en ligne avec une foule d'ouvrages sur le commerce, la navigation, les finances, parmi lesquels on distingue ceux de Jean de Witt et ceux du Juif portugais Pinto.

En Angleterre nous voyons d'abord le vieux John Bellers, souvent cité par R. Owen, puis viennent :

Thomas Mun, William Petty, Josiah Child, Davenant, Towsend, Steward, Hodgskin Anderson, etc. soutenant contre les mercantilistes de l'ancienne école que le numéraire a pour mesure, non pas la marque conventionnelle arbitraire que lui imprime un monarque, mais sa propre valeur intrinsèque. Après eux, Samuel Richard, Daniel de Foë, le celèbre auteur de *Robinson Crusoé*, Vanderlint,

Postlwaite[1], Mathew, Decker, Harris, Locke, Hume préconisaient la liberté commerciale.

Mais leurs efforts, dit Mac Culoch, furent vains contre le protectionisme, parce que leurs connaissances sur la nature des richesses étaient encore assez confuses... Toutefois, les idées de Locke sur la prééminence du travail dans la production de la richesse sont à la fois originales et exactes.

Terre classique du protectionisme, l'Espagne produit au XVIIe siècle un assez grand nombre d'économistes financiers[2]

1. Au XVII siècle on discutait déjà en Angleterre le sort des ouvriers, qui eurent pour défenseurs Vanderlin et Postlwaite. Leur principal ennemi fut l'auteur de *An Essay on Trades and Commerce* (Essai sur les fabriques et le commerce) qui voulait que la maison de travail fût une *maison de terreur* où l'on devait travailler douze heures, sur quatorze de présence. La grande industrie a dépassé dans toute l'Europe occidentale ce sinistre idéal. (Voir Marx, *le Capital*.)

2. Cette tendance financière est compréhensible, lorsque l'on songe que la découverte de l'Amérique avait procuré aux Espagnols l'accès des mères d'or et d'argent du Mexique, du Pérou et du Chili, au sujet desquelles l'écrivain et ministre espagnol Ustaritz estime que, de 1462 à 1724, son pays a tiré de l'Amérique 9 milliards 160 millions de piastres ou 52 *milliards de francs*. Vers la fin du XIIIe siècle, les Hollandais, dont plusieurs villes jadis membres de la ligue hanséatique avaient partagé la fortune étonnante de cette célèbre association, purent entrer en compétition avec les Portugais, qu'ils réussirent d'ailleurs à supplanter complètement, et s'élevèrent ainsi à un degré remarquable d'opulence et de puissance que Louis XIV eut lui-même l'occasion d'expérimenter à ses dépens. Les Anglais prirent également part à ces profits à partir du moment où Elisabeth et Cromwel eurent commencé à favoriser leur commerce maritime. Les métaux précieux affluèrent du Nouveau-Monde en Europe, et y élevèrent le prix de toutes choses, ce qui valut aux entreprises

Parmi eux, on mentionne honorablement Alvarès Osorio, Martinez de Matta, Ulloa et Ustariz, tous partisans à divers degrés du *système mercantile*, qu'Ustariz préconisait en ces termes en 1740 :

« Il est nécessaire d'employer avec rigueur tous les moyens qui peuvent nous conduire à vendre aux étrangers plus de nos productions qu'ils ne nous vendront des leurs. C'est là le secret et la seule utilité du commerce. »

Puis vinrent, encouragés par Campomanès, (le ministre réformateur de Charles III), Moncada, Zabala y Annon, Navaretto, Ward (d'origine hollandaise) et quelques autres.

Ces estimables écrivains ont eu, comme ceux d'Italie, des pensées solides, et ont vérifié des faits importants ; ils ont fourni des calculs puissamment élaborés ; mais, faute de pouvoir s'appuyer sur les principes fondamentaux de la

industrielles une rémunéretion plus large et encouragea leur extension. Voilà comment, dit Worms à qui j'emprunte ces détails, l'or et l'argent se firent considérer comme de tous les biens le plus désirable, dont la possession rendait inévitablement riche et puissant, car on parut ne pas s'apercevoir que l'ardeur industrielle et la prospérité grandissantes devaient être attribuées en grande partie au trafic avantageux des denrées coloniales, à l'esprit d'entreprise plus vivace, au développement des relations commerciales et aux efforts énergiques provoqués par des jouissances et des besoins nouveaux. Mais par cela que le commerce extérieur parut généralement de nature à pouvoir satisfaire cette soif d'or et d'argent, c'est aussi vers le commerce, comme vers le dispensateur principal de la richesse, que se dirigea l'attention des gouvernements, et ainsi se formèrent insensiblement, grâce à l'engouement à peu près uniforme des masses, des gouvernants et de la plupart des écrivains, les conceptions et les règles dont l'ensemble est connu sous le nom de *système mercantile*.

science, qui n'étaient pas encore connus, ils se sont trompés sur le but et sur les moyens, et à travers bien des inutilités, ils n'ont répandu qu'une lueur incertaine. (José Gu.eypo, traducteur espagnol de J. B. Say.)

L'Allemagne est tard venue dans les disciplines économiques. Quand déjà les économistes de France, d'Angleterre et d'Italie avaient jeté tant d'éclat, elle débuta modestement par Berchez, Pfepfer, propageant le système dit *mercantile* dont la formule citée plus haut d'Ustariz donne une idée.

En revanche Schleichtwein, Semer, Mauvillon, Gavard Springer, Iselin, Furstenau, Yung et se rallient au système physiocratique de Quesnay que nous exposerons [1].

Peu après 1560 Unger, Justi, Sonnenfeld propagent un système éclectique ayant pour objet d'accorder la liberté du commerce des grains réclamée par les physiocrates avec un protectionisme agraire modéré. Ils sont suivis dans cette voie par Reimarus et Normann et combattus par Filippi protectionniste et par Moser et Muller, fondateurs de l'école dite des vieux conservateurs qui prêchait le retour aux institutions du moyen âge [2].

1. Seckendorf de l'université de Halle publia en 1651 un ouvrage d'économie politique intitulé : *Etat d'un prince de l'empire*, c'est le plus ancien théoricien de ce que les Allemands ont nommé depuis *les sciences camérales*, du nom des *chambres administratives* où se traitait et décidait la question touchant les revenus publics.

2. Vers la même époque, les économistes danois, Fabricius et Mandix, traitaient la question des monnaies :

Un économiste suisse, chirurgien dans le *Royal-Allemand*, régiment français, Herrenschwand, écrivait son *Traité de l'économie politique et morale de l'espèce humaine*. Il protestait contre le

§ 2 Italie.

Plus importante est l'œuvre des économistes italiens.

Gaspare Scaruffi de Naples écrivait, en 1579, ce remarquable traité sur les monnaies, où il protesta énergiquement contre les faux monnayeurs impériaux et royaux, et se déclara partisan de la valeur intrinsèque. Il proposa l'établissement d'une monnaie européenne.

Antonio Serra, (1613) disciple et compagnon de révolte du grand Campanella, écrivit également sur l'économie politique et mérita que J. B. Say dit de lui : « Serra est le premier qui ait signalé le pouvoir productif de l'industrie. »

Après Scaruffi et Serra, viennent Turbolo, Montanari, Broggia, Belloni, Paganini, Neri. En 1737, Bandini s'éleva avec force contre le *Système mercantile*, proclama que la terre est l'unique source de richesse et l'agriculture le seul travail productif. C'était le premier jet de la doctrine que devait plus tard (mais avant la publication du livre de Bandini, qui n'eut lieu qu'en 1775) professer avec tant d'éclat Quesnay et son école.

Le mouvement économique s'accrut dans la seconde moitié du XVIIIe siècle et des noms arrivent nombreux sous notre plume.

particularisme naissant et l'égoïsme de l'économie politique en quoi il fut le précurseur de Romagnosi. Mais, encore imbu de l'idée mercantile, il croyait que les antagonismes se manifestant dans la circulation des marchandises peuvent être conjurés en jetant sur le marché une plus grande masse de numéraire.

Voici : Bartolomeo Intieri, le Mécène des économistes napolitains, Algarotti, Zanon, Briganti, Paoletti, Ghérardo d'Arco, Solera, Cormiani, Ricci, Palmieri, Delfico, Mengotti, Ortès, etc., que nous ne pouvons que nommer ; enfin, les napolitains : Genovesi, Filangieri, Galiani ; les milanais : Beccaria, Verri, Pecchio ; l'istrien Carli ; le piémontais Vasco, dont nous dirons quelques mots.

C'est surtout par son beau livre *Dei delitti et delle pene* que Beccaria est connu en Europe [1]. Son œuvre économique n'est pas moins estimable.

L'étude et la sûreté de ses vues, unies à une force d'abstraction extraordinaire, lui firent trouver la plus grande partie des lois générales de l'économie sociale [2].

Il avait beaucoup de points communs avec les physiocrates, surtout avec Turgot, et il leur devait beaucoup ; mais il les surpassa souvent dans l'analyse des phénomènes économiques.

Beccaria fait dans la constitution du capital une grande part au travail, ce qui de son temps n'arrivait pas à la généralité des économistes.

« Pour multiplier les fruits de la terre, dit-il, les hommes durent vaincre bien des difficultés ; ils durent défricher le terrain, en ôter les pierres, le labourer, l'irriguer, le féconder, etc. avant qu'il fût en état de recevoir la semence et de suffire à nourrir les populations. Toutes ces opérations

1. Dans ce livre célèbre, Beccaria réclama, entre autres réformes pénales, l'abolition de la torture et l'abolition de la peine de mort.

2. G, Pecchio (*Storia d'ell'economia publica in Italia*). Voir aussi la collection Custodi des économistes italiens.

exigeaient du temps et de la fatigue, des instruments de travail, des matières fécondantes, et des semences... Nous appellerons capital fondateur de la culture, la somme de toutes ces choses, qui ont servi à fertiliser la terre. »

La partie la plus remarquée de l'œuvre de Beccaria est celle où, avant Smith, il analyse avec sagacité la *division du travail.*

« Chacun, dit-il, a pu se convaincre, par sa propre expérience, qu'en appliquant toujours son esprit et ses mains au même genre de travaux et de produits, on en retire des résultats bien plus abondants et meilleurs que si chaque homme devait produire tout ce qui lui est nécessaire. Ainsi les uns sont pasteurs de brebis, d'autres cardent la laine, d'autres encore la filent, la tissent, etc., *et le travail se divise pour la plus grande utilité de tous.* »

Pietro Verri eut aussi une célébrité européenne et la mérita. Magistrat et ministre, il employa tout son crédit et toutes ses aptitudes à la régénération de la Lombardie.

« Mais l'œuvre qui intéresse, non seulement la Lombardie, dit Pecchio, mais encore les étrangers, et qui est digne de l'Europe, ce sont les *Méditations sur l'économie politique.* »

Cet ouvrage fut traduit en plusieurs langues et a certaines parties dignes encore d'être étudiées.

Verri pose comme principe fondamental de la richesse *l'augmentation de la production*, pensée originale, que Locke, Verri et les physiocrates conçurent simultanément, et que, 150 ans auparavant, Serra avait entrevue. Comme ceux-ci, et comme son ami Beccaria, Verri veut la liberté entière du commerce, l'amélioration du sort du peuple et la prééminence de l'agriculture.

Carli, tout en appartenant au même ordre d'idées que Beccaria et Verri, fut plus industrialiste qu'eux. Il s'indigna contre l'école physiocratique autant que contre le *colbertisme* ou *mercantilisme*, qui tous deux sacrifiaient, selon lui, une classe à une autre classe.

« Un pays rempli de philosophes mourrait vite de faim, dit-il; un pays seulement composé d'artisans et de marchands, n'ayant personne avec qui échanger, irait vite à sa ruine; (nullement les artisans et les commerçants, échangeraient entre eux) un pays où il n'y aurait que des nobles et des riches oisifs, tomberait dans l'anarchie et deviendrait esclave; (non, on y mourrait de faim); un pays où il n'y aurait que de la plèbe, serait vil et méprisable et inutile, sinon dangereux pour l'autorité; (la plèbe n'a pas besoin de l'autorité pour vivre). Cela veut dire que le vrai politique fera tout pour tous, et il saura que négliger ou opprimer une partie du corps social, ce serait favoriser un mal contagieux, dont tôt ou tard la société sentirait les effets funestes. »

Conclusion : maintien des classes.

Carli est un des premiers économistes qui ait entrevu les avantages de l'*association du travail*. Voici ses paroles.

« La force de chaque homme est très petite ; mais la réunion de petites forces engendre une force totale plus grande que la somme, en sorte que par le fait seul de leur réunion elles peuvent diminuer le temps et accroître l'espace de leur action. »

Genovesi exalte l'agriculture, qu'il appelle l'art créateur

(l'arte madre); mais il se garde d'inférioriser l'industrie et le commerce, lesquels ont, selon lui, pour avantages :

« 1° D'aider l'agriculture, en lui fournissant un outillage qui abrège le travail ;

» 2° D'augmenter la population ;

» 3° D'introduire l'argent, qui contribue tant à la prospérité nationale, comme l'huile qui fait courir les roues du char ;

» 4° D'adoucir les mœurs, et de pousser au développement des sciences et des arts ;

» 5° D'animer la production par une consommation plus immédiate et plus constante ;

» 6° Enfin, d'être un puissant élément de civilisation. »

Genovesi ne veut pas de la liberté du commerce pleine et entière ; mais il réclame, — quelques précautions prises, — la plus grande facilité possible de transaction.

« L'Etat, dit-il encore, est une grande famille. On doit instruire les peuples, et rechercher les méthodes qui apprennent plus par les yeux que par les oreilles.

» La classe des travailleurs doit être nombreuse le plus possible ; car il est clair que la richesse d'une nation se mesure au travail qu'elle effectue.

» En somme, l'administration doit agir de telle sorte que :

» 1° La nation soit peuplée autant que le comportent son climat, son sol et ses forces intérieures.

» 2° Qu'elle soit riche et puissante le plus possible.

» 3° Que le peuple y soit heureux.

» Les corps politiques doivent chercher leur inspiration

dans les arts et dans les sciences (ne pas faire de la politique d'expédients).

» Donnez du travail à tous ceux qui en manquent et vous n'aurez plus de pauvres ni de vagabonds.

» L'agriculture veut la sécurité et la liberté.

» Autant qu'il dépend de vous, donnez au commerce, si plein de ruses, de cupidité et de fourberie, l'honnêteté et la bonne foi. Rien n'est plus utile à une grande et prompte circulation que la bonne foi de tous, qui constitue la foi publique. »

Filangieri, ami de Genovesi, et comme lui, professeur de grand talent, fut aussi un éclectique unissant la philanthropie sociale des physiocrates à beaucoup de données, industrialistes et même *mercantiles.*

« Le principal obstacle du commerce, est la mauvaise foi des commerçants ; il faudrait des lois sévères contre les faillites.

» La richesse a trois sources, qu'il faut également encourager : l'agriculture, l'industrie et le commerce.

» On doit, autant que possible, augmenter le nombre des propriétaires.

» La félicité publique n'est autre chose que l'agrégation des bonheurs privés de tous les individus qui composent la société. Quand les richesses s'entassent dans un petit nombre de mains, et que beaucoup sont pauvres, la nation va à sa ruine ; *car la prospérité d'une nation dépend de la bonne répartition des richesses.*

» D'ailleurs, le riche oisif, ennuyé de son inutilité, n'est guère plus heureux que le pauvre écrasé de travail. Une occupation, un travail modéré, quand il suffit à la satisfaction des besoins, est la seule condition pour qu'un homme soit heureux, autant que nous pouvons l'être. Pour que tous aient un bonheur si enviable, *il faudrait que tout le monde fût également riche.* »

Galiani, *le spirituel abbé*, est surtout connu par sa critique acérée des physiocrates ; j'en citerai une demi-page.

« J'en conviens, l'agriculture est partout la source unique des richesses, même à Genève, qui n'a pour terres labourables que le pavé de ses rues ! Vous admirez la prospérité de la Hollande, où le commerce des grains jouit d'une liberté entière, et vous ne prenez pas garde, imitateurs inconsidérés, que dans un pays stérile le blé au lieu d'être le revenu d'une nation, en est la première dépense. Montez sur leurs vaisseaux : ils vont chercher le blé aux extrémités du monde, s'il le faut.

» Les Hollandais peuvent-ils craindre la famine ? Leur marine leur donne le marché de l'univers. Vous avez donc pris, en parlant de la Hollande, la dépense pour la recette, et la recette pour la dépense ; légère méprise, en vérité ! »

En 1764, à propos de l'Edit sur la liberté du commerce des grains, il écrivit :

« Prenez garde à votre concession ! j'attends un code entier au lieu d'une seule loi. La politique ancienne, l'administration de nos pères, la police, fille de la politique, roulaient entièrement sur la défiance réciproque du peuple et du souverain. Si la confiance prend sa place, il faut changer toute la machine : *Novis rerum mihi nascitur ordo :* un nouvel ordre de choses se présente à ma vue. »

Moins brillant, mais bien plus sympathique, est Vasco, généreux et clairvoyant publiciste, qu'on pourrait placer parmi les socialistes, avec plus de raison que parmi les économistes.

Il proclama, dans un *Mémoire* envoyé à l'académie de Valence, le droit absolu des pauvres à l'assistance de l'État. Il réclamait, pour le pauvre invalide, des subsides, et, pour ceux qui peuvent travailler, du travail. Il voulait que dans les hôpitaux on admît tous les infirmes et tous les enfants exposés.

Dans un autre *Mémoire*, envoyé à l'académie de Pétersbourg, en 1767, il demande, pour que le peuple soit heureux et vive aisément de son travail, qu'à l'aide de la fixation d'un *maximum*, que personne ne saurait dépasser, et d'un *minimum*, distribué et assuré à tout le monde, chacun ait toujours sa part de terre. On voit qu'en ce qui touche l'organisation de la propriété, Filangieri et Vasco sont parents.

Ce philanthrope a fait sur les monnaies le meilleur traité de son époque, par la méthode, la sûreté de vues et la clarté.

Il voulait qu'on prît le cuivre pour étalon, parce que c'est un métal à prix moins variable que les autres; et il proposa (1787) l'établissement d'une monnaie décimale. La révolution, en réalisant son désir, a démontré combien son idée était féconde.

Avec Gioia et Romagnosi nous entrerions dans une nouvelle phase de l'économie politique, qui sera l'objet du chapitre suivant.

§ 3. France.

Sans être aussi brillants que les économistes italiens, les premiers économistes français n'en sont pas moins fort remarquables.

Les premiers en date sont Nicole Oresme (1460), Olivier de Serres et ce bon Sully qui consola un moment la France, sortie sanglante, ensauvagée, ruinée de ses guerres de religion. Il allégea les charges du peuple tout en rétablissant les finances par l'honnêteté de son administration, par sa courageuse résistance aux instincts rapaces des favoris et des seigneurs, et par la fermeté avec laquelle il dévoila les vols et les rapines de fermiers de l'impôt et autres financiers.

« Par lui, disent les historiens du temps, l'abondance commença à se faire sentir dans tout le royaume. Délivré de ses tyrans, le paysan ensemençait et recueillait avec assurance, l'artisan s'enrichissait de sa profession, le plus petit marchand se réjouissait du profit de son trafic et le noble lui-même faisait valoir ses revenus [1]. »

Quelques années après la publication des *Essais* de Mon-

1. On a reproché à Sully de s'être un peu enrichi au pouvoir. Tous les ministres alors faisaient pire. On a même voulu idéaliser les colossales escroqueries de Fouquet et l'on n'a pas flétri Mazarin qui mourut, en 1661, riche de plus de 100 millions de livres, à 28 fr. le marc d'argent qui est aujourd'hui de 54 fr., soit environ 180 millions de francs, soit, en tenant compte de l'avilissement qu'a subi depuis le numéraire, une somme équivalente à 800 millions de notre monnaie !

taigne, on vit paraître en France, dit Buckle, un ouvrage qui, quoique peu lu aujourd'hui, avait, au dix-septième siècle une immense réputation. C'était le célèbre traité de la *Sagesse* de Charron, dans lequel nous trouvons, pour la première fois, dans une langue moderne, une tentative de construire un système de morale, sans l'aide de la théologie. Ce qui rendait ce livre plus formidable encore, sous beaucoup de rapports, que celui de Montaigne, c'était l'air de gravité avec lequel il était écrit. Charron avait évidemment la conscience de la tâche importante qu'il avait entreprise, et il se distingue de ses contemporains par une pureté remarquable de langage et de pensée.

Disgracié après la mort d'Henri IV, Sully écrivit (1611-15) ses *Economies royales et servitudes loyales*, si précieuses à consulter pour l'histoire économique de la vieille France [1].

Pendant que ce grand homme écrivait ses mémoires, Montchrétien de Watteville publiait (1613) un traité d'*économie politique* (c'est lui qui le premier écrivait ce mot). Bodin dans *sa République* consacrait de nombreuses pages à l'économie publique.

1. Telle est la dose incommensurable d'orgueil et de bêtise des aristocraties, qu'après Sully, aux États généraux de 1614, le Tiers-État ayant osé dire que les trois ordres étaient frères, la noblesse répondit « qu'il n'y avait aucune fraternité entre elle et le tiers, que les nobles ne voulaient pas que des enfants de cordonniers et de savetiers les appelassent leurs frères, et qu'il y a autant de différence entre eux et le Tiers, comme entre le maître et le valet. »

Puis, déléguant un député pour porter plainte au roi de ce valet, cet organe officiel de l'ordre entier de la noblesse s'exprime ainsi : « J'ai honte, Sire, de vous dire les termes qui de

En 1690, Ph. Collet publia, sans nom d'auteur, un traité sur les usures où il se prononce pour l'intérêt de l'argent qui est, disait-il, plus légitime que la dîme, étant le paiement d'un service rendu.

Nous arrivons à Colbert, l'organisateur de l'industrie française. Il fit pour celle-ci, avec d'autres procédés, ce que Sully avait fait pour l'agriculture. Il aurait également restauré les finances si les dilapidations de Louis XIV avaient eu une limite. Il donna au travail national un plus grand essor, créa une marine française, réforma dans les finances les abus les plus criants et il fut le représentant le plus éminent de l'école dite *mercantile*, appelée aussi *colbertisme*, qu'il résuma ainsi dans un rapport au roi :

Réduire les droits à la sortie, sur les denrées et les produits manufacturés du royaume. Diminuer aux entrées les droits sur tout c. qui sert aux fabriques. Repousser par l'élévation des droits les produits des manufactures étrangères.

Les principes qui dirigèrent tous les actes de son ministère, dit A. de Villeneuve, ne manquèrent leur but que par l'exception faite à l'égard du commerce des grains ; et, ce qui prouve leur justesse pratique, c'est qu'ils forment encore aujourd'hui le code de toutes les nations, et qu'on ne saurait les abandonner instantanément sans compromettre des industries importantes et des établissements créés à l'aide

nouveau nous ont offensés. Ils comparent votre Estat à une famille composée de trois frères. Ils disent que l'ordre ecclésiastique est l'aîné, le nôtre le puîné et eux les cadets. En quelle malheureuse condition sommes-nous tombés si cette parole est véritable ? »

La réponse à cette insolence se fit attendre un siècle et demi ; mais elle vint.

du temps, de la confiance et d'une longue accumulation de capitaux.

Un grand homme de guerre à qui on ne croyait du génie que dans l'art des fortifications, Vauban, ému des souffrances du peuple accablé par les tailles et les guerres de Louis XIV, écrivit un projet de réforme.

C'est le fameux *Projet de dixme royale* trop connu pour que nous ayons à l'analyser ici.

Ce projet, dont l'application eût regénéré la France, n'attira que le courroux du tyran et « le plus honnête homme du royaume,» selon l'expression du duc de Saint-Simon, en mourut de douleur [1].

Boisguilbert son disciple, reprit l'idée de l'impôt unique et frappant tout le monde dans le *Factum de la France*, publié en 1710.

Vauban n'avait pas osé joindre au *Projet de dixme royale* imprimé l'année après sa mort, un appendice intitulé : « *Raisons secrètes (et qui ne doivent être exposées qu'au roi seul) qui s'opposeraient à l'établissement du système.* »

C'était un long chapitre des abus et des intérêts attachés à leur maintien.

Avec le XVIIIe siècle, marqué au début par la tentative de Law, les économistes dits *financiers* abondèrent en France. On peut citer : Les frères Duverney, Dubuat, Brun, Bergasse, Mauduit, Mirbeck, O' Hequerty,(d'origine irlandaise),

1. Parmi les manuscrits que Vauban a laissés se trouvent *Mes oisivetés*, curieux et remarquable traité sur l'économie politique avec indications des réformes urgentes. Il y réclamait aussi le retour à l'édit de Nantes et la limitation de l'autorité ecclésiastique.

Hocquart de Courbon, Condillac, le frère de Mably, l'émule de Locke, en philosophie comme en économie politique, Cantillon. Mais les plus célèbres restent : Dutot, Forbonnais et Melon.

Melon, ancien secrétaire de Law, et partisan, jusqu'à un certain point, du *système mercantile* y soutenait, avec la haute approbation de Montesquieu et de Voltaire, que la valeur des monnaies était toute conventionnelle et qu'il dépendait du souverain de la fixer.

Dutot, ancien secrétaire de Law lui aussi, et Forbonnais réfutèrent victorieusement ce sophisme. Ils démontrèrent que les altérations des monnaies n'étaient que du faux monnayage pur et simple, lequel troublait le commerce et ruinait les particuliers.

Trop de gens étaient intéressés à choisir l'interprétation de Melon pour convenir de sa défaite. Ainsi encouragé, le financier ajouta que les dettes publiques faisaient la prospérité de la nation, que c'était la main gauche donnant (par l'impôt) à la main droite. Celle-ci rendait (par la dépense et le luxe) et de cet échange résultait la richesse.

Voltaire mit la chose en vers [1].

Tel était l'état des études économiques quand parurent vers 1750, les *physiocrates*.

Le fondateur de la nouvelle école économique fut François Quesnay, médecin consultant du roi.

1. .... Le luxe enrichit
Un grand État s'il en ruine un petit.
Cette splendeur, cette pompe mondaine
D'un règne heureux est la marque certaine.
Le riche est né pour beaucoup dépenser.
Le pauvre est fait pour beaucoup amasser.

Quesnay partit de cette idée fausse que la seule source d'excédant du travail est dans la fertilité de la terre. L'industrie, d'après lui, ne pouvait pas donner d'excédant, était un travail stérile, ne nourrissant que ceux qu'il emploie. Il en était autrement de l'agriculture qu'on devait encourager par dessus tout, par la liberté du commerce (celui des grains y compris) et par l'amélioration du sort des travailleurs. Les propriétaires bénéficiaires du produit net ou rente agricole, devaient acquitter l'impôt.

Voici d'ailleurs, d'après un disciple, E. Daire, un résumé du *Tableau économique*, œuvre capitale de Quesnay :

Supposons, dit l'auteur, un royaume dont les produits agricoles seraient de 5 milliards par an, la répartition devra se faire ainsi :

Classe productive, Agriculteurs. — Avance ou capital circulant de cette classe : 2 milliards, qui ont produit 5 milliards, dont deux milliards sont produit net, ou revenu de la

Classe des propriétaires, y compris l'État. — Ci, 2 milliards de revenu. — Cette classe dépense un milliard en achat à la classe productive et un milliard en achat à la

Classe stérile, Industrie et Commerce. — Qui reçoit un milliard, en remboursement du milliard qu'elle a dépensé en achat de matière première à la *classe productive.*

Le total des 5 milliards, partagés d'abord entre la classe *productive* et la classe des propriétaires, est dépensé annuellement dans un ordre régulier, qui assure la même reproduction annuelle. Un milliard est dépensé par les propriétaires en achats à la classe stérile; la classe productive, qui vend pour 3 milliards de produits aux autres classes, en rend 2 milliards pour le revenu, et en dépense un milliard en achat à la classe stérile. Ainsi, la classe stérile reçoit deux milliards, qu'elle emploie à la richesse productive, en achats pour la subsistance de ses agents et pour les matières premières. La classe productive dépense elle-même annuellement pour deux milliards de produits, ce qui complète la dépense totale des 5 milliards de la production annuelle.

Ce qu'il y a de plus clair dans ce *Tableau*, c'est que les ouvriers y sont dépouillés des 2/5 du produit de leur travail au profit des oisifs. Mais si l'on se rappelle qu'alors (avant l'invention des machines et l'emploi des forces économiques) la force du travail humain, comparée à la force des agents naturels dans la confection des produits, était infiniment inférieure à ce qu'elle est maintenant, on reconnaîtra qu'étant donnée la production propriétaire, le revenu attribué par Quesnay aux riches, qui auraient dû sur ce revenu subvenir seuls aux charges de l'État, n'avait rien d'exagéré.

De nos jours, le prélèvement capitaliste est autrement onéreux [1].

Le livre des *Maximes économiques*, du même auteur, porte cette épigraphe :

Pauvre paysan, pauvre royaume.
Pauvre royaume, pauvre roi.

1. Un économiste démocrate, Auguste Larue, a pu écrire (Genève, 1871) sans crainte d'être démenti :

« Le salaire de la journée d'un ouvrier se répartit ainsi :

1° 1/4 représentant la valeur réelle de sa consommation.

2° 3/4 représentant les frais, intérêts et bénéfices des intermédiaires.

Ce fait économique est prouvé aujourd'hui. »

C'est un recueil de trente maximes brièvement développées. L'énoncé en paraîtra curieux à plus d'un titre.

« 1° Que l'autorité souveraine soit unique, et supérieure à tous les individus de la société et à toutes les entreprises injustes des particuliers.

» 2° Que la nation soit instruite dans les lois générales de l'ordre naturel, qui constituent le gouvernement le plus parfait.

» 3° Terre et agriculture, unique source de richesse.

» 4° Que la propriété soit assurée !

» 5° Que l'impôt soit modéré, qu'il soit toujours en raison du *produit net*, ou *revenu.*

» 6° Avances suffisantes aux cultivateurs.

» 7° Que la totalité des sommes du revenu rentre dans la circulation annuelle et la parcoure.

» 8° Que le gouvernement favorise les dépenses productives et laisse aller d'elles-mêmes les dépenses stériles.

» 9° Préférence pour l'agriculture.

» 10° Que le revenu soit dépensé dans le pays.

» 11° Eviter les émigrations.

» 12° Garantir au laboureur la sûreté de sa personne et de son avoir.

» 13° Liberté de la culture.

» 14° Favoriser la multiplication des bestiaux.

» 15° Favoriser la grande culture.

» 16° Liberté de commerce et d'exploitation, car tel est le débit, telle est la production.

» 17° Qu'on facilite les débouchés.

» 18° Qu'on ne fasse point baisser les prix des marchandises.

» 19° Le bon marché ne profite pas au menu peuple.

» 20° Augmenter l'aisance des dernières classes du peuple.

» 21° Eviter les épargnes stériles (immobilisation des capitaux).

» 22° Peu ou point de luxe, de décoration.

» 23° Réciprocité de commerce avec l'étranger.

» 24° La « Balance du commerce » est une chose futile.

» 25° Entière liberté du commerce.

» 26° Songez à augmenter les revenus plus qu'à augmenter la population.

» 27° N'épargnez pas sur les dépenses publiques nécessaires.

» 28° Que personne ne puisse faire sa fortune dans l'administration des deniers publics.

» 29° N'espérez de ressources que dans la prospérité de la nation, et non dans le crédit des financiers; car les fortunes pécuniaires sont des fortunes clandestines, qui ne connaissent pas de patrie.

» 30° Que l'État évite les emprunts; ils forment des rentes financières qui le chargent de dettes dévorantes. »

Tels sont les principes généraux de l'école physiocratique.

Quesnay eut pour disciples des hommes comme Dupont (de Nemours), le philosophe de la doctrine; Malesherbes, le marquis de Mirabeau (père du grand tribun), Gournay, qui inventa la devise : *laisser faire, laisser passer;* d'Argenson, Turgot le grand ministre réformateur; Trudaine, Morellet, Albon, Saint-Peravy, Mercier de la Rivière, Beaudeau, Roubaud, Abeille, Boncerf, Letrosne, Beaulieu, Clicquot de Bervache, etc., sans compter les illustres étrangers influencés par ses doctrines.

Selon Mac Léod et Michel Chevalier (et ils ont raison, quoi qu'ait pu dire Dugald Stewart), Quesnay fut le véritable fondateur de l'economie politique. Smith vint chez lui dans l'attitude d'un disciple et voulait lui dédier son livre. Il ne faut pas oublier non plus qu'avant la *Richesse des Nations* de Smith, avaient été publiées les *Réflexions sur la formation et la distribution des richesses* de Turgot.

D'autre part, les physiocrates étaient non pas des abstracteurs de quintessence; mais des hommes politiques. En France ils lancèrent Turgot, et dans toute l'Europe ils se créèrent des disciples parmi les ministres.

Les anglais Tucker et Price, le chevalier de Lithuanie, comte Creptowicz, le prince russe Galitzin étaient leurs adeptes en même temps que les allemands Sebmaltz, Semer, Gavard, Mauvillon etc. : en Italie, les marquis de Longo et de Carraccioli, Mengotti, Paoletti, Gianni, Fabroni, le comte Tannucci, Tillot, etc., qui furent ministres pour la plupart — sans parler de la quasi adhésion de Beccaria et de Verri.

D'une manière générale, on peut dire que tous les économistes de ce temps la subirent plus ou moins le courant physiocratique.

C'est ainsi que l'Espagne, où gouvernait Campomanès, entouré de toute une pléïade d'économistes : Florida Blanca, Sempere y Guarinos, Cabarrus (de Bayonne), propagateur d'un système de crédit agricole, Ward (de Hollande), Dauvilla, Campos, Pablo, Olivarès, Arrenda, Joveilanès, Valle, Sentoro, etc., voyait s'accomplir une réforme dans le sens de celle que Turgot tenta plus tard. Mais, comme devait l'être

Turgot, Campomanès fut renversé par une intrigue de cour [1].

Le plus populaire des hommes politiques danois, Bernstoff se mit à l'œuvre de son côté, commençant par l'affranchissement des paysans danois et l'abolition de la traite des Noirs.

Bientôt, les princes mêmes se mirent à admirer les physiocrates : Marie-Thérèse se fit leur protectrice ; Catherine II appela Mercier de la Rivière ; Gustave III de Suède, écrivait de fort bons traités dans la revue des physiocrates [2] et accomplissait quelques réformes ; le margrave de Bade, Joseph II d'Autriche, suivirent cet exemple ; le roi de Naples, lui-même, voulut avoir son ministre réformateur, c'est-à-dire physiocrate, tout comme le grand-duc Léopold, qui régénéra la Toscane par ses réformes administratives et les grands travaux qu'il fit effectuer [3]. En Lombardie, avec l'agrément des souverains d'Autriche, Verri, Beccaria et Carli s'appliquaient aussi aux réformes économiques; de même le duc de Modène ; de même beaucoup d'autres [4].

En France, patrie des physiocrates, malgré le génie de

1. Ourdie par le fameux Godoy, prince de la Paix, qui gouverna si honteusement l'Espagne, jusqu'en 1808.

2. *Ephémérides du citoyen.*

3. Entre autres bienfaits, on doit à Léopold le desséchement des marais de Sienne, qui rendit la fertilité, l'assainissement et la vie à toute une contrée.

4. Il ne faut pas oublier que tous ces princes réformateurs et philanthropes furent les plus enragés contre la Révolution française. Léopold, devenu empereur, fut, jusqu'à sa mort prématurée, le chef de la réaction. Il avait à ses côtés, contre la *liberté* et la *philosophie*, la *libérale* Angleterre et la *philosophique* Prusse.

Turgot, aucune réforme économique sérieuse ne put être réalisée d'une façon durable, grâce à l'hostilité de la cour et à l'effarement de la bourgeoisie.

Destiné d'abord à l'état ecclésiastique, le jeune Turgot prononça, comme prieur de la Sorbonne, un discours sur les progrès du genre humain, qui le plaça de suite parmi les penseurs de son époque. Déjà, étant au séminaire, il avait écrit sur les monnaies une lettre, où le jeune collégien parle de la valeur, à la façon dont Rossi et Baudrillart, économistes expérimentés, en parleront un siècle plus tard.

Il jeta la soutane pour se vouer aux fortes études, et il devint bientôt l'ami de Quesnay et de Gournay. Mais on peut dire qu'il les surpassa tous deux par la puissance d'idée et la netteté d'expression qu'il manifesta dans ses nombreux ouvrages, notamment dans son traité sur la valeur, et ses *Réflexions sur la formation et la distribution des richesses.*

Nommé intendant du Limousin, en 1761, il fit diminuer les impôts, réparer les routes (non plus par les corvées, mais avec le produit d'une taxe imposée aux propriétaires); il accorda dans sa province la libre circulation des grains; il organisa l'assistance sur une grande échelle. Il voyait la misère diminuer et le travail se développer autour de lui, quand il fut fait, en 1774, d'abord, ministre de la marine, ensuite, *Contrôleur général* des finances et chef du ministère.

Ce qu'il avait fait pour le Limousin, avec tant de succès, il voulut le faire pour la France, et aller bien au delà. Il fit d'abord décréter l'abolition de la corvée, de la torture, des *jurandes* et des *maîtrises*, des derniers vestiges du servage — réformes immenses. Il en promettait une série d'autres car il voulait régénérer la France, et parlait déjà de l'égale répartition des impôts.

La cour, les Parlements, le clergé, la bourgeoisie crièrent à l'abomination. Marie-Antoinette, poussée par Maurepas et Conti, persécutait le roi à propos de son ministre. Celui qui fut depuis Louis XVIII écrivit contre Turgot un grossier libelle. Bien que toujours servile pour les rois, le Parlement refusa d'enregistrer les édits de Turgot: *qui consternaient la nation, affligeaient la noblesse et ôtaient au royaume ce qui pouvait lui rester de ressources;* c'est du moins ainsi que les qualifiait le président d'Aligre, en suppliant le roi de mettre un terme *aux pernicieux effets de tant d'innovations, également contraires à l'ordre public et à la constitution de l'état.* Séguier et d'Espréménil revinrent à la charge, conjurant le roi de réprimer *les débordements économiques.*

Les bourgeoisies des « bonnes villes » faisaient aussi entendre leurs supplications désolées contre la liberté du travail.

Rouen : *Son commerce est désolé, ses ouvriers toiliers sont abandonnés, les femmes, les enfants, les vieux, plongés dans la misère; les terres les mieux cultivées, vont redevenir incultes, et la belle Normandie va redevenir déserte.*

Tours : *Les députés de tout le royaume gémissent et voient une commotion qui amènera une convulsion du genre nervoso-politique.*

Reims : *On va nous ôter le pain.*

Lyon : *Ne peut se taire devant un projet qui répand la terreur dans toutes les fabriques.*

Paris : *On n'a jamais présenté une affaire si importante au pied du trône, que le commerce parisien baigne de ses larmes.*

Amiens : *Ce serait la tombe où seraient englouties toutes les manufactures du royaume!... Tout le royaume en frémit d'horreur.*

Les conservateurs ne varient pas sur un point : crier haro! sur le progrès en toute occasion.

Il s'agissait alors de la liberté du travail, *c'était contraire à l'ordre public, à la constitution de l'état; il fallait mettre un terme aux débordements économiques qui désolaient et ruinaient le royaume, qui étaient la tombe où l'industrie francaise allait s'engloutir.*

Il s'agit aujourd'hui de l'émancipation des travailleurs : *c'est le flot des passions subversives qui bat tout ce qui est respectable qui sape la société dans ses bases; c'est la barbarie démagogique, qui menace de tout engloutir et qu'il faut écraser à tout prix.*

Devant tant de clameurs, Louis XVI céda et renvoya son ministre : la Révolution seule devait entreprendre l'œuvre de régénération.

CHAPITRE V.

LES QUATRE ÉVANGÉLISTES : SMITH, — SAY, — RICARDO, — MALTHUS, ET LEURS ÉPIGONES.

§ 1er. Adam Smith.

Pendant que les physiocrates florissaient en France, que Genovesi et Filangieri à Naples, et Beccaria à Milan, professaient les premiers éléments de l'économie politique, le célèbre moraliste Hutcheson, à Dublin d'abord, à Glascow ensuite, mêlait aux exposés de sa philosophie morale de brillants aperçus sur l'économie des nations, peu abordée encore. C'est à cette école du célèbre professeur irlandais, dont il allait être le successeur, et à celle de Ferguson, que se forma Adam Smith.

« La source de la vertu est dans la bienveillance, la sympathie et le désintéressement. Le *bien* est différent de l'*utile* il y a un sens du beau, et un sens moral, qui jugent de la beauté et de la bonté, comme le goût physique juge des saveurs. »

Telle est en substance la philosophie morale, dite « écossaise, » qu'on opposa à la philosophie matérialiste des penseurs français du XVIIIe siècle ; telle fut la philosophie morale que développa le futur économiste, dans sa *Théorie des sentiments moraux* (1759).

Quatre années plus tard, quittant le professorat de Glascow, il accompagna le duc Buccleugh dans ses voyages sur le continent, et il se lia à Paris avec Dupont (de Nemours) qui l'introduisit chez Quesnay et dans le cercle économiste, où Smith eut, comme on sait, l'attitude d'un disciple de Quesnay.

Pendant dix années, Smith accumula les matériaux pour son œuvre capitale, et ce n'est qu'après des années de réflexions qu'il se décida à y mettre la dernière main.

Enfin, parut son fameux livre : *Recherches sur la nature et les causes de la richesse des nations*, qui fonda sa réputation et lui valut la faveur gouvernementale [1].

Si la réputation acquise dépassa la valeur de l'œuvre, l'œuvre n'en est pas moins remarquable.

A. Smith est le premier qui ait compris d'une façon précise, et décrit, la puissance créatrice du travail, source principale de la richesse, source unique des valeurs.

Le travail annuel d'une nation, écrit-il, est la source primitive d'où elle tire ses richesses, c'est-à-dire les produits nécessaires à sa consommation. On subvient à cette consom-

1. Smith fut nommé directeur des douanes en Ecosse, position très lucrative, qu'il garda jusqu'à la fin de sa vie. Seulement, on pourra trouver assez étrange que l'homme qui appelait sa théorie *le système de la liberté naturelle*, et qui reste le plus célèbre apôtre de la liberté commerciale, ait accepté une semblable fonction. Que dirait-on d'un partisan de l'abolition de la peine de mort qui accepterait les fonctions de bourreau ?

mation par le fruit immédiat du travail national, ou par des achats faits aux autres nations, avec le produit de ce même travail.

Ceci établi, Smith cherche quels sont les moyens d'accélérer le travail et, s'arrêtant au premier qu'il constate après bien d'autres *la division du travail*, il le décrit en détail et en déduit puissamment les avantages. C'est là le point capital de son œuvre ; son nom est attaché à *la division du travail*, et, par une extension non justifiée, à l'économie politique, autant que le nom de Galilée est attaché au mouvement de la terre, celui de Colomb à la découverte de l'Amérique, celui de Newton, aux lois de la gravitation universelle, celui de Descartes à la géométrie analytique, celui de Lavoisier à la chimie, celui de Bichat à la biologie, et celui de Darwin au transformisme.

Les prémisses posées, Smith s'étend sur les *crises* qui pourraient résulter de la *concurrence*, et il parle même de limiter l'emploi des machines, à peine commencé de son temps.

On doit aussi lui savoir gré d'avoir réclamé pour les travailleurs un salaire abondant, et d'avoir su observer que l'ouvrier aisé et éclairé, travaille mieux et plus que l'ouvrier misérable, ignorant et maltraité.

Mais c'est tout; il ne veut rien réformer ; il parle seulement d'instruire le peuple, ce que certains de ses disciples, entre autres son traducteur français, Germain Garnier, lui ont vivement reproché.

L'auteur de la *Richesse des nations* eut, en effet, certaines préoccupations morales et réformistes que les épigones, avec le cynisme de l'égoïsme bourgeois qu'a vu si outrageusement grandir notre siècle, rejetèrent immédiatement comme un vêtement incommode.

Smith est pour les hauts salaires : « Une récompense libérale du travail, dit-il, en même temps qu'elle favorise la propagation des classes laborieuses, augmente leur industrie, qui, semblable à toutes les qualités humaines, s'accroît par la valeur des encouragements qu'elle reçoit.

» Une nourriture abondante fortifie le corps de l'homme qui travaille ; la possibilité d'étendre son bien-être et de se ménager un sort pour l'avenir, en éveille le désir, et ce désir l'excite à de plus vigoureux efforts. *Partout où le salaire est plus élevé, nous voyons les ouvriers plus intelligents et plus expéditifs.* »

Dans le même esprit, il loue la petite propriété et préconise l'égalité des partages. Parlant des impôts, il dit qu'il est bon que le riche paie pour sa fortune, *et même pour quelque chose de plus.*

Ce qui est ouvrir toute grande la porte à l'impôt progressif sur le revenu.

Il n'y a aucun pays, dit-il encore, dont tout le produit soit employé à entretenir les travailleurs : partout, les oisifs en consomment une grande partie [1].

Seulement, ce ne sont là que de vagues aspirations, qu'il abandonne aussitôt qu'il précise. Alors, il glorifie le *statu quo*, trouve que le genre humain n'est qu'une société de commerce, régie sans appel, et légitimement, par la *loi de*

1 « Voilà le mal nettement indiqué et notre génération cherche déjà le remède. » (Adolphe Blanqui). — Le remède est l'universalisation du travail, de l'instruction et du bien-être par la socialisation des forces productives.

l'offre et de la demande. Heureux les riches! Malheur aux pauvres!

Voici d'ailleurs un exposé fidèle de la théorie smithienne :

La puissance avec laquelle une nation produit toutes ses richesses, est le travail.

Les produits de cette puissance sont d'autant plus grands qu'elle reçoit plus d'accroissements.

Elle peut s'accroître de deux manières : en énergie et en étendue.

Le travail gagne en énergie par la division du travail et par les machines.

Le travail gagne en étendue quand le nombre des travailleurs augmente, comparé à celui des consommateurs.

Son accroissement résulte de l'accroissement des capitaux et du genre d'emploi qu'ils reçoivent.

Du fait que les hommes se distribuent le travail, naît l'échange, et de celle-ci la valeur, qui est la mesure des choses échangées.

La valeur se divise en valeur d'usage, (utilité) qui est en raison de l'avantage qu'elle procure à l'acheteur, et en *valeur échangeable*, dont le travail est la mesure.

Le *prix*, ou valeur exprimée en *monnaie*, résulte des rapports entre *l'offre et la demande*, et se compose de trois éléments, qui sont les trois éléments de la distribution des richesses :

1° La rente de la terre.

2° Les profits du capital.

3° Le salaire des ouvriers.

Que le gouvernement apporte tous ses soins à agrandir le marché par des routes sûres et commodes, par un bon système de monnaies, et par la garantie de l'exécution fidèle des contrats.

L'accumulation graduelle des capitaux est un effet nécessaire de l'amélioration des facultés productives de travail, et elle contribue encore comme cause à une amélioration inférieure dans ces facultés. Mais à mesure qu'elle grossit, elle fait encore augmenter le travail dans une autre dimension, l'étendue, en multipliant le nombre des travailleurs, ou la quantité du travail national.

Cette multiplication dans le nombre des bras employés parmi les nationaux, sera en raison de la nature de l'emploi à laquelle les capitaux seront destinés.

Sous ce rapport, le gouvernement n'a qu'à protéger la liberté naturelle de l'industrie, en renonçant à ses prohibitions et encouragements. Qu'il laisse à la plus libre concurrence et l'exercice et l'emploi des capitaux et qu'il n'intervienne que pour écarter les obstacles que la cupidité et l'ignorance pourraient susciter à la liberté illimitée de l'industrie et du commerce [1].

Adam Smith, on le voit, n'a rien inventé [2]. Ni philosophie

1. V. G. Garnier, préface de la traduction française de Smith.

2. Adam Smith n'a pas établi une seule proposition nouvelle concernant la division du travail... Le rôle subordonné qu'il assigne aux machines, souleva dès les commencements de la grande industrie, la polémique de Lauderdale, et plus tard celle de Ure. Smith confond aussi la différenciation des instruments due en grande partie aux ouvriers des manufactures avec l'invention des machines. (Marx, — le *Capital.*)

A. Smith n'était point un homme de génie; il eut même le tort de s'approprier les théories de plusieurs penseurs, sans citer leurs noms... on lui a reproché sa mauvaise méthode... Ce qu'on doit sociale, ni but d'ensemble; il déchaîne purement et simplement, dans une société bourrée de privilèges, de monopoles et de préjugés, de spoliateurs et de spoliés, de gras possesseurs et d'affamés, la lutte des intérêts, antagonistes, mais inégalement armés; s'inquiétant peu de ce que la victoire devra nécessairement rester aux plus forts, aux plus cupides et aux plus injustes.

« Pour élever un état du dernier degré de la barbarie au plus haut degré d'opulence, dit-il expressément, il ne faut que trois choses : la paix, des taxes modérées et une administration tolérable de la justice. Tout le reste est amené par le *cours naturel des choses*. »

« Nous avons vu, s'écrie Ad. Blanqui, *le cours naturel des choses* produire des effets désastreux, créer l'anarchie dans la production, la guerre pour les débouchés, la piraterie dans les affaires.

La division du travail et le perfectionnement des machines, qui auraient dû réaliser (non pas toutefois dans l'entendement des économistes) pour la grande famille des travailleurs, la conquête de quelques loisirs, au profit de sa dignité, n'a engendré, sur plusieurs points, que l'abrutissement et la misère.

Il faut dire que lorsque Smith écrivait, la liberté n'était pas venue avec ses embarras et ses abus. Le professeur de Glascow aurait peut-être écrit comme Sismondi, s'il eût été témoin du triste état de l'Irlande et des districts manufacturiers de l'Angleterre, au moment où nous écrivons. »

le plus lui reprocher, c'est une mauvaise composition, un style lourd et diffus.(N. Villiaumé, — *Cours d'économie politique*.)

C'est au moins douteux. Mais Blanqui n'est pas le seul à vouloir excuser le chef de la réaction économiste : le socialiste russe, Tchernychewsky, écrit :

« A l'époque où la théorie smithienne a été construite, la masse de la population n'avait pas encore d'idées nettes sur la possibilité de changer sa position. De qui n'exige rien, personne ne se soucie. Le Tiers-Etat, à qui la théorie de Smith appartient, croyant alors que la plèbe n'avait besoin de rien, imagina que le peuple serait complètement heureux, quand lui, Tiers-Etat, serait parvenu à réaliser ses propres vœux.

» La chose est toute différente aujourd'hui ; la Plèbe réclame... le progrès commence à être l'ennemi de l'économie politique pure, qui sera réfutée et rejetée, si elle ne s'amende. »

Ce que l'on pourra toujours reprocher à Smith, c'est d'avoir, sous couleur d'expérimentalisme, incorporé, dans des faits passagers et mal analysés, ses conceptions immobilistes, ennemies de tout progrès, de toute réforme, et d'avoir ainsi mis un arsenal de réaction à la disposition des ennemis du peuple.

§ 2. J.-B. Say.

Autrement conscient dans ses buts bourgeois fut J.-B. Say que Ferrara, le plus célèbre des économistes italiens, met au-dessus de Smith [1].

Say, dit plus justement Aldisio Samnito, résuma l'écono-

1. La science moderne de l'économie politique s'est pour ainsi dire incarnée en Jean-Baptiste Say. (Ferrara.)

mie politique bourgeoise. Il lui ôta même cette compassion simulée qu'elle affectait de jeter quelquefois sur le peuple souffrant. Il trouva dans le capitaliste toute la richesse, il ne trouva rien dans le travailleur. Georges Avenel, ce grand connaisseur de la Révolution française que la mort nous a ravi trop vite, a vu dans Say le messie de la race abjecte, de ceux qui pendant la tourmente s'enrichirent des douleurs publiques.

« Mais il est, dit en effet l'auteur de *Clootz* et des *Lundi révolutionnaires*, il est un homme qui apparut en même temps que Bonaparte et qui fut pour les fournisseurs non moins providentiel : Jean-Baptiste Say, le dogmatiste économiste, apprit aux gras propriétaires et capitalistes triomphants qu'ils étaient des producteurs, et que le travail humain ne pouvait se passer d'eux ; il leur répéta que leurs richesses étaient du travail amassé, et il leur certifia que, pour le bien de la société, il ne fallait à des ouvriers que le strict nécessaire. Ces belles leçons en rassurant scientifiquement ces messieurs, leur donnèrent une force morale inébranlable. Ils se montrèrent fidèles disciples du prêcheur. Et pendant que Bonaparte, tenait enrégimentée une partie des prolétaires pour aller en chasse, une autre partie était casernée dans les manufactures, qui prirent alors un développement considérable. »

J.-B. Say naquit à Lyon, d'une famille de Nîmes, qui s'était réfugiée en Suisse, lors de la révocation de l'Edit de Nantes, et, depuis peu, était rentrée en France.

A l'âge de vingt-deux ans, nous le trouvons à Paris, secrétaire d'une tontine, dont Clavière était le directeur. C'était en 1789. Le jeune Say quitta bientôt ce poste pour devenir employé dans les bureaux du *Courrier de Provence*, journal de Mirabeau. Après la cessation de ce journal, il se disposait à quitter Paris, quand Ginguené et Andrieux lui offrirent la direction de la *Décade philosophique littéraire et politique*, qu'il accepta.

Bien qu'il fût dans les rangs des modérés, le vent de la révolution avait passé sur lui. Il était franchement irréligieux et le resta toute sa vie. Après un voyage en Angleterre, où, sans doute, il avait vu Jérémie Bentham, il s'avoua hautement *utilitaire*, ou *philosophe radical*. Et il était dans toute la ferveur de sa religion nouvelle, quand l'Institut (classe des sciences morales et politiques) proposa un prix pour l'ouvrage qui traiterait le mieux cette question : *Quels sont les moyens et les institutions les plus efficaces pour fonder la bonne hormonie d'un peuple?*

Say concourut ; il était alors âgé de trente-deux ans ; (c'était en 1799), et, détail qui surprendra les lecteurs du sec et rigide économiste, il sacrifia à l'*utopie sociale*, qu'il devait attaquer plus tard avec tant d'acharnement.

Il soumit aux académiciens un petit Roman socialiste, intitulé *Olbie*. *Olbie* était un état modèle, comme l'*Atlantide* de Platon, comme la *Cité du Soleil* de Campanella, l'*Utopie* de Morus, l'*Océana* d'Harrington, le *Code de la nature* de Morelly et comme plus tard l'*Icarie* de Cabet [1].

J. B. Say était alors membre du Tribunat; il ne tarda pas à être destitué par Bonaparte, qui, à diverses reprises, tenta vainement de se l'attacher [2].

1. Voir dans l'*Histoire du socialisme* (1er volume) une analyse des institutions d'*Olbie*.

2. Le souvenir de cette dignité républicaine n'empêcha pas

Quelques années plus tard, nous trouvons l'ex-membre du Tribunat filateur de coton dans le Pas-de-Calais, où par son intelligence il avait fondé et faisait prospérer une grande fabrique.

Il venait de publier (en 1803) son *Traité d'économie politique*, œuvre qui fait époque dans l'histoire de la science économique.

Ce que Smith avait formulé, il le démontra ; une partie de ce que Smith avait négligé, par exemple la classification des produits immatériels, la théorie des débouchés, il le mit en lumière et le décrivit. Il divisa les phénomènes économiques en trois grandes séries :

Phénomènes de la Formation des richesses,
— Distribution des richesses,
— Consommation des richesses.

Dans la partie historique de son livre, il salue Smith comme le père de la science économique ; mais il n'a pas assez de dédain pour les *physiocrates*, auxquels il a souvent emprunté, sans se donner la peine de les citer [1].

J. B. Say de dédier la seconde édition de son *Traité d'économie politique* à l'empereur de Russie, en 1814 ! et de servir successivement la Restauration et la monarchie bourgeoise.

1. Quesnay avait entrevu la *théorie des débouchés* lorsqu'il avait dit : *Le débouché ne manque que lorsque les consommateurs sont trop pauvres pour pouvoir acheter*. Pourquoi Say, qui n'a guère fait que développer cette idée *du chef de la secte*, ne l'a-t-il pas cité ?

Letrosne avait dit :

Les productions s'échangent contre les productions.

Mercier la Rivière :

Le prix d'une marchandise ne peut être payé que par le prix d'une autre marchandise.

Il se contente de reconnaître que ces *sectaires y compris le médecin Quesnay furent de bons citoyens.*

A quoi le vieux Dupont de Nemours répondit éloquemment [1].

Say resta toujours irréligieux, qualifiant les prêtres « d'êtres inutiles et malfaisants, » il resta libéral jusqu'à l'anarchisme qualifiant le gouvernement de « cancer social ; » il condamna la conscription, comme un attentat contre la liberté et la propriété ; il flétrit les dettes publiques, et ne comprit qu'un impôt unique, modéré, direct et progressif.

Mais ce ne fut plus le *réformiste*, ni même le démocrate. Il poussa même si loin le sentiment contraire qu'il s'étudia à ne donner que des noms méprisants aux travailleurs : *les basses classes, les individus qui font les travaux grossiers.*

Quesnay :

Toute vente est achat.

Say a écrit, sans citer les physiocrates, cette phrase qui lui a fait beaucoup d'honneur : *Les produits s'échangent contre les produits.* N'est-ce pas la même chose ?

1. « La fantaisie que vous avez de nous renier, mon cher Say, n'empêche pas que vous ne soyez, par Smith, un petit-fils de Quesnay, et un neveu du grand Turgot...

Vous ne citez guère que pour dénigrer, pour réfuter, ou pour rabaisser. Vous avez traité Turgot avec sécheresse et légèreté...

Vous avez trop rétréci la carrière de l'économie politique en ne la traitant que comme la science des richesses; elle est la science du droit naturel, appliqué comme il doit l'être aux nations civilisées; c'est la science des Constitutions...

Rendez-nous donc un peu de justice ; nous ne sommes ni des fous, ni des sots. Nous avons la conscience délicate et nous n'avons pas écrit et gouverné pendant cinquante ans, des pays de mœurs et de lois différentes, sans songer à rien. »

DUPONT (de Nemours).

Le mot *populaire*, qu'il était forcé d'employer, agaçait sa fibre de bourgeois, et il se hâta de donner à ce mot coupable un sens restrictif [1].

Il avait parlé d'assurer le bien-être du peuple ; maintenant, il répétait seulement qu'il faut laisser la société livrée à toutes les entreprises de la féodalité capitaliste :

« L'économie politique — qu'on pourrait aussi définir la physiologie sociale — ne conseille pas, elle contemple; elle est faite pour être consultée et non pour donner des lois.

» Elle étudie la nature des choses et non le gouvernement des hommes... »

Say était Malthusien, et il exposa la théorie avec son rigorisme habituel qui sonne ici d'un éclat homicide.

« Chez l'homme, la difficulté de pourvoir à des besoins futurs fait entrer la prévoyance pour quelque chose dans l'accomplissement du vœu de la nature, et cette prévoyance préserve seule l'humanité d'une partie des maux qu'elle aurait à supporter, si le nombre des hommes devait être perpétuellement réduit par des destructions violentes.

» Encore, malgré cette prévoyance, et la contrainte que la raison, les lois et les mœurs lui imposent, il est évident que la multiplication des hommes va toujours au delà. *Il est affligeant, mais il est vrai de dire que, même chez les nations les plus prospères, une partie de la population peut tomber tous les ans de besoin*. Ce n'est pas que tous ceux qui périssent de besoin meurent positivement du manque de nourriture,

1. Par un *traité populaire*, je n'entends pas un traité à *l'usage de la populace*, qui ne sait pas lire, et n'a que faire d'un livre ; j'entends un traité, etc. (J. B. Say).

quoique ce malheur soit beaucoup plus fréquent qu'on ne le suppose; je veux dire seulement qu'ils n'ont pas à leur disposition tout ce qui est nécessaire pour vivre, et que c'est parce qu'ils manquent de quelque chose qui leur serait nécessaire, qu'ils périssent. »

Il vit cependant qu'avant de crier à l'excès de population, il faudrait distribuer équitablement les produits et il écrivit :

« Si les produits sont très inégalement distribués, si un homme en a plus qu'il ne lui en faut pour exister dans sa situation, la population sera moins grande que si le surplus de cet homme en faisait vivre un autre. »

Mais il ajouta, conclusion fort inattendue.

« La société ne doit de secours à aucun de ses membres ; en se réunissant en société, chacun *est censé* y apporter ses moyens d'existence. »

C'est de l'ironie fort déplacée.

Relativement à la distribution des richesses, il répéta la rengaine que nous étudierons plus loin : *rente de la terre, profits du capital, salaires de l'ouvrier.*

Mais lorsqu'il parla de la *consommation des richesses*, qu'il définit improprement : *la destruction de la valeur* [1], *l'utilitaire* se réveilla.

1. Les statues ont-elles donc été faites pour être détruites ? (Macleod). Les choses sont produites pour être *employées* et non pour être détruites. En fait, il y a des objets qui ne comportent pas de destruction, sauf par accident. Une statue, une médaille, une pierre précieuse peuvent être conservées pendant des siècles, sans la moindre trace de détérioration apparente. (Sénior.)

Sa définition du luxe est très juste [1].

« Quelques meubles d'argent, qui sont plus commodes et s'altèrent moins facilement que ceux d'étain ou de fer, ne seront pas des objets de luxe; mais un mets dans sa primeur, un mets qui se paiera 60 fr., deux mois avant qu'il ne vaille 6 sous, sera un objet de luxe, parce qu'on ne le sert sur une table que par ostentation, et qu'il n'est pas un plat moins cher qui ne fît autant de plaisir.

» La dépense inutile, s'écrie-t-il, est une destruction sèche de valeur, et par conséquent funeste. Le producteur même n'y gagne pas; car l'argent qu'on met là on l'emploierait ailleurs...

» La trop grande inégalité de fortune est contraire à tous les genres de consommations bien entendues; elle développe,

1. On a beaucoup parlé de sa pyramide de la consommation ; la voici :

La base est large, elle représente la consommation minimum accessible à un grand nombre (0,25); elle va se rétrécissant : à mesure que la consommation est plus abondante et plus choisie, le nombre des consommateurs diminue (50,75) et il arrive un moment, où il n'y en a plus que pour un seul (100). Puis viennent les degrés de consommation, qui ne sont accessibles à personne (125).

au contraire, les besoins factices, et les besoins réels sont de moins en moins satisfaits...

» ... Partout, on voit l'exténuation de la misère à côté de la satiété de l'opulence ; le travail forcé des uns compense l'oisiveté des autres. Des masures et des colonnades, les haillons de l'indigence mêlés aux enseignes du luxe ; en un mot, les plus inutiles profusions, au milieu des besoins les plus urgents. »

L'auteur d'*Olbie* va-t-il se retrouver et prêcher lui aussi la réforme sociale ? Non.

« La plupart de ces maux, dit-il, sont dans la nature des choses et nous n'y pouvons rien. »

En résumé libéralisme, libre pensée et bonne répartition des impôts, puis diffusion de la science économique dans la classe bourgeoise, un peu d'instruction au peuple, voilà le programme de J. B. Say [1]. Après lui, l'orthodoxie écono-

1. Voici ses principales maximes : Il vaut mieux apprendre à satisfaire ses besoins que de n'en point avoir ; les besoins multiplient les jouissances. La modération dans les désirs, se passer de ce qu'on n'a pas, est la vertu des moutons. — Les besoins manquent encore plus souvent aux hommes que l'industrie.— Les prêtres cherchent à multiplier la population pour remplir leurs mosquées, les potentats, pour grossir leurs bataillons. — La sagesse des siècles, proverbialement citée, n'est que l'ignorance des siècles. — Les ambassadeurs et la diplomatie sont une sottise antique et une source de guerre. —Les propriétés foncières sont les moins sacrées de toutes les propriétés. — La morale considère les actions sous un autre point de vue que l'économie politique. — L'homme est un capital accumulé, qui n'a de valeur que selon la masse de ce capital dans l'intérêt de la production. — L'ouvrier ne doit recevoir de salaire que précisément ce qu'il faut pour entretenir son existence, etc.

miste va se resserrer encore et passer avec armes et bagages, sans plus se permettre aucune théorie personnelle, au conservatisme religieux, politique, juridique et économique.

§ 3. Th. R. Malthus.

C'était en 1798 : l'idée révolutionnaire, bien que déjà frappée par la réaction, débordait de la France sur l'Europe, avec une intensité persistante et il n'était pas jusqu'à l'Angleterre, ce banquier armé de la réaction européenne, qui ne fût atteinte de ce que les partisans de Pitt appelaient *la contagion de la rébellion.*

Les disciples de Bentham, le parti *wigh* tout entier, Fox en tête, affirmaient hautement leurs sympathies pour la liberté française et Godwin avait publié son terrible livre : la *Justice politique* que j'ai analysé ailleurs (*Histoire du socialisme*, 3e volume). Parmi les fanatiques de Godwin était un commerçant nommé Daniel Malthus. Ce commerçant avait un fils nommé Thomas Robert, aussi ennemi des idées nouvelles que son père en était épris. Il chercha les moyens de porter un coup terrible à la révolution et à ses idées rénovatrices; il crut l'avoir trouvé et il écrivit une brochure pour prouver que les lois ne pouvaient rien contre la misère, qu'il n'y avait à faire aux riches aucun reproche, que c'étaient la « Providence » et la *nature des choses* qui condamnaient fatalement et éternellement le plus grand nombre des êtres humains à la misère, par suite de cette loi que l'homme engendre plus vite qu'il ne produit, et que, par conséquent, les produits manqueront toujours et que la misère est éternelle. Th. R. Malthus écrivit donc ce fameux *Essai sur la Population,* qui eut un si prodigieux succès.

En voici un résumé :

L'homme est à la fois producteur et générateur; mais comme il ne peut produire qu'avec effort et fatigue, tandis qu'il engendre avec plaisir, il est plus porté à augmenter sa population que ses produits. Il faut réagir contre les dangers de cette situation; car, si les hommes ont une tendance naturelle à se multiplier rapidement, ils ne peuvent vivre que s'ils ont des moyens de subsistance.

Ces moyens de subsistance s'accroissent, il est vrai; mais seulement en *raison arithmétique*, tandis que la population tend à s'accroître, *en raison géométrique*.

Ainsi, l'on peut tenir pour certain que, lorsque la population n'est arrêtée par aucun obstacle, elle va doublant tous les 25 ans et croît, de période en période, selon une *progression géométrique*.

Nous sommes en état de prononcer, en partant de l'état actuel de la terre habitée, que les moyens de subsistance, dans les circonstances les plus favorables à l'industrie, ne peuvent jamais augmenter que selon une *progression arithmétique*.

La race humaine croîtrait comme les nombres :

1, 2, 4, 8, 16, 32, 64, 128, 256,

tandis que les subsistances croîtraient comme ceux-ci :

1, 2, 3, 4, 5, 6, 7, 8, 9.

Au bout de deux siècles, la population serait aux moyens de subsistance comme 256 est à 9. Toutes les souffrances de la classe ouvrière viennent donc de sa fécondité bestiale.

Si donc la population et les subsistances sont en équilibre à un moment donné, la population ne tardera pas, en vertu de la loi citée plus haut, à dépasser son chiffre normal, relativement aux subsistances.

Or, comme il est indispensable que l'équilibre entre les deux termes se fasse, il faut :

Ou qu'on mette un frein aux naissances (*obstacles préventifs*).

Ou que la mort fauche plus vite (*obstacles destructifs*).

D'autre part, comme, dans le passé, rien n'a limité la population et qu'elle a, au contraire, été excitée, il sera bien difficile de la limiter dans l'avenir. C'est pourquoi le passé n'a offert, et l'avenir n'offrira probablement, que l'action continue des *obstacles destructifs élaguant les vies excédantes* et conservant ainsi l'équilibre entre la population et les vivres.

C'est pourquoi encore le dénuement, et avec le dénuement les crimes, les révolutions, les guerres, tous les maux physiques et moraux de la société, sont notre naturel héritage.

Réformez les codes, changez les institutions, inventez des systèmes, vous n'obtiendrez jamais ce que la nature vous a dénié inexorablement! (l'aisance générale.)

Vous ne pourrez :

Ni détruire notre faculté prolifique;

Ni rendre égale à celle-ci la puissance industrielle de l'homme.

Le genre humain sera toujours affamé et malheureux.

On a tort d'attribuer à des causes extérieures les misères humaines; elles sont l'effet *éternel* du manque d'équilibre entre la population et les subsistances.

Vous avez bâti de somptueux hospices; vous avez ramassé dans les rues les fils du vice; vous les avez réchauffés pour les rappeler à l'existence, pour en faire des hommes.

Vous avez été punis de vos desseins insensés; la mort a fauché vos protégés dans vos hospices.

Qu'est-il résulté de votre philanthropie?

Vous avez ajouté les fils du vice aux fils de la pauvreté, et il ne vous reste que le remords d'avoir accru la corruption domestique.

Finissons-en donc une fois pour toutes avec la *charité légale!*

Mais, direz-vous, faut-il laisser ces pauvres enfants abandonnés *devenir la proie des chiens?*

Je vous répète : Au banquet de la vie il n'y a pas de place pour eux.

Celui qui naît dans un monde déjà occupé, s'il ne peut obtenir de ses parents de quoi subsister, et si la société n'a pas besoin de son travail, n'a pas le moindre droit à prétendre à la plus petite portion de nourriture; dans le fait, il est de trop en ce monde; au grand banquet de la nature, il n'y a pas de couvert mis pour lui. La nature lui signifie de s'en aller, et elle ne tardera pas à exécuter son propre commandement, s'il ne parvient à intéresser en sa faveur la pitié des convives. S'ils se lèvent et lui font place, bientôt, d'autres intrus se présenteront pour demander la même faveur. Dès que la nouvelle se répandra qu'on accorde des secours à tout venant, la salle sera bientôt remplie d'une multitude qui en sollicitera. L'ordre et l'harmonie de la fête seront troublés; l'abondance qui régnait auparavant se changera en disette, et le bonheur des convives sera détruit par le spectacle de la misère et de l'humiliation qui s'offrent de toutes parts dans la salle, et par les clameurs de ceux qui enragent, avec raison, de ne pas trouver les secours qu'on leur avait fait espérer. Les convives reconnaissent trop tard leur erreur de s'être opposés à l'exécution des ordres stricts de la grande maîtresse de la fête contre l'admission de tout intrus...

Lorsque la nature se charge de gouverner et de punir, ce serait une ambition bien méprisable de prétendre lui arracher des mains le sceptre. Que cet homme soit donc livré au châtiment que la nature lui inflige pour le punir de son indigence. *Il faut lui apprendre que les lois de la nature, qui sont également les lois de Dieu, le condamnent, lui et sa famille, aux souffrances; qu'il n'a aucune espèce de droit à la moindre portion de nourriture*, et que si lui et sa famille sont préservés de mourir de faim, ils ne le doivent qu'à quelque bienfaiteur compatissant *qui, en les secourant, désobéit aux lois de la nature.*

L'homme qui s'est marié sans avoir l'espérance de nourrir sa famille, doit être laissé à lui-même; son action est immorale; la misère en est la peine naturelle et juste. Livrons donc cet homme coupable à la peine prononcée par la nature.

Les institutions humaines, bien qu'elles puissent causer de grands maux, ne sont réellement que des causes très légères et superficielles, semblables à des plumes qui flottent sur l'eau, en comparaison des sources bien plus profondes du mal qui découle des lois de la nature et des passions des hommes.

Avant d'entreprendre de faire aucun changement considérable dans le système actuel, *la justice et l'honneur* (!) *nous imposent le devoir de désavouer formellement le prétendu droit des pauvres à être assistés.*

Dans toutes les époques du progrès de la culture, depuis le moment actuel, jusqu'à ce que toute la terre devienne comme un jardin, la détresse causée par le manque de nourriture ne cessera d'affliger les hommes à un degré plus ou moins grand.

Il paraît donc qu'une société, constituée sur le plan le plus beau que l'imagination puisse concevoir, ayant la bienveillance, et non l'intérêt personnel, pour mobile.... par suite des lois inévitables de la nature et non par quelques vices des sociétés humaines, dans le court espace de 50 ans, cette société serait aussi divisée, aussi misérable, que la société actuelle.

Après notre avertissement clair et précis, personne ne peut avoir le droit de se plaindre de son sort (Voir Malthus, *Essai sur la Population*, en trois volumes).

Il y a eu peu d'exemples de succès aussi éclatant, que celui du jeune pasteur protestant (il venait d'être ordonné), quand parut sa première brochure sur la population — qui pourtant n'était qu'un placage [1]. Les tories en masse le fêtèrent comme un grand homme; les riches se pâmèrent de joie et portèrent aux nues une théorie si commode pour eux [2].

1. Malthus, à travers ses déclamations, n'a guère fait que copier J. Stewart, Townsend et Wallace (Marx). Ces écrivains, de même que Franklin, et la plupart des physiocrates, avaient dit que la population se subordonnait aux produits. Dans un intérêt de réaction, Malthus faussa l'idée qu'il leur avait prise et la défigura sous sa phraséologie odieuse éternelle.

2. Un fait entre autres : au temps de Malthus, vivait en Angleterre un avare, auprès duquel Harpagon aurait rougi de sa

La compagnie des Indes s'empressa de récompenser un si habile défenseur des privilégiés, et Malthus, que les nombreuses éditions de sa brochure et la générosité du méprisable *Pulteney*, avaient déjà mis dans l'aisance, et que quelques pages avaient rendu célèbre, fut nommé professeur d'histoire et d'économie politique au collège de la *Compagnie*, à Ailesbury, cumulant ainsi les gras appointements du prêtre anglais, avec les riches honoraires du professeur vendu aux intérêts des riches.

Tout cela indique assez que le livre de Malthus fut une arme de guerre des riches contre les pauvres et par suite une mauvaise action, dont les conséquences furent d'ailleurs terribles pour les prolétaires [1].

Dans un livre [2], que le présent est destiné à annuler, je

prodigalité et de sa générosité. Cet avare, fabuleusement riche, spéculait et gagnait souvent d'énormes sommes. Fox disait de lui : « *Pulteney* vient de gagner un million de plus ; on espère qu'il pourra s'acheter un mouchoir de poche. » Eh bien ! cet avare à la dixième puissance fut si charme des idées de Malthus, qu'il vint le voir, se jeta à son cou, en pleurant d'attendrissement, et, miracle qui émerveilla toute l'Angleterre, lui donna, pour sa vie durant, l'usufruit d'un fertile et charmant petit domaine, que Malthus accepta et dont il jouit jusqu'à sa mort !

1. Ceux qui disposaient de la presque totalité des terres s'empressèrent de s'enrôler sous le drapeau malthusien. Ils étaient débarrassés d'un poids énorme : ils pouvaient regarder le malheureux paysan courbé sur la terre sa vie durant, et ils pouvaient répondre à ses larmes de misère :

Aie moins d'enfants ! Pourquoi t'es-tu marié ? *Tous les systèmes qu'on avait imaginés pour améliorer l'économie du pays, furent de moins en moins appliqués ; tandis que la corruption des grands, qui se croyaient justifiés par les théories de Malthus, augmenta et fut soutenue par des arguments.* (Ferrara.)

2. *Histoire critique de l'économie politique, par B. Malon*. 1875.

tentai une réfutation de la théorie même de la population. Plus d'étude m'a amené à d'autres idées.

Sans doute Malthus a forcé la note ; sans doute il a été coupable, en célébrant l'éternité de la misère et de mauvaise foi, en criant que les réformes étaient inutiles ou nuisibles ; mais il y a un fond de vrai dans sa donnée : la productivité de chaque espèce si elle n'était pas réglée (et cela est vrai pour l'homme dans l'état actuel) finirait par dépasser ce que la nature et le travail peuvent fournir pour sa subsistance, la terre étant limitée.

Je traiterai d'ailleurs ce point dans un chapitre spécial.

§ 4. David Ricardo.

Le quatrième évangéliste économiste est David Ricardo, juif portugais né à Londres, y converti et dont la conversion coïncida avec la fortune.

En 1809, après avoir publié successivement : *Le haut prix de lingot, cause de dépréciation des billets de banque. Projet d'un papier-monnaie économique. Sur les prohibitions en agriculture. Influence du prix du blé sur les fonds publics. Principes de l'économie politique et de l'impôt*, il était devenu l'oracle des économistes anglais.

Logicien remarquable et profond, autant qu'ingénieux dans ses déductions, il remua de fond en comble les idées économiques. C'est évidemment l'un des plus forts esprits qui se soient appliqués à l'économie politique. Mais autant il était puissant dialecticien, autant son esprit était rebelle à tout progrès social.

Il serait absolument indifférent, dit-il, pour une personne

qui avec un capital de 20000 fr. ferait 2000 fr. de profits par an, que son capital employât cent hommes au lieu de mille... L'intérêt d'une nation n'est-il pas le même pourvu que son revenu (le revenu des riches s'entend) et que ses profits et fermages soient les mêmes ? Qu'importe qu'elle se compose de 10 ou 12 millions d'individus?

« En vérité, dit Sismondi, il ne resterait plus qu'à désirer que le roi, demeuré tout seul dans l'île, en tournant constamment une manivelle, fît accomplir par des automates tout l'ouvrage de l'Angleterre. »

Après avoir été fêté et admiré à l'égal de Malthus, Riccardo aurait pu voir, s'il eût vécu quelques années de plus, son œuvre vivement attaquée par les économistes du Continent et d'Amérique.

C'est par sa théorie de la *rente* qu'il est surtout célèbre. Je dis sa théorie, bien que l'idée première en appartienne à Anderson, qui la formula pour démolir la théorie des physiocrates.

Ricardo développa cette théorie, et la fit sienne :

« Si toutes les terres étaient d'une fertilité égale, dit-il, les propriétaires ne pourraient rien demander pour en céder l'usage. Mais il n'en n'est pas ainsi. Les terres ont différents degré de fertilité. On cultive d'abord les terres de première qualité, puis, quand la population augmente, celles de deuxième qualité; alors, celles de première qualité rapportent un excédant ou *rente.*

» Après les terres de première qualité, les terres de deuxième qualité commencent à rapporter à leur tour ; les progrès de la population forcent à mettre en culture les terres de troisième qualité, qui rapportent à leur tour, quand on commence à cultiver les terres de quatrième qualité. Ainsi de suite.

» Par suite, la rente est cette portion du produit de la terre que l'on paie au propriétaire pour avoir le droit d'exploiter les facultés productives et impérissables du sol » et cette portion croît avec les intérêts de la culture. Et, développant cette pensée, il ajoute : « On confond souvent la rente avec l'intérêt et le profit du capital... Il est évident qu'une portion de l'argent représente l'intérêt du capital consacré à amender le terrain, à ériger les constructions nécessaires, et le reste est payé pour exploiter les propriétés naturelles et indestructibles du sol. »

Observateur excellent, autant qu'esprit rétrograde, Ricardo avait observé et nota l'hostilité des intérêts entre patrons et ouvriers ; il donna même cette échelle croissante de la rente et décroissante de la part du travail :

ÉPOQUE.	QUAND LES TERRES SONT CULTIVÉES	PRODUCTION TOTALE	PART DU TRAVAIL	PART DE LA RENTE
1re	No 1.	100	100	000
2e	» 1 et 2.	190	180	10
3e	» 1, 2 et 3.	270	240	30
4e	» 1, 2, 3 et 4.	340	280	60
5e	» 1, 2, 3, 4 et 5.	400	300	100
6e	» 1, 2, 3, 4, 5 et 6.	450	300	159
7e	» 1, 2, 3, 4, 5, 6 et 7.	490	280	200
8e				

C'était dire en d'autres termes :

Le prélèvement des oisifs et l'aggravation de la misère, sont en raison directe du progrès industriel, la société présente étant donnée.

D'où grande rumeur dans le clan économiste ; parler ainsi, c'était justifier les révolutionnaires. Nous verrons plus loin, dans le chapitre consacré à la *rente*, la valeur des arguments échangés.

« Ricardo, écrit magistralement Marx, est le premier économiste qui fasse délibérément de l'antagonisme des intérêts de classes de l'opposition entre salaire et profit, et rente, le point de départ de ses recherches. Cet antagonisme en effet inséparable de l'existence même des classes dont la société bourgeoise se compose, il le formule naïvement comme la loi naturelle, immuable de la société humaine. C'était atteindre la limite que la science bourgeoise ne franchira pas. La critique se dressa devant elle, du vivant même de Ricardo, en la personne de Sismondi.

La période qui suit, de 1820 à 1830, se distingue, en Angleterre, par une exubérance de vie dans le domaine de l'économie politique. C'est l'époque de l'élaboration de la théorie ricardienne, de sa vulgarisation et de sa lutte contre toutes les autres écoles issues de la doctrine d'Adam Smith. De ces brillantes passes d'armes on sait peu de choses sur le continent, la polémique étant presque tout entière éparpillée dans des articles de revue, dans des pamphlets et autres écrits de circonstance. La situation contemporaine explique l'ingénuité de cette polémique, bien que quelques écrivains non enrégimentés se fissent déjà de la théorie ricardienne une arme offensive contre le capitalisme. D'un côté, la grande industrie sortait à peine de l'enfance, car ce n'est qu'avec la crise de 1825 que s'ouvre le cycle périodique de sa vie moderne. De l'autre côté, la guerre de classes entre le capital et le travail était rejetée à l'arrière-plan ; dans l'ordre politique, par la lutte des gouvernements et de la féodalité groupés autour de la sainte alliance, contre la masse populaire, conduite par la bourgeoisie dans l'ordre économique, par les démêlés du capital industriel avec la propriété terrienne aristocratique qui, en France, se cachaient sous l'antagonisme de la petite et de la grande propriété, et qui, lois en Angleterre, éclatèrent ouvertement après les lacs sur les céréales. La littérature économique anglaise de cette période rappelle le mouvement de fermentation qui suivit, en France, la mort de Quesnay, mais comme l'été de la Saint-Martin rappelle le printemps. »

(Karl Marx, *le Capital*.)

Ricardo est considéré, à juste titre, comme le plus scientifique des économistes rétrogrades. Il donna contre le progrès social des arguments que seul le socialisme scientifique pouvait détruire. Ç'aura été l'œuvre des socialistes de la seconde moitié du XIXe siècle.

§ 5. Les Epigones et les Contemporains.

Nombreux furent les épigones des quatre Evangélitses. Ce sont en Angleterre :

James Mill (le père de J. S. Mill) *utilitaire*, libéral en politique, auteur estimé d'une grande histoire des Indes, a écrit un volume d'économie politique que Mac Culoch apprécie en ces termes :

« Cette œuvre (*Éléments d'économie politique*) résumé de Smith, sur la *production*, de Ricardo sur la *distribution*, de Malthus sur la *population*, est trop abstraite pour devenir jamais utile et populaire. »

Lord Lauderdale, ami de Fox, et de Brissot, partisan de la Révolution française, et qui, pendant la Terreur, habita Paris, ne sortit pourtant pas de l'économisme pur. Lauderdale, le premier, a doctrinalement étendu la conception de la Richesse en la définissant : *Tout ce qui est nécessaire à l'homme et lui est agréable.*

N. W. Senior, fanatique disciple de Malthus et de Ricardo fut le rapporteur de la fameuse loi de 1834 contre les pauvres.

En 1836, au moment de l'agitation ouvrière pour la diminution des heures de travail, il entreprit de prouver que, pour donner aux capitalistes les bénéfices auxquels ils ont droit les ouvriers, hommes, femmes et enfants devaient s'exténuer sans se plaindre pendant treize, quatorze, et quinze heures de travail par jour.

Dans son livre : *Principes d'économie politique*, il dit :

« Si tous les travailleurs étaient employés, directement ou indirectement, à produire les marchandises destinées seulement à leur usage, *le cours des marchandises dépendrait uniquement de la productivité du travail.*

Mais, se hâte de reprendre Senior, il est clair que cela ne pourrait être, que si les travailleurs eux-mêmes étaient propriétaires de tous les agents naturels et de tous les capitaux ; cela constituerait *un état de barbarie* telle, qu'on ne verrait ni division du travail ni distinction des ordres. »

Voilà leurs arguments.

Laissons encore parler Senior ; il est instructif et amusant :

« Le fermage n'est la récompense d'aucune espèce de sacrifice; ceux qui le reçoivent *n'ont pas travaillé; ils n'ont en rien contribué à la production*... Le surplus du produit est pris par le propriétaire de l'agent naturel, il est sa récompense, *non pour avoir travaillé, ou s'être abstenu de consommer, mais simplement pour n'avoir pas retenu ce qu'il avait le droit de retenir, pour avoir permis d'accepter les dons de la nature.* »

— Est-il permis d'attaquer plus violemment la propriété? s'écrie Buret.

— Je ne vous comprends pas, aurait pu répondre l'économiste, je n'ai pas dit plus que ne disent le Droit romain et tous les codes d'Europe et d'Amérique : *La propriété est le droit d'user et d'abuser*. Et le philosophe par excellence de la bourgeoisie française, Victor Cousin n'a-t-il pas dit aussi : *Le droit de propriété est absolu, ou il n'est pas*. Qu'ai-je dit de plus?

Eisdell, de *Torrens*, économistes du même genre.

Chalmers, disciple ardent de Malthus, pasteur protestant comme lui, ennemi de la charité légale, comme lui, et partisan du droit d'aînesse, s'écrie avec un sérieux comique :

— Les produits sont nécessairement au-dessous de la demande qu'on en fait.

— Pourtant, les engorgements? lui objecte-t-on.

— Il n'y a pas d'engorgements, réplique le dur malthusien qui n'a jamais eu, lui, à souffrir des chômages, et il crie aux riches : Consommez! consommez! en consommant vous faites acte de bons citoyens!

Quant aux producteurs ils n'ont droit qu'aux privations.

L'archevêque *Wathely*, autre admirateur de Malthus, aurait voulu qu'on appelât simplement l'économie politique *la ca-*

tallactique ou science des échanges. Il eût voulu dans tous les séminaires une chaire d'économie politique.

Il parlait de défendre gaillardement *les cités de Dieu* et maudissait les *Philistins* en plusieurs langues.

Après avoir affirmé la connexité de l'économie politique et de la théologie, il avança *qu'un véritable chrétien part de cette persuasion ferme qu'aucune théorie réellement incompatible avec la Bible, ne peut jamais s'établir.*

Mac Culoch, disciple fidèle de Ricardo, hérita de son influence. C'était un homme d'une érudition immense.

Il a écrit entre autres ouvrages un *Dictionnaire du Commerce et de la Navigation*, et une savante, mais partiale introduction à l'histoire de l'économie politique.

Presque tous les économistes anglais ont suivi les errements de l'école orthodoxe, et nous pourrions continuer notre énumération par Tooke, Fullarton, Corbet, Wilson, Maclaren, Porter, Paley, Thornton, Lawson, Blake, James Stirling, etc., mais nous n'apprendrions rien de nouveau, bien que généralement ces contemporains soient moins durs que leurs devanciers.

En France l'orthodoxie économique fut representée par quelques hommes qui mangèrent tous au râtelier de l'Etat, preuve qu'ils étaient bien les théoriciens de la domination et de l'exploitation bourgeoise. Germain Garnier écrivait :

«*Quiconque fait l'aumône sans examen est coupable d'un véritable délit social.*

» Qui nous délivrera de ces prétendus droits des pauvres, droits de *glaner*, de *grapiller*, de *chaumer*, de *pacager*, sur la terre d'autrui, et de tous ces outrages à la propriété exercés par la lie du peuple des campagnes?

» Je combattrai aussi ces asiles pour la vieillesse et toutes ces institutions enfantées par une fausse humanité, ou par une piété aveugle, qu'il faut absolument faire disparaître.

» Le Gouvernement doit, en outre, interdire toute aumône faite sans informations suffisantes.

» Quand bien même la société se trouverait dans cette situation, la plus défavorable à l'ouvrier, celle où la classe des travailleurs excède la demande du travail ; quand le taux du salaire serait au plus bas, un individu ne serait pas pour cela plus exposé que tout autre à manquer d'occupation et ne serait pas plus autorisé que tout autre à réclamer de la Société une assistance gratuite, qui ne pourrait être qu'une faveur obtenue, sans aucun motif raisonnable. » Car enfin leurs compagnons étaient aussi exposés qu'eux?

Ainsi parlait le traducteur de Smith.

Dunoyer et Ch. Comte furent les premiers et les plus importants disciples de J. B. Say. Ch. Comte, auteur d'un *Traité de législation* et d'un *Traité sur la propriété*, écrivit peu sur l'économie politique proprement dite. Il en fut autrement de Dunoyer, ex-préfet de Louis-Philippe, devenu, après la mort de J.-B. Say, l'oracle des économistes français, et en quelque sorte, le Mac Culoch de la France.

Préfet, il prêcha le *moral restreint* de Malthus à ses administrés; rédacteur au *Journal des économistes*, il n'écrivit que pour glorifier la concurrence illimitée, pour démontrer la nécessité de la misère, ou pour tancer vertement les économistes coupables de quelques faiblesses démocratiques.

On le vit gourmander jusqu'à ce pauvre Louis Reybaud qui avait pourtant éreinté le socialisme; mais qui avait déclaré que le principe de l'association était excellent.

Reybaud s'empressa d'ailleurs de faire amende honorable, pour cette infraction au rigorisme économique.

Dunoyer trouvait le gouvernement de juillet trop libéral et s'indignait, en 1845, à la seule pensée d'abaisser le cens nécessaire à l'électorat politique. Il insulta violemment la Révolution de février, qui pourtant l'avait laissé dans sa place.

Mais voici son chef-d'œuvre :

« Dans la meilleure organisation sociale, la misère et l'inégalité sont choses inévitables.

» La misère est un mal nécessaire.

» Plus l'humanité dans son développement avait à redouter l'effet de certains vices, et plus il était essentiel qu'ils fussent entourés de maux capables d'en détourner.

» Il est bon qu'il y ait dans la société des lieux inférieurs, où soient exposées à tomber les familles qui se conduisent mal, et dont elles ne puissent se relever qu'à force de se bien conduire. La misère est ce redoutable enfer. C'est un abîme épouvantable, placé à côté des fous, des dissipateurs, des débauchés, de toutes les espèces d'hommes vicieux, pour les contenir, s'il est possible, pour les recevoir et les châtier s'ils n'ont su se contenir. »

D'où il résulte que la richesse est une sorte de paradis, servant à récompenser la vertu, et que la pauvreté est le bagne universel, où gémissent et peinent près d'un milliard de criminels.

Comme Germain Garnier, Dunoyer fut contre l'instruction populaire.

Pour ne pas être en reste, Léon Faucher s'écriait en 1848 :

« *Vouloir supprimer la misère, c'est en quelque sorte condamner la Providence.*

» Le mal existe sur la terre, il est la conséquence de la liberté humaine, l'homme peut se tromper... il faut qu'au bout de ses fautes apparaisse le châtiment ; dans ce monde, c'est matériellement la perte de la richesse...

» *En retranchant la pauvreté de ce monde, on en retrancherait le travail.* »

Jules Simon :

Il y aura toujours de la misère. C'est une mauvaise rhétorique que vous faites en exagérant toutes ces plaies que *personne ne saurait guérir.* Vos déclamations sont à la portée du premier venu. Avez-vous un remède? Il n'y a que cette question. Si vous en avez un, montrez-le. Si vous n'en avez pas, taisez-vous. Croyez-vous apprendre aux pauvres qu'ils souffrent, et aux riches qu'il y a des pauvres? Ou vous parlez pour ne rien dire, ou votre but est d'exciter les passions. Et quelles passions, grand Dieu ! *vous ne rêvez que d'ajouter au mal de la pauvreté, le mal de la haine* :

Ce que nous rêvons c'est l'abolition de la misère.

Duchâtel :

« Avec le gouvernement le meilleur les causes de la misère subsistent. Les lois du monde moral, comme celles du monde physique sont placées au-dessus de la puissance du législateur.

» Les classes condamnées à produire et à consommer *diminuent,* et les classes qui dirigent le travail, qui soulagent, consolent et éclairent toute la population, se multiplient *et s'approprient tous les bienfaits qui résultent de la diminution des frais du travail, de l'abondance des productions et du bon marché des consommations.* »

Destutt de Tracy :

« La fréquente opposition d'intérêts parmi nous et l'inégalité des moyens sont des conséquences de notre nature... Je ne comprends pas qu'il y ait des personnes assez barbares pour dire que c'est là un bien ; mais je ne comprends pas, non plus, qu'il y en ait d'autres assez aveugles pour dire que c'est là un mal évitable ; je pense que ce mal est nécessaire »

Hippolyte Passy :

« Parmi les faits dont la constance et l'universalité attestent le caractère providentiel, nul n'est plus distinct que l'inégalité des richesses »

H. Baudrillart :

« Du mal, il y en aura toujours; c'est une triste loi de ce monde. Le mal (lisez la misère) fait partie, pour ainsi dire de son organisme ; car, sans la crainte du mal, toute activité, toute industrie, tout perfectionnement s'arrêteraient. »

J'en passe et des pires

Nous voici en Suisse ; les orthodoxes du pays des lacs ne sont pas plus tendres :

Cherbuliez écrivit, en 1848, un livre intitulé : *Le Socialisme est la barbarie ;* il y embouche la trompette guerrière contre le prolétariat :

« Où sont, dites-vous, ô conservateurs ! les barbares qui nous menacent? les barbares que notre artillerie ne fera pas reculer? D'où viendront les ténèbres capables de prévaloir sur une civilisation, qui a l'imprimerie pour auxiliaire?

Les barbares! ne les cherchez ni à l'Orient, ni à l'Occident; ils sont là, au milieu de vous, plus nombreux que les Huns et que les Vandales, prêts à tourner votre artillerie contre vous, et se servant de votre imprimerie, pour épaissir et pour propager les ténèbres de l'ignorance et de l'erreur. »

Et plus loin :

« La sensualité et l'orgueil sont deux mobiles, vainement combattus par toutes les religions, qui déterminent les tendances vers la *liberté et l'égalité, tendances aussi antipathiques au travail qu'à la propriété.* »

Les Espagnols n'eurent pas d'abord ces accès de démophagie. Valle Santoro fut fort calme dans ses *Éléments d'économie politique.*

D'autres écrivains espagnols publièrent des ouvrages d'économie politique (1820-1830), de la terre d'exil. On peut citer dans le nombre un journal établi en Angleterre sous le titre de : *Loisirs d'Espagnols réfugiés*, par MM. Langa, Arguelles, Villanova et Mendibil : une statistique de l'Angleterre par M. Pablo Preber, et enfin un *Traité d'économie politique* imprimé à Londres en 1828, par M. Alvaro Florès Estrada, auquel on devait l'*Examen impartial des causes des dissensions de l'Amérique, et des moyens de les concilier*, et l'*Examen des causes de la crise commerciale qu'éprouva l'Angleterre en 1826.*

Dans toutes ces œuvres soufflait un esprit progressiste. Mais dès que des révolutions populaires eurent posé la question sociale, les économistes espagnols tinrent un autre langage.

L'un d'eux, ami de Figuerola, économiste très connu, qui fut président des ministres sous le général Prim, Etchegaray, ex-ministre lui même, a trouvé mieux que cela.

Voici le fragment d'un discours qu'il prononça en 1873, à la Société d'économie politique de Paris :

« Si cette catastrophe arrivait (le triomphe des Intransigeants de Carthagène) si cette catastrophe arrivait, l'Espagne ne serait plus *qu'une immense ménagerie, et chaque canton une véritable cage, hermétiquement fermée, où la victime, c'est-à-dire tout ce qui possède quelque chose, grand ou petit propriétaire, se débattrait contre les griffes du socialisme, la grande bête féroce de notre siècle !!* »

Ajoutons à cette collection l'économiste allemand Veinhold, qui ne voyait d'autres réformes opérer pour empêcher l'aggravation constante de la misère, que la castration chaque année d'un nombre déterminé d'enfants du peuple des deux sexes.

A côté de ces féroces, parut la masse des économistes éclectiques, propageant avec quelques adoucissements les principes généraux des orthodoxes.

Parmi ceux qui ont traité de l'économie politique ainsi conçue sur de plus larges bases, on distingue Pœlitz et Jacob. D'autres écrivains, entre autres Bau, Seeger, Fulda, Geier et Murchard ont donné moins d'étendue aux « sciences camérales » et se sont bornés à l'économie agricole, à la technologie et au commerce. M. Stenheim a publié à Munich, en 1831, un *Manuel d'économie politique*. MM. Krause, K. L. Zacharie, Hermann, et plusieurs autres publicistes, ont fait également paraître des ouvrages importants vers la même époque.

M. Boeckh a publié, en 1828, l'*Economie politique des Athéniens*. C'est une histoire très savante de toutes les branches de l'administration et des finances dans les anciennes républiques de la Grèce, et qui répand beaucoup de jour sur l'organisation des peuples de l'antiquité. (A de Villeneuve.)

List, auteur de *l'Economie sociale* (1819), conçut le premier l'idée du *zollverein*. Hermann fit entrer dans sa nomenclature des forces productives « l'esprit de collectivité. » De Thünen compléta la théorie ricardienne de la rente. Il démontra que l'ouvrier ne pouvait pas recevoir son *salaire naturel* (c'est-à-dire légitime) dans la société actuelle.

Jacob, Malchus, Süssmilch, Arkenwal fondèrent l'école qu'on pourrait appeler statistico-financière, brillamment représentée en ce moment dans sa partie financière par L. Stein, Umpfeborh, Bergius, Nébénius, Wagner, Sospeyres, Dietzel, Nasse, et dans sa partie statistique par Zonak, Mohl, Kniëss, Rümelus, Dettingen, Knapp, Engel, etc.

Ajoutons à ces noms pour l'école éclectique Arhens, Eichorn Putcha, Sthai, Prince-Smith, auteur de *la loi d'or des salaires* dont nous parlerons ; Noback, Faucher, Wass, Reta, Asrher, Camphausen, Héren, Pritwitz, Wollgraf, Soden, Buchtiolz, Jung, Cancrin, Brüggemann, Michaels, Wolff, Rogge, etc. etc.

En France nous pouvons ranger parmi les éclectiques Rossi, de Tracy, H. Passy, M. Chevalier, Richelot, Joseph Garnier, Coquelin, H. Baudrillart, Léonce de Lavergne, Dussard, Levasseur, de Fontpertuis, Courtois, les deux Walras, Fonteyraud, Courcelle-Seneuil, Emion, P. Leroy-Beaulieu, etc., etc.

En tête des économistes éclectiques belges nous trouvons

Molinari, et en tête des éclectiques espagnols Pastor. Les éclectiques italiens font bonne figure avec Ferrara, Boccardo, Rusconi, Cossa, Minghetti, Scioloja, Marescotti, Lampertico, etc.

Parmi les éclectiques suisses, nous distinguons Th. Fix et Dameth, et parmi les éclectiques russes, Storch, Golowine, Boutowski, Wolkoff.

Les éclectiques anglais sont assez divers d'opinion ; les moins réformistes sont : Miss Martineau, madame Marrett, Jevons, Stirling, Rogers, Thornton, Purdy ; ceux qui le sont davantage, Wilson, Savage, Cliffe, Leslie, Leone Lévi. Mac-Léod se déclara, comme Richelot en France, disciple de Condillac.

Victor Cousin (*Introduction à l'histoire de la philosophie*) donna à l'économique bourgeoise le baptême philosophique dans la formule qu'on va lire :

« Messieurs, tout est parfaitement juste en ce monde ; le bonheur et le malheur sont répartis comme ils doivent l'être : le bonheur n'est donné qu'à la vertu, le malheur n'est imposé qu'au vice. Je parle en grand, sauf les exceptions, s'il y en a, vertu et bonheur, malheur et vice, toutes choses qui sont dans une harmonie nécessaire... Telle est la loi : elle est de fer et d'airain, elle est *nécessaire* et *universelle* ; elle s'applique aux peuples comme aux individus. »

Cette brutalité de satisfaits parut imprudente à quelques économistes. Le peuple des exploités pouvait toujours répondre un jour de colère : « Je trouve, moi, que tout est injustice et je veux fonder par la force sur les ruines de vos privilèges un ordre à moi où la justice sociale sera une réalité. »

Il fallait donc, reprenant la théorie d'Azaïs et de Pangloss prouver que tout était aussi bien que possible et en plus que tout allait s'améliorant par la force des choses, jusqu'à obtention du bonheur complet, les intérêts étant harmoniques.

Cette amère plaisanterie fut mise au jour par le célèbre économiste américain Carey, après avoir été entrevue par l'économiste canadien Rae.

Carey prétendit avoir démontré contre Ricardo les propositions qu'on va lire :

« 1) La valeur des terres est due aux travaux de l'homme, appliqués au développement des pouvoirs du sol et la création des marchés, routes et canaux, fabriques, églises, écoles, etc.

» 2) Plus cette application est grande, plus il y a tendance à l'augmentation des produits du travail et de la valeur du sol accompagnés toujours d'une augmentation semblable, dans la *quantité* des produits qu'on peut demander comme rente.

» 3) Plus s'accroît ainsi le produit total de la terre, plus il y a tendance à une diminution de la *portion* du propriétaire, à une augmentation de celle du travailleur, à une égalité de conditions dans la vie sociale.

» 4) Les mêmes lois régissent la répartition des produits du travail industriel.

» 5) Il y a, entre les capitalistes de toute espèce et les travailleurs, une *harmonie* parfaite, à l'égard de leurs intérêts véritables et permanents. »

Il donna de la valeur cette définition :

« L'*utilité* est la mesure du pouvoir de la nature sur l'homme ; la *valeur* est la mesure du pouvoir de l'homme sur la nature.

La valeur seule est échangeable, les utilités doivent être gratuites. »

C'eût été bien si Carey eût ajouté qu'il fallait par une série de réformes sociales reprendre socialement (pour qu'elles profitassent à tous) les *utilités* monopolisées de plus en plus par quelques-uns ; mais non, l'économiste américain prétendait que dans la société actuelle les choses se passaient ainsi. Un autre américain Peshine-Smith soutenait la même théorie fort peu connue en Europe, jusqu'au jour où Bastiat, plagiant sans scrupule Carey qu'il avait négligé de citer, prêta à la donnée harmoniste tout l'éclat de son bizarre et sophistique talent. Il fut suivi dans son évolution par R. de Fontenay, Paillotet et quelques autres ; en Italie il eut une grande influence sur Ferrara et Boccardo.

Telle qu'elle a été formulée d'abord par Carey, ensuite dans les *Harmonies économiques* de Bastiat, la théorie peut être ainsi résumée :

« Les lois naturelles qui président à la production et à la distribution des richesses, *utilités* de tous genres, composant nos richesses, lorsqu'elles agissent dans des conditions normales, c'est-à-dire lorsque l'état des mœurs, des opinions, des institutions garantit pleinement la propriété et la liberté de chacun, sont *harmoniques*. C'est-à-dire qu'elles concourent à l'amélioration du sort des masses et au perfectionnement de la vie humaine sous tous les rapports.

» Le grand, l'indestructible ressort de notre activité, c'est l'intérêt personnel ; mais il n'en résulte pas, comme le prétendent certaines écoles, que nous soyons portés à nous entre-nuire et que le profit de l'un fasse le dommage de l'autre, au contraire, toutes les familles d'une même nation, toutes les nations du genre humain sont intéressées au succès et à la prospérité de chacune d'entre elles.

» L'instinct qui nous pousse vers la liberté ne nous trompe pas ; c'est une heureuse et noble inspiration, puisqu'elle tend à nous procurer le régime sous lequel toutes les facultés concourent au bien général, avec d'autant plus de puissance qu'elle sera plus dégagée d'obstacles.

» La part du travail augmentera d'une façon absolue et d'une façon relative et le bonheur général est au bout de cette évolution naturelle. »

L'*harmonisme* enfanta tous les Schulze-Delitsch de l'Europe et favorisa leurs trompeuses promesses d'affranchissement par l'épargne et la coopération.

Dans la seconde partie de cet ouvrage il sera fait justice de « l'harmonisme » et de ses succédannés.

CHAPITRE VI

LES INTERVENTIONNISTES

§ 1. Sismondi.

Tous les fidèles des disciplines économiques ne pensèrent pas comme Malthus, Say, Ricardo, Cousin et leurs pareils. Devant les grandes souffrances et les violentes perturbations annoncées par l'avènement de la grande industrie, des hommes en qui l'étude de l'économie politique n'avait pas étouffé le cœur poussèrent de véritables cris de douleur dont l'écho éloquent retentit jusque dans les académies, non encore entièrement mortes au progrès, à cette époque.

Une école qu'Adolphe Blanqui appelle l'*école française* et qui fut remarquable par le talent de ses représentants autant que par l'esprit d'humanité qu'elle propageait, se forma donc sous l'influence d'un homme célèbre à plus d'un titre.

Jean Charles Léonard Simonde, plus tard de Sismondi, naquit en 1773, à Genève, d'une famille calviniste, réfugiée du Dauphiné, lors de la Révocation de l'*édit de Nantes* et, croyait-il, originaire de Pise, qu'elle aurait eu quittée depuis plusieurs siècles.

Simonde se fit connaître, en 1803, par un *Traité sur la richesse commerciale*, où il adopta les principes de l'économie orthodoxe.

Puis il s'adonna à l'histoire, et, en attendant d'écrire son *Histoire des Français*, en 32 volumes, il publia l'*Histoire des Révolutions italiennes*.

La critique éclairée de madame de Staël ne fut pas inutile au jeune auteur, car plus d'une fois, il refit des chapitres entiers sur les indications du célèbre écrivain.

C'est en travaillant à cet ouvrage, et en compulsant des documents, dans les villes d'Italie, que Simonde découvrit, ou crut découvrir ses ancêtres dans une famille ghibeline de Pise, famille anoblie par un empereur allemand.

Dès lors, au vieux nom dauphinois *Simonde* il ajouta *de Sismondi*, nom qui lui est resté.

En 1815, après un séjour à Paris, il passa en Angleterre où il se maria.

L'industrialisme florissait dans le Royaume-Uni, enrichissant les riches, affamant les pauvres, et l'iniquité était si monstrueuse que l'économiste orthodoxe sentit chanceler sa foi.

Quoi ! c'étaient là les résultats de cette liberté économique tant vantée ! Pour que quelques-uns pussent s'enrichir, il fallait que la grande masse sociale fût vouée à une vie de douleur, d'ignorance, d'exténuation et de dénuement sans espoir ! C'était effroyable ! les hommes ne pouvaient pas être ainsi sacrifiés aux produits : l'économie politique s'était trompée !

C'est dans cette situation d'esprit qu'en 1819 il écrivit ses *Nouveaux principes d'économie politique* :

« La lutte des intérêts individuels ne suffit pas pour assurer le bien de tous, dit-il, dès les premières pages.

Malthus, ajoute-t-il, Malthus avait raison de prêcher la prudence aux victimes prédestinées de ces hécatombes industrielles [1]. »

Il faut surtout lire l'introduction de la troisième édition des *Nouveaux Principes*, publiés en 1827 :

« Des crises absolument inattendues se sont succédé dans le monde commercial. Les progrès de l'industrie et de l'opulence n'ont pas sauvé les industrieux qui créaient (pour d'autres) tant de richesses, de souffrances inouïes. Les faits n'ont pas répondu à l'attente commune et aux prédictions des sages.

Anssi, malgré la foi implicite qu'en économie politique les disciples accordent aux maîtres, ces disciples en sont réduits à demander de nouvelles explications pour des phénomènes qui s'éloignent de plus en plus des règles établies par les maîtres... »

Il ajoute :

« Il n'est aucune branche d'économie politique qui ne doive

1. Ces paroles n'étaient pas ironiques dans la bouche de Sismondi, qui croyait à la *théorie de la population*, comme tous les économistes de son temps. Il prêchait donc le *moral restreint* ; mais, en même temps, une meilleure répartition des richesses. Il ne faut pas oublier d'ailleurs que Sismondi était libéral, non radical. A Genève, il fut l'ennemi irréconciliable des réformes de Fazy et notamment de l'introduction du suffrage universel. Il prédisait à la nouvelle ville les plus grands malheurs. Ces malheurs sont encore à venir, et Genève radicale est plus florissante que jamais.

être jugée d'après ses rapports avec le bonheur de la masse du peuple, et l'ordre social est toujours mauvais, lorsque la plus grande partie de la population souffre.

J'ai vu, en Angleterre, *les produits augmenter, les jouissances diminuer.* La masse de la nation, aussi bien que les économistes, semble oublier que *l'économie politique a pour but, non pas seulement l'accroissement des richesses; mais l'étude des moyens, pour employer cette richesse à l'avantage de tous...*

La haute aristocratie est arrivée à un point de richesse et de luxe qui dépasse tout ce qu'on avait vu jusqu'ici dans le monde. Et pourtant, des privations se font sentir, dans ces maisons d'une splendeur royale.

J'entends leurs chefs affirmer que si on leur ôtait le monopole des grains dont ils se servent contre leurs concitoyens, leurs fortunes seraient anéanties, puisque leurs terres, qui s'étendent sur des provinces entières, ne paient pas les frais de culture. Je vois dans ces familles un nombre incroyable d'enfants : dix, douze et plus, qui sont tous sacrifiés à leur aîné, dans chaque famille.

Dans les rues de Londres, on voit des magasins de marchandises qui suffiraient à l'approvisionnement de l'univers; mais nulle part les faillites ne sont aussi nombreuses, et ces fortunes colossales de commerçants, qui pourraient, à elles seules, soutenir une nation, sont souvent détruites du jour au lendemain. »

Que devient le peuple au milieu de cette frénésie de richesses? Ecoutons encore Sismondi :

« Il n'y a plus de paysans dans les campagnes ; ils ont dû

céder leur place aux manœuvres; il n'y a presque plus d'artisans indépendants dans les villes; il n'y a plus que des manufactures.

L'ouvrier industriel n'a pas de métier et, comme le maigre salaire qu'on lui donne ne suffit pas pour l'entretenir, il doit recourir à l'aumône...

L'Angleterre a trouvé plus économique de remplacer par des machines ses ouvriers, qu'elle a renvoyés, puis repris, puis renvoyés encore. *Les tisseurs, remplacés par les power looms (machines) meurent aujourd'hui de faim...*

Elle a trouvé plus économique de ne nourrir les Irlandais que de pommes de terre et de ne les habiller que de haillons, et chaque vaisseau lui apporte des légions d'Irlandais qui chassent les ouvriers anglais de leurs fabriques, et les contraignent à mourir de faim ; car ils travaillent à meilleur marché qu'eux.

L'exemple de l'Angleterre est d'autant plus sensible que cette nation est riche, libre et bien gouvernée, et que *toutes ses souffrances proviennent uniquement de ce qu'elle a suivi une fausse direction économiqme.*

La misère du chasseur sauvage, qui périt souvent de faim, n'égale pas celle des milliers de familles que renvoie quelquefois un manufacturier ; car du moins il reste au premier toute l'énergie et toute l'intelligence qu'il a mise à l'épreuve toute sa vie. Lorsqu'il meurt, faute de trouver du g bier, il succombe à une nécessité que la nature elle-même lui présente, et à laquelle, dès le commencement, il a su qu'il devrait se soumettre, comme à la maladie ou à la vieillesse. Mais l'artisan renvoyé de son atelier, avec sa femme et ses enfants, a perdu par avance les forces de son âme et celles de son corps ; il est encore entouré par l'opulence ; il voit encore à chaque pas sous ses yeux l'aliment dont il a besoin ; et si le riche lui refuse un travail par lequel l'ouvrier offre jusqu'au dernier moment d'acheter du pain, ce sont les hommes qu'il accuse et non la nature. »

Passons maintenant aux économistes :

« J.-B. Say, Ricardo, Malthus, Mac-Culoch, continue Sismondi, ont fait constamment abstraction des obstacles qui les embarrassaient dans l'enchaînement de leurs théorèmes et ils sont arrivés à des conclusions fausses, pour ne pas avoir distingué ce qui leur aurait donné quelque peine à discerner.

Tous les économistes modernes, en effet, ont reconnu que la fortune publique n'étant que l'agrégation des fortunes privées, naissait, croissait, se distribuait de la même manière que chaque fortune privée. Tous ont très bien vu que la partie la plus essentielle à considérer c'est le revenu ; que sur le revenu doit se régler la consommation ou la dépense, sous peine de détruire le capital. Néanmoins, comme dans la fortune publique le capital de l'un devenait le revenu de l'autre, ils ont été embarrassés pour faire une distinction absolue entre le capital et le revenu, et ils ont trouvé plus simple d'exclure ce dernier de leurs calculs... (Et de sacrifier les non propriétaires.)

Ils ont énoncé que toute richesse produite trouverait toujours des consommateurs, et ils ont encouragé les producteurs, jusqu'à causer cet engorgement des marchés, qui est aujourd'hui le fléau du monde civilisé. Tandis qu'ils auraient dû avertir les producteurs, qu'ils ne devaient compter que sur des consommateurs ayant un revenu. »

Quel est l'idéal de Sismondi ?

« Faire que les richesses contribuent au bonheur de tous, par la raison qu'elles sont le signe de toutes les puissances matérielles de l'homme. Il faut que leur accroissement se conforme à l'accroissement de la population, et que leur distribution se fasse, parmi cette population, dans une proportion qu'on ne peut troubler sans un extrême péril.

Il faut, pour le bien de tous, que le revenu (social) croisse avec le capital, que la population ne se disproportionne pas avec les revenus qui la font vivre, que la consommation croisse avec la population et que la reproduction se proportionne, également avec le capital qui la produit et avec la population qui la consomme.

La science du gouvernement doit se proposer pour but : le bonheur des hommes unis en société.

Assurer la plus grande félicité possible, faire participer à cette félicité le plus grand nombre possible d'individus, voilà le double but des efforts du législateur.

L'ordre social perfectionné est en général, avantageux aux pauvres autant qu'aux riches, et l'économie politique nous apprend à conserver cet ordre, en le corrigeant...

La sécurité sociale demande instamment la division rapide des fortunes et que tous jouissent à leur gré du produit de leur travail.

En entrant dans une fabrique, l'ouvrier doit y trouver la sécurité du lendemain et de l'avenir en retour de son travail, il a droit à la garantie de celui qui l'emploie ; car il ne faut pas sacrifier l'humanité aux cupidités individuelles.

Le trop bas salaire est désavantageux à l'Etat, et la misère qui en découle fera toujours naître une population pour le continuer.

A ce mal du trop bas salaire, l'assistance n'est pas un remède. *Les œuvres de bienfaisance qu'on établira pour y parer ne tarderont pas à être regardées comme un supplément de salaire, et, de plus en plus, les pauvres seront subordonnés et avilis.* »

Des aspirations philanthropiques, mitigées de réserves aristocratiques, voilà l'idéal de Sismondi. Mais il a singulièrement éclairé toutes les questions qu'il a touchées.

Quant aux moyens, il ne sait que sacrifier la liberté, la dignité, l'indépendance de l'ouvrier, en faire une sorte de serf industriel, pour lui assurer le pain du lendemain.

Lui-même, d'ailleurs, avec la sincérité et le bon vouloir qui le distinguaient, a écrit cette phrase dont les économistes orthodoxes ont tant abusé contre lui :

« Je l'avoue, après avoir indiqué où est le principe, où est la justice, je ne me sens pas la force de tracer les moyens d'exécution. La distribution des fruits du travail entre ceux qui concourent à les produire me paraît vicieuse : mais il me semble presque au-dessus des forces humaines de concevoir un état de propriété absolument différent de celui dont nous avons fait l'expérience... »

Ainsi l'écrivain trouvait au bout de sa plume des vérités comme celle-ci — : *C'est la forme de propriété actuelle qu'il faut changer, si nous voulons guérir le mal social*; mais le conservateur objectait, découragé : *Une telle transformation est au-dessus des forces humaines*, et il se contentait de palliatifs impuissants.

Cette lutte d'une grande intelligence, aux prises avec un milieu conservateur, est digne d'être sympathiquement observée.

§ 2. Droz, Blanqui, Buret.

A Sismondi dans la protestation humanitaire se joignirent d'abord Joseph Droz et Adolphe Blanqui.

Joseph Droz jeta ce cri qui eut tant d'écho :

« A entendre certains économistes, on dirait que les hommes sont faits pour les produits, et non pas les produits pour les hommes. »

Dans son *Traité d'économie politique*, il revient souvent sur ce sujet par des définitions comme celles-ci :

« L'économie politique, est-il dit dans ce livre, est une science, dont le but est de rendre l'aisance aussi générale que possible.

» Un Etat est d'autant plus riche que ses richesses sont plus justement réparties.

» Comment parler de prospérité, quand les trois quarts de la nation sont dans la gêne dans la misère ?

» L'ouvrier bien payé travaille mieux et plus.

» L'inégalité est extrême, les salaires son trop bas ; il y a donc un problème du plus haut intérêt à résoudre ; *son importance est telle que, s'il était insoluble, toute la science des richesses serait vaine.*

» L'économie politique, bien comprise, sera l'auxiliaire de la morale. *Ne prenons pas les richesses pour un but ; elles ne sont qu'un moyen. Leur importance résulte du pouvoir qu'elles ont de calmer les souffrances, et les plus précieuses sont celles qui servent au bien-être de la majorité des hommes.* »

Adolphe Blanqui, le frère du célèbre conspirateur, alla plus loin que Sismondi et Droz. Il faut l'entendre, dans son *Histoire de l'économie politique*, flétrir l'*école anglaise* et annoncer une économie politique plus humaine, plus sociale.

« L'*école anglaise*, s'écrie-t-il, n'a vu dans la production des richesses qu'un élément de puissance nationale, et les économistes de cette école se sont trop accoutumés à considérer les ouvriers comme de simples éléments de production. A peine leur échappe-t-il un cri de commisération, à l'aspect des hôpitaux encombrés, des prisons remplies, et de toutes les victimes de nos inégalités sociales.

» Ils ferment leurs oreilles à la plainte et ils se laissent éblouir par le prestige de la civilisation, sans se demander si ce brillant édifice n'est pas cimenté de sang et de larmes...

» Des milliers d'individus ne font que paraître parmi nous, en France, en Angleterre, en Allemagne : d'où vient ce malheur ? de ce que les classes inférieures manquent souvent des choses les plus indispensables, d'un vêtement, d'un peu de feu dans la saison rigoureuse, de ce que les pères de ces familles, sur qui reposent leur destinée de chaque jour ne produisent pas assez de valeurs échangeables contre les aliments nécessaires à leur existence. A côté d'eux cependant l'opulence gaspille, souvent sans plaisir, des produits qui ranimeraient des vieillards éteints, des femmes épuisées, des enfants languissants : c'est que la richesse est trop inégalement distribuée et que l'industrie n'est pas assez développée. Le mal est artificiel ; on pourrait, sinon l'éviter, du moins atténuer ses ravages.

» Il s'agit de la classe indigente pour laquelle le législateur n'a rien fait, quand il n'a pas tout fait.

» *Le droit de propriété ne saurait être le droit d'affamer ses concitoyens. Les fruits de la terre, comme l'air, appartiennent à tous les hommes* [1]...

» Il nous reste à accomplir l'affranchissement des travailleurs et celui du commerce.

» Le champ de bataille n'est plus dans les plaines, il est dans l'atelier. C'est la guerre continue, savante, acharnée, infatigable ; et qu'elle fait de victimes ! Guerre véritable, où les combattants se servent de machines ingénieuses et puissantes, qui laissent sur le terrain des millions de travailleurs haletants, hommes et femmes, sans pitié pour la vieillesse ni l'enfance...

» Cette guerre, dernière expression de la vieille économie politique en Europe, est le dernier retentissement de la grande querelle sociale, soulevée par la Révolution française.

» La France a l'air de rivaliser avec l'Angleterre ; mais le capital lutte bien plus profondément avec l'ouvrier...

» *Il est temps d'agir* ; *notre constitution industrielle n'a plus rien de commun avec les principes qui nous régissent.*

» De quelque côté que nous portions nos regards, ce contraste nous frappe et présage une rénovation...

» Notre siècle doit voir naître le *producteur collectif*

» *Il sortira de l'industrie une puissance irrésistible destinée à guérir tous les maux qu'elle a faits* ;

1. Les communistes ne parlent pas autrement. Comment avec de telles idées, Blanqui a-t-il pu se faire dans la suite l'homme-lige de la propriété individuelle et du *statu quo* économique ?

» Cette puissance c'est l'association ! »

Blanqui a été prophète ; cette puissance naît, les partis ouvriers d'Europe et d'Amérique en sont l'expression militante encore dans l'enfance. Ils luttent pied à pied contre les pouvoirs bourgeois et contre l'industrialisme. On peut déjà prévoir, malgré les douleurs du présent, qu'ils prépareront et hâteront la *rénovation sociale.*

Plus éloquente encore fut la voix revendicatrice dans la bouche d'Eugène Buret.

Eugène Buret était le fils d'un pauvre petit boutiquier de Troyes, qui dépensa son dernier sou pour faire instruire son fils. Le jeune Buret se jeta dans l'étude avec cette passion des fils du pauvre qui ont goûté aux fruits de la science et mourut prématurément d'excès de travail, en 1842. Il n'avait que trente-deux ans, et s'était marié seulement depuis six mois.

Mais il laissait une œuvre pleine de vie et de force.

Le livre qui a pour titre :

De la misère des classes laborieuses, en Angleterre et en France (1840).

C'est avec une éloquence indignée qu'il flétrit l'égoïsme de l'économie orthodoxe et la rapacité des industriels. Tant d'aveuglement, tant de mauvais vouloir l'irritent, il appelle notre époque *le moyen âge de l'industrie* ; une époque de guerres de conquête, de rapines, d'écrasement des faibles aboutissant à une féodalité nouvelle : la *féodalité industrielle.* Puis, d'une main ferme, il met à nu les plaies sociales. Non pas d'après des rapports, mais d'après ce qu'il a vu lui-même ; car ce livre est, avant tout, un livre de conscience, et c'est par les faits que Buret démontre.

Voilà ton œuvre, semble-t-il dire à la société ; hâte-toi de réparer tes iniquités, si tu veux vivre ! Et en effet il se demande, si aucune voix mystérieuse ne s'élèvera pour crier, aux victimes de l'industrialisme : *Opprimés, levez-vous !...*

On lira avec intérêt les citations qui suivent :

« Tout le mal vient de ce qu'on a fait d'une science morale une science mathématique, et qu'on a séparé violemment des choses que devaient rester unies. Exclusivement préoccupée de la richesse, ne voyant que la richesse, *l'économie politique a érigé en lois et en principes permanents des circonstances transitoires*... Du moment où elle a négligé le but légitime de ses travaux, qui est *le bien-être du plus grand nombre, pour ne s'occuper que de la production brute des richesses*, elle s'est volontairement privée de la règle sûre qui pouvait lui faire distinguer la vérité de l'erreur...

» Plus je considère notre régime industriel plus, je suis tenté de le regarder comme le *moyen âge* de l'industrie... La manière dont les nations modernes se sont emparées de la richesse, a plutôt le caractère d'une conquête impatiente que d'une production pacifique, organisée avec réflexion, en vue de l'intérêt général des sociétés et du bien-être des hommes...

» *L'économie politique a devancé l'expérience ; avant que le temps en ait vérifié la théorie, elle a pris pour des principes fixes, pour des lois immuables les circonstances transitoires qui ont accompagné les premiers et plus rapides progrès de la richesse des Nations*... La concurrence a produit tant de maux et de tels désastres qu'elle a découragé ses partisans les plus intrépides... en oubliant le résultat de toute science sociale, le bonheur ou le bien-être du plus grand nombre pour l'un des instruments à l'aide duquel on peut les obtenir, elle s'est égaré dans des difficultés sans issue... *Nous la verrons porter le fanatisme du laisser faire jusqu'à bannir du monde l'intervention de la charité!* Le système de Malthus est la conséquence forcée, mais légitime, du *laisser faire.*

» ... Le malaise est dans les esprits ; le malaise est dans le corps social tout entier... *L'inquiétude qui travaille aujourd'hui les nations les plus civilisées est portée jusqu'à l'effroi ; on dirait qu'un pressentiment sinistre les avertit qu'elles auront bientôt à se soumettre à quelque remède terrible, pour ne point mourir.*

» ... N'est-ce pas singulier que l'économie politique qui parle à chaque instant des nations, ne s'occupe presque jamais des hommes qui composent ces nations ?

» ... *Le travail c'est la vie, et si la vie ne s'échange pas chaque jour contre des aliments, elle souffre et périt bientôt ;* pour que la vie de l'homme soit une marchandise, il faut admettre l'esclavage... *L'agiotage actuel est un effrayant démenti donné par le régime économique actuel aux principes de justice qui gouvernent notre civilisation.*

» L'économie politique a fait l'ontologie de la richesse ; elle en a négligé la morale... Le physiologie de la société comprend bien d'autres phénomènes que ceux de la production et de la distribution des richesses. Si, dans vos études, vous isolez les valeurs des populations, qui les produisent et les consomment, vous descendez à cette science toute fiscale que les anciens appelaient *Chrématistique,* à cette science toute mercantile que l'archevêque Wathely voulait appeler *Catallactique* (science des échanges)... *A côté du phénomène de l'accroissement des richesses, il est chez les nations les plus productives, un autre phénomène, non moins digne d'attention :*

l'accroissement de la misère... qui marche du même pas que la richesse [1].

» *Chacun le répète, chacun en a le pressentiment, nous assistons à un monde nouveau... cela ne peut plus durer ; le laisser faire achète la richesse au prix de la misère : il ne sait augmenter la production qu'aux dépens de ceux qui la produisent, il n'a pas de meilleur moyen d'accroître le capital que de réduire de plus en plus la part qui revient au travail... Enfin, l'état misérable des populations industrielles est incompatible. non seulement avec les espérances de la civilisation, mais encore avec son existence...*

» Il est arrivé un moment dans l'histoire, où l'esclavage est devenu un crime personnel justement imputable à la classe qui en profitait... de même, le fait de la misère nous sera sévèrement imputé, du moment où les véritables causes étant connues, nous ne travaillons pas à les combattre.»

La conclusion est quasi socialiste :

« Les enfants, dit Buret, qui représentent le propriétaire défunt n'ont pas seuls droit à son héritage. A côté de leur droit, au-dessus de leur droit, *il y a celui de la société qui ne ferait, assurément, qu'exercer la plus juste des reprises*, en s'adjugeant, dans l'héritage, une part égale à celle de chaque enfant.

» L'homme n'est pas seulement l'enfant de sa famille, il est aussi, et surtout, l'enfant de la société, au milieu de la-

1. Comme pour ravir tout espoir, les économistes les plus avancés de de l'école positive, tels que Ricardo, Sénior, Mac Culoch ont établi une théorie d'après laquelle la rémunération insuffisante du travail devient un fait de l'ordre matériel nécessaire.

quelle il est né, l'enfant de son peuple, qui a payé de son sang le sol que chaque propriétaire possède, lui en garantit la jouissance et l'associe à tous les avantages de la civilisation, qui ne sont point l'œuvre de celui qui en profite, mais de tous, mais du peuple tout entier.

» A ces titres, la société n'a-t-elle pas aussi, dans chaque héritage, son droit de succession ?

» Est-ce exagérer ce droit que de l'évaluer à la part d'une tête dans les successions qui dépasseraient un certain chiffre. Cette reprise d'une part des fonds de la production, opérée par la société, constituerait la prime d'encouragement accordée au travail et rétablirait l'équilibre entre l'offre et la demande de la propriété...

» Cette reprise légale, que nous supposons d'un quart ou d'un cinquième, s'élèverait, chaque année à 200,000 hectares.

» La nation mettrait ces terres en vente à prix modéré et permettrait ainsi chaque année à 50,000 famille d'acquérir l'indépendance. »

§ 3. Autres interventionnistes français.

N. Villiaumé préconise les sociétés ouvrières, l'instruction populaire, l'abolition des armées permanentes, l'impôt progressif sur le revenu, le droit à l'assistance, la fixation du aux de l'intérêt et enfin il conclut au perfectionnement économique.

« Tant qu'un citoyen manque, dit-il, du nécessaire, nul n'a droit au superflu. »

Ecoutez cette définition du loup-cervier de la Bourse :

« Que vous dirai-je de cette infâme race d'usuriers qui prêtent même sur titre et avec une sécurité complète, de 36 à 60 o/o.

» On en pourrait citer, à Paris, plus de 300, dont l'odieux trafic s'exerce en plein jour ; ils le nomment *report*: il suffit de ce simple changement de nom pour ne point éveiller l'attention publique.

» Heureux usuriers !...

» Si les assassins appelaient le meurtre *émigration du sang* échapperaient-ils pour cela aux poursuites, quoique ce ne soit point écrit dans le code pénal ? »

Voici maintenant le progressiste :

« Dire que l'économie politique est soumise à une loi fixe et générale, c'est prétendre que l'humanité est composée de corps sans âmes, c'est renier tous sentiments, toute mobilité et tout progrès humain. »

Jules Duval ex-saint-simonnien a beaucoup insisté sur le développement des associations.

M. Wolowski a dit de son côté :

« Dans un premier mouvement d'enivrement, causé par la destruction du gothique édifice des maîtrises et jurandes, on a pu penser que la *parole d'émancipation* suffirait pour assurer un avenir prospère aux classes laborieuses. Mais on n'a pas tardé à comprendre que, pour empêcher la liberté de dégénérer en *fraude*, en *monopole* et en *oppression*, il fallait tout un ensemble d'institutions complémentaires.

» La société moderne a des devoirs étendus à remplir. Les sentiments d'*égalité*, de *fraternité*, après avoir trouvé un refuge dans la religion, commencent à pénétrer dans les lois.

Il ne suffit pas que la lèpre de la misère étende moins ses ravages, *il faut qu'elle disparaisse.* »

Un vœu de Michel Chevalier :

« Que l'esprit *d'association* nous seconde, que la pensée d'une *solidarité réelle* entre les diverses classes, entre les différents membres d'un même atelier, depuis le chef jusqu'au dernier manœuvre, vienne nous assister, et *l'on verra des merveilles.* »

M. Rossi croit que l'avenir est à la participation :

« Le génie européen a commencé par abuser de son émancipation ; il a oublié que l'homme n'est pas fait pour agir *seul* et ne songer qu'à soi et au temps présent. S'il y a en lui un principe non moins sacré et non moins puissant de *fraternité* et de *secours mutuel... Le salaire n'est qu'un accident, qu'une forme de notre état social.* On peut entrevoir une époque où il n'y aurait plus de salaire ; des opérations qui se font au moyen d'une association de *capitalistes et d'ouvriers...* »

Voici maintenant un préfet royaliste et catholique, de Villeneuve-Bargemont qui, dans un livre intitulé : *Economie politique chrétienne*, jette à son tour un cri de détresse :

« Elle ne peut être résolue que de deux manières : Ou par l'irruption violente des classes prolétaires et souffrantes sur les détenteurs de la propriété et de l'industrie ;

» Ou par l'application générale et pratique des principes de morale, d'humanité et de charité... »

Comprend-on, dans l'état actuel de l'Europe, que les diverses nations puissent s'en rapporter, pour le maintien de la paix, pour leur subsistance, pour leur aisance, leur moralité et leur bonheur, aux magiques effets d'une industrie libre d'entraves, et excitée uniquement par la soif des jouissances matérielles, ou l'aiguillon poignant du besoin et de la misère? Qu'espérer d'hommes et de peuples exclusivement par la cupidité et le culte du bien-être? Assurément la pensée de réunir les intérêts sociaux et matériels de la grande famille humaine est noble et généreuse, et nous dirons aussi qu'elle est essentiellement *catholique*. Mais nous osons l'affirmer, les intérêts industriels seuls ne sont pas le lien social qui peut relier dans un même faisceau les membres désunis de l'humanité.

Comme moyens, de Villeneuve-Bargemont recommande l'abstinence dans le mariage, et il proclame le devoir pour les fabricants d'assurer l'existence de leurs ouvriers. Il propose, en outre, des Caisses d'Epargne, une charité légale largement pratiquée, l'abolition du compagnonnage et la reconstitution des corporations.

Le plus célèbre des *Charitistes* est sans contredit le baron de Gérando, le savant historien *de la bienfaisance publique.*

Gérando naquit à Lyon, en 1772. Il se destina d'abord à la prêtrise, mais la Révolution vint changer le cours de ses destinées.

Il était soldat de cavalerie à Strasbourg, en l'an VII, quand l'académie mit au concours un mémoire sur cette question : *Quelle est l'influence des signes sur l'art de penser?*

Gérando concourut et triompha. Ce fut le commencement de sa fortune. L'académie le fit exempter, et lui ouvrit la carrière des emplois ministériels.

En 1810, nous trouvons l'ancien cavalier Gérando baron de l'empire, avec une dotation de 25,000 francs et conseiller d'État. La Restauration le maintint dans sa dignité; Louis-Philippe le mit à la Chambre des Pairs. En outre, il fut membre de diverses académies.

Il fut le principal fondateur des *Caisses d'Epargne* et de diverses sociétés de bienfaisance.

Son œuvre capitale *De la bienfaisance publique* a fondé sa célébrité.

« Ce traité a été placé par les économistes au premier rang des ouvrages sur le paupérisme et la charité publique.

» Il se compose de quatre parties.

» Dans la première, l'auteur étudie l'indigence d'une manière générale... La deuxième est consacrée aux institutions qui ont pour but de prévenir l'indigence... Dans la troisième, l'auteur étudie les moyens de remédier à la pauvreté en fournissant aux indigents du travail, soit libre, soit forcé, et il est appelé à passer en revue tous les divers systèmes de travail et de mendicité ou de colonisation, qui ont été adoptés dans divers pays... Dans la quatrième, il trace l'histoire des diverses législations sur les pauvres, soit chez les anciens, soit chez les modernes; il en apprécie l'esprit, les résultats, passe, de même, en revue les règles générales de l'administration des deniers publics.

» (A. P. Candolle, *Bibliothèque universelle de Genève* cité p. le *Dict. d'éc. pol.* de Guillaumin.) »

De Gérando a vivement et justement critiqué la grande industrie capitaliste :

« Elle fait périr les ateliers des simples ouvriers travaillant pour leur compte : elle cause une ruine, momentanée, mais inévitable, elle met obstacle à l'emploi des petits capitaux...

» La double tendance des grandes exploitations est donc à la fois, d'augmenter le nombre des prolétaires, et de les réduire à un emploi de pure exécution. *A mesure qu'elle s'élève sur une plus grande échelle, elle affaiblit la classe moyenne, en réduit l'importance et l'aisance. Elle fait naître dans l'empire de l'industrie une sorte de féodalité nouvelle*, en groupant de vastes familles de travailleurs autour d'un chef-lieu, en liant leur destinée à ses établissements.

» Alléguerait-on, pour atténuer les fâcheux effets de cette nouvelle situation, ce qui a été dit à l'égard des serfs... que l'ouvrier est assuré d'un salaire journalier et exempt par là de tous soucis?...

» Mais en supposant que cette sécurité fût fondée, (et elle ne l'est pas) *elle ne serait acquise qu'aux dépens de la dignité du travailleur. S'il n'a plus de souci c'est qu'il n'est plus l'arbitre de son sort*. Cette sécurité d'ailleurs peut être trompeuse, car son sort dépend de la bonne volonté du chef et de la durée de l'établissement, dont la chute crée toujours une foule de misérables. »

Cela dit, en chrétien et en satisfait, Gérando prêche la résignation aux infortunés et leur promet le ciel.

Marbeau le fondateur des Crèches et Moreau Christophe ont écrit divers traités sur le paupérisme, comme aussi Emile Laurent, Lancosme, Brève, Maguitat, A. Monier, V. Modeste, de Vatteville, la Forelle, mademoiselle Boëldieu, D'Aubigny. En Belgique le même ordre d'idées inspira Ducpetiaux, Rogier, Huschling, etc.

§ 4. Interventionnistes étrangers.

En 1828, un réfugié espagnol, à Londres, homme d'une science vaste et d'un grand talent d'écrivain, Alvaro Florès Estrada publiait un Traité sur l'économie politique où les orthodoxes durent trouver beaucoup d'hérésies.

« Il faut, disait-il, il faut s'occuper de l'accroissement de la production des richesses ; *mais il faut les répartir équitablement, ces richesses, car ce n'est que par l'aisance et l'instruction qu'on élèvera le peuple.*

» Il alla plus loin, il nia *toute propriété qui n'est pas le fruit du travail personnel.*

« La propriété foncière, ajouta Estrada, devrait être viagère et non héréditaire. »

Nous voilà loin de Sismondi, et même de Buret.

Avant d'être économiste, Ramon de la Sagra était un savant naturaliste espagnol, plongé avec amour dans l'utude de la nature. Ce fut le spectacle de la misère du peuple qui le décida, en 1837, à sacrifier sa vocation au bien de l'humanité :

« La vue des misères des prolétaires, me fit entrer dans la voie des sentiments philanthropiques, a-t-il écrit.

» Ce tableau de la misère, que j'ai vue dans mon pays, le caractère honnête et résigné de ceux qui en sont les victimes; cet abandon du peuple qu'on croirait condamné à une existence de supplices et de misères ; la prévision de maux plus grands encore, dans l'avenir, firent sur moi une impression profonde...

» Je fis serment de consacrer toutes mes forces et toutes mes facultés au service de tant d'infortunes et de me joindre aux hommes dévoués à sa cause. »

Mais pour commencer, Ramon de la Sagra n'alla pas loin.

« Retour au christianisme, source de toute morale.

» Consécration nouvelle de la propriété individuelle et de la famille.

» Limitation du travail des femmes et des enfants dans les manufactures.

» Intervention du gouvernement suprême pour protéger les existences et les intérêts des classes mineures. »

C'était modéré. Aussi après une courte excursion dans le camp collectiviste, Ramon de la Sagra rentra-t-il dans le giron conservateur.

Immédiatement après le succès de Smith, deux illustres publicistes italiens, Melchiore Gioia et Romagnosi avaient protesté au nom de la science et de l'humanité.

Après la lecture de milliers de volumes sur l'économie politique, disait Gioia, on a les résultats suivants :

« 1) Idées, tantôt moitié vraies, tantôt moitié fausses, sur chaque argument.

» 2) Théories exclusives, applicables à des états imaginaires.

» 3) Au lieu de faits démontrés, tirades métaphysiques, à l'aide desquelles on démontre qu'une chose est à la fois blanche et noire. Assertions innombrables et jamais de preuves.

» 4) Exaltation d'un seul principe, malgré l'expérience qui démontre la nécessité de plusieurs.

» 5) Efforts pour détruire, avec des théories, les faits les plus vulgaires.

» 6) Explications contradictoires de phénomènes identiques.

» 7) Exemples pris dans l'esclavage, pour contester la nécessité des choses voulues par la civilisation.

» 8) Suppositions gratuites, posées comme bases de principes.

» 9) Obscurité affectée, pour donner un air d'importance aux trivialités.

» 10) Parlage et rhétorique, dans une science qui les admet moins que les autres.

» 11) Classifications ridicules, au mépris de tous les principes d'analogie.

» 12) Répétition continue des mêmes idées, qui fait le désespoir des lecteurs.

» 13) Contradictions palpables, chez les écrivains les plus renommés, y compris Smith et Beccaria.

» 14) Théories les plus funestes au peuple, et tout à fait contraires au sens commun, approuvées par des académies célèbres.

» 15) Initiative, tantôt portée à l'excès, tantôt trop réduite, soit pour donner trop d'extension à la force gouvernementale, soit pour trop la restreindre. »

De cet état de la science économique, sont causes :

« 1) Les vues théoriques précédant l'observation des faits.

» 2) L'intérêt privé, qui fait prédominer tantôt un principe, tantôt un autre. »

Entre autres réformes, notre auteur réclame :

» 1) La constitution des bonnes routes et canaux.

» 2) Des concessions de capitaux aux entrepreneurs actifs.

» 3) L'exemption temporaire d'impôts pour les terrains nouvellement défrichés.

» 4) Réforme de l'administration, qui doit être plus active et plus économique.

» 5) Idem pour la justice légale.

» 6) Fondation de nombreuses bibliothèques publiques.

» 7) Jardins modèles pour acclimater les plantes exotiques.

» 8) Ecoles gratuites dans toutes les communes.

» 9) Encouragement aux sociétés académiques, qu'on tâchera d'accroître.

» 10. 11) Liberté de la presse et de la librairie.

» 12) Le gouvernement devra envoyer dans les autres nations, des savants salariés, qui observeront tout, et indiqueront ce qu'on devrait imiter.

» 13) Réforme de l'impôt.

» 14) Guerre aux biens ecclésiastiques, aux biens nobiliaires, aux absurdités religieuses, etc., etc. »

Melchiorre Gioia fut le contemporain de la Révolution française ; il fit tous ses efforts pour la constitution d'une république italienne; n'ayant pu réussir, il accepta la domination française, qu'il poussa sans cesse aux réformes utiles. Il fut le plus grand statisticien de son temps.

A côté de ce grand et original esprit, se place Romagnosi,

né à Plaisance, comme Gioia; jurisconsulte célèbre, comme Beccaria et Filangieri.

Romagnosi, qui a propagé ce qu'il appelait la *Polycratie* (gouvernement de tous) veut que l'économie politique s'occupe du sort des masses. Il a écrit après Smith, et voilà en quels termes il parle des physiocrates et de la naissante école anglaise :

« A la seule recherche du mécanisme générateur de la richesse, s'est bornée l'économie politique, de telle sorte que ses théories peuvent aussi bien s'appliquer à une plantation de café, ou de sucre, travaillée par les esclaves de la glèbe qu'à une nation civilisée, où s'exerce dans sa plénitude la juste et universelle concurrence.

» Le *bénéfice net*, et tout individuel, d'un spéculateur qui veut s'enrichir, fut pris en considération et calculé dans ses divers mouvements pour la production, la distribution et la consommation des richesses, sans qu'on s'élevât jamais à une plus haute intelligence des rapports sociaux. Toute la partie morale, tout ce qui touche au bien-être général, est oublié.

» C'est un froid matérialisme, un sordide égoïsme, qu'on trouve au fond de la doctrine de ces modernes.

» Ces choses justes, et dont la nécessité est irrécusable : la conservation et le perfectionnement de tant de millions d'hommes, n'ont pas trouvé place dans les traités d'économie politique.

» Il en est résulté une doctrine mutilée, imparfaite, à la rudimentaire application de laquelle peut servir l'épée à double tranchant, dont les puissants et les possesseurs n'ont que trop l'habitude d'abuser.

» Dans les livres des économistes les plus autorisés, on trouve ces trois grands défauts.

» 1) Méconnaissance de l'organisme fondamental, nécessaire au régime politico-économique.

» 2) Esprit de secte et d'intolérance.

» 3) Séparation des doctrines économiques d'avec les notions de droit public et de droit privé. Ce qui fait qu'on a une économie politique sans frein, et un droit manquant de sanction.

» Examiner et calculer la production, la circulation, et l'usage des choses utiles, d'après les visées de l'intérêt personnel, ce n'est pas suffisant pour constituer le centre moteur des mouvements économiques.

» Tant que le côté intellectuel et affectif des hommes ne sera pas prix en considération, tant qu'on ne tiendra aucun compte de la justice distributive... nous n'aurons pas constitué dans sa dignité et dans son intégrité la science économique, la régulatrice suprême des rapports sociaux. »

Peu d'économistes italiens ont suivi ces larges voies, ils ont préféré chanter l'hymne de la libre exploitation capitaliste et de l'éternelle et grandissante misère des salariés avec les économistes de l'école anglaise.

Cependant l'Angleterre même eut des économistes interventionnistes.

Banfield combattit vivement les opinions de Malthus sur *la population* et les opinions de Ricardo sur la *rente*. Il demanda une meilleure *ordonnation de l'industrie*, c'est le titre même de son livre.

Sergeant Byles stigmatisa les erreurs de l'école orthodoxe. Ses paroles sont à reproduire :

« Un jour, viendra une science économique qui donnera ce qu'elle aura promis, et répandra des flots de richesses sur les pauvres qui meurent de faim.

» Mais pour quiconque veut voir, il est trop évident qu'il faut un système d'économie politique autre que le *système inerte et stérile qui est aujourd'hui à la mode...*

» Les immenses progrès de la science physique ont mille fois multiplié les moyens de produire la richesse. Dans la libérale et inépuisable nature, il y a non seulement suffisance, mais abondance pour chaque être humain. *Et pourtant une barrière mystérieuse et invisible, qu'on ne peut pas franchir, empêche la distribution de tant de biens, et repousse les masses de la terre promise.*

» Economistes ! comparez, en Angleterre, la richesse infinie des uns à la pauvreté désespérante des autres, aux myriades d'affamés de l'Irlande !

» Comparez, ces périodes alternantes de prospérité et de stagnation et de famine. Voyez ces vastes terres incultes gisantes çà et là au milieu des populations affamées et sans travail !

» Ecoutez de grands écrivains dire *qu'au lieu de créer une science réelle, vous n'avez fait que créer une littératare obscure et présomptueuse, qui serait funeste, si elle n'était pas si ennuyeuse.* »

Samuel Bayley, adversaire de Malthus et de Ricardo, veut qu'on fasse au travail une part plus grande.

Poulett Scrope est plus précis.

« Le besoin qui prédomine aujourd'hui, dit-il, semble être celui de connaître exactement les vrais intérêts de la société.

» *Le peuple ne croit plus à l'inévitabilité de la misère.*

» Il faut pourvoir à cet état de choses. Car il est étrange que la richesse des uns s'accroisse d'une part, quand, d'autre part, s'accroît la misère de la majorité, et que les hommes déchoient, à mesure que s'accumulent les richesses.

» — C'est plus qu'un malheur et un péril, c'est un état paradoxal et contre nature.

» Que les gouvernements emploient pour l'intérêt collectif cette adresse qu'ils mettent pour leurs intérêts spéciaux et un *accroissement* continuel de moyens de subsistance sera à la disposition de tout individu, quelque rapide que puisse être la multiplication des hommes. »

Ces idées humanitaires ont été défendues de nos jours par une pléiade d'économistes éminents, parmi lesquels nous citerons seulement à la hâte, pressés que nous sommes par l'espace: Cliffe Leslie, Néale, Savage, Wilson, Fawcett, etc., mais nous consacrerons une page à J. S. Mill.

J. S. Mill naquit à Londres en 1806. Son père, philosophe *utilitaire*, l'éleva dans la haine des religions et surmena son enfance par des études précoces.

A vingt ans, J. S. Mill vit à Paris les Saint-Simoniens qui l'enthousiasmèrent [1].

1. C'est particulièrement grâce aux écrits de Bazard et d'Enfantin, dit-il, dans son *Autobiography* que je compris combien *la vieille économie politique était limitée et temporaire dans sa valeur*, surtout *lorsqu'elle admet que la propriété individuelle et l'héritage sont des faits inéluctables et que la liberté de production et d'échange sont le dernier mot du progrès.*

Je les admirais surtout pour le courage et l'affranchissement de tout préjugé, avec lesquels ils traitaient *le sujet de la famille,*

Plus tard il se rapprocha des idées positivistes ; mais il s'en éloigna, quand A. Comte eut publié son *Système de Politique positive*, que le philosophe anglais condamna avec une grande sévérité [1].

Enfin, il publia ses *Principes d'Economie politique* « qui le placèrent de suite au premier rang, par la science profonde qui s'y révèle et par la force et la lucidité de son argumentation, qui ont fait de ce *Traité* un livre classique. » (*Journal des Economistes*.)

Classique en effet était ce livre, qu'un économiste orthodoxe n'aurait pas désavoué ; sauf cependant quelques vigoureuses critiques contre la société actuelle.

Mais Stuart Mill venait de connaître la femme qui devait avoir sur sa vie entière et sur ses œuvres futures une si salutaire et si puissante influence : madame Taylor.

Je n'ai pas ici à parler de ces vingt ans d'une amitié si

le plus important de tous et celui qui de toutes les autres grandes institutions sociales demande le plus de changements fondamentaux, quoique à peine quelques réformateurs aient eu le courage d'y toucher.

En proclamant l'égalité parfaite des hommes et des femmes, et un ordre de choses tout à fait nouveau dans leurs rapports mutuels, les saint-simoniens, de même que Fourier et Owen, ont droit à la reconnaissance éternelle des générations futures.

1. « C'est le système les plus complet de despotisme temporel et spirituel qui soit jamais sorti d'un cerveau humain, sauf peut-être celui d'Ignace Loyola, un système, dans lequel le joug de l'opinion générale, manié par un corps organisé de professeurs et de maîtres spirituels, pèserait sur toutes les actions et autant qu'il est possible sur toutes les pensées de chaque membre de la communauté. » (J. S. Mill.)

profonde et si pure et de ces quelques années des mariage que la mort vint trop vite interrompre.

Madame J. S. Mill partagera l'immortalité du grand homme qu'elle inspira. Ce fut elle, au moins le dit-il lui-même, qui le jeta dans les voies réformistes en lui faisant faire des réflexions comme celle-ci :

« Si les lois de la *formation des richesses* ont quelque chose de fatal, il n'en est pas de même des lois de la *distribution des richesses*, car la distribution des richesses est subordonnée à l'état de civilisation, qui se modifie sans cesse ; ces lois ne peuvent donc pas être immodifiables. »

Dans la troisième édition de ses *Principes d'économie politique*, il ajouta de belles pages sur *l'avenir des classes ouvrières* et termina un chapitre sur la propriété par cette pensée : qu'après tout, si l'organisation actuelle ne devait pas s'améliorer, un communisme autoritaire, qui apaiserait du moins tant de maux, serait préférable.

Ses premières conclusions furent simplement philanthropiques, mais il était de ceux qui progressent toujours.

Voici en quels termes il glorifie les sociétés de résistance et des coalitions ouvrières :

« La doctrine qu'ont enseignée jusqu'ici tous, ou presque tous les économistes (et moi même tout le premier) et d'après laquelle il ne serait pas possible d'élever le taux des salaires par des combinaisons entre les travailleurs, ou qui limiteraient cette hausse à l'obtention plus hâtive d'une hausse que la concurrence aurait produite, un peu plus tard, toute seule ; cette doctrine ne repose sur aucun fondement et doit être rejetée.

» La puissance des unions ouvrières peut être exercée de manière à obtenir pour les travailleurs une part plus forte en quantité et en valeur du produit du travail, l'une des deux bases sur lesquelles se calcule la rémunération de l'ouvrier se trouvant accrue...

» *Pour le paiement du salaire, avant que la dernière limite soit atteinte, on peut, d'une manière absolue, retrancher non seulement le capital du patron, mais tout ce qu'il est possible de retrancher de ses dépenses personnelles.*

» *Car il n'y a pas de lois naturelles, en vertu desquelles il serait de toute impossibilité aux salaires de s'élever jusqu'au point où ils absorberaient, non seulement les fonds que le capitaliste avait destinés à l'exercice de son industrie, mais encore tout ce qui s'applique à ses dépenses personnelles, sauf les choses absolument nécessaires à la vie : les travailleurs ont besoin de capital et non pas de capitalistes.*

» Dans la lutte de la souffrance, une coalition complète peut seule donner aux travailleurs la moindre chance de résister à leurs patrons.

» Mais les *unionistes* ont des devoirs moraux à remplir envers le reste de la classe ouvrière; ils doivent considérer leur société professionnelle comme le premier pas fait vers l'*union universelle.* »

Nous étions (dit-il dans l'*Autobiography*) définitivement rangés parmi les socialistes.

« Nous regardions dans l'avenir, vers un temps où la société ne sera plus divisée en oisifs et en travailleurs, où la règle que celui qui ne travaille pas ne doit pas manger ne s'appliquera pas seulement aux pauvres, mais impartialement à tous ; où la division des produits du travail, au lieu de dépendre de l'accident des naissances s'effectuera d'après un principe reconnu de justice ; où l'on ne croira point impossible pour des humains de travailler avec entrain pour des bénéfices qui ne leur appartiendront pas exclusivement, mais qui seront partagés entre tous.

» Le problème social de l'avenir nous semblait consister dans l'union de la plus grande liberté d'action individuelle possible avec la mise en commun de toute la matière première du globe, et une participation de tous aux bienfaits du travail associé. »

Avec J. S. Mill finit la vieille économie politique par sa jonction avec le socialisme. Ces deux courants si violemment écartés, dont l'un ne voulait tenir compte que des faits, l'autre que des idées, se réuniront nécessairement pour former le socialisme scientifique, conclusion inéluctable de la science sociale.

L'économisme *caméral* des Allemands ne pouvait être longtemps rebelle à l'interventionisme. Ce dernier en est même venu à dominer entièrement le professorat économique d'outre Rhin, depuis 1873.

A cette époque, un congrès eut lieu, dont le *Journal des économistes* parla comme il suit :

« Les adhérents de la nouvelle école économique qui sont principalement répandus en Allemagne et qui sont arrivés, peu à peu, à posséder les chaires économiques des plus célèbres universités allemandes, ont tenté de se constituer en société agitatrice...

» Parmi les membres du congrès d'Eisenach, on remarque:

» MM. Brentano, Duncker, Engel, Gneist, Hildebrandt, Max, Hirsch, De Haltzendorf, Meitzen, De Roggenbach, Roscher, Ræssler, Schmoller, Schœnbery, Stolp, Wagner, etc.

» Il y avait les professeurs de dix-sept universités ; il s'était joint aux professeurs un certain nombre de savants libres, de jurisconsultes, de journalistes, de membres de l'administration, et un grand nombre de libraires, quelques fabricants, des grands propriétaires, enfin deux ou trois ouvriers...

» Ce qui distingue spécialement ce congrès c'est qu'il a été convoqué par des professeurs d'économie politique dans un but d'exclusion contre d'autres économistes. *C'est qu'on a exclu systématiquement et expressément ceux qui comptent Adam Smith parmi les maîtres de la science*, ceux qu'on a appelés tantôt *les hommes de Manchester* (*Manchesterthum*) tantôt *libres-échangistes*, tantôt *l'école abstraite* ; c'est en un mot, qu'on a voulu établir un *schisme*.

» La nouvelle école *des socialistes en chaire* répudie la doctrine de l'*aide-toi* (self help) et réclame l'intervention de l'Etat pour régler souverainement toutes les difficultés qui peuvent surgir entre patrons et ouvriers, et généralement de manière à favoriser ces derniers dût (cela dit expressément) la liberté, et même le droit de propriété, en souffrir...

» La profonde discorde, dit Schmoller qui règne dans la » société, l'antagonisme violent qui sépare les patrons et les » ouvriers, les classes qui possèdent et celles qui ne possèdent » pas, *le danger possible, quoique encore éloigné, d'une révolu-* » *tion sociale*, ont fait naître dans un *certain nombre de per-* » *sonnes des doutes sur la valeur permanente des doctrines éco-* » *nomiques régnantes et notamment sur leur efficacité, dans*

» *une société, dans une époque de pleine liberté industrielle.*
» *Tant que durèrent les restrictions et les entraves du moyen*
» *âge, les efforts des économistes semblaient avoir leur raison*
» *d'être; mais maintenant que ce but est atteint, que la liberté*
» *industrielle règne... les inconvénients du système se font*
» *sentir...*

» La question sociale, devenant de plus en plus impor-
» tante, ne peut évidemment plus être résolue par la non
» intervention de l'état, en d'autres termes par la *doctrine de*
» *l'égoïsme individuel.*

» Il se forma donc une nouvelle école économique, qui ne croit pas, comme les hommes de Manchester, que lorsqu'un homme n'avance pas dans la société, c'est nécessairement sa faute, que les associations professionnelles sont inutiles.

» Il parut presque que le parti (économiste) qui avait naguère demandé, au nom des droits de l'homme, la délivrance des classes non privilégiées *s'était maintenant identifié avec le point de vue exclusif de la classe des patrons, comme s'ils ne comprenaient sous le nom de liberté en matière économique que la liberté pour les grands industriels et les gros capitalistes d'exploiter le public.*

» La nouvelle école conçoit l'état d'une façon qui est aussi éloignée de la glorification de l'individu et de son bon plaisir, comme d'une loi naturelle, que de la théorie absolutiste de l'omnipotence de l'Etat. En plaçant l'Etat dans le mouvement de l'histoire, ils conviennent que, selon le degré de la civilisation, sa tâche est plus ou moins large ou étroite... Pour eux l'état est l'institution morale la plus grandiose destinée à l'éducation de l'humanité. Bien que partisan sincère du système constitutionnel, l'école n'est pas pour le règne alternatif des diverses classes en lutte; elle demande un pouvoir politique fort, qui, placé au-dessus de l'intérêt de classe, fasse les lois, dirige l'administration selon la justice, élève les classes inférieures... elle ne demande pourtant pas le nivellement, dans le sens socialiste... elle veut une échelle de positions diverses, elle reconnaît sous tous les rapports ce qui existe... Mais elle ne renonce ni à la réforme, ni à la lutte pour l'amélioration sociale. »

Belle critique comme on voit. Mais les propositions positives n'ont pas répondu aux négations critiques ni aux promesses doctrinales. Il n'en est pas moins vrai que, sauf pour quelques pétrifiés, de l'économisme français notamment, et les roublards du conservatisme, la vieille économie politique purement laudative de l'exploitation capitaliste est morte et a fait place, dans les hautes sphères de la science économique, à un réformisme qui par les Schœffle, les Vagner, les Scheele, les de Laveleye, etc., donne la main au socialisme, débarrassé lui-même des a priori et des utopies qui marquèrent sa période d'affirmation et d'expansion première.

DEUXIÈME PARTIE

CHAPITRE VII.

§ I. L'évolution économique.

L'économie politique est-elle une science?

Elle est une *science* en tant qu'elle a pour objet l'observation pure et simple des phénomènes sociaux et l'étude des lois qui les régissent; mais elle est aussi un *art*, en tant qu'elle s'occupe des modifications désirables et possibles des mêmes phénomènes sociaux.

Pour les économistes de l'école anglaise, l'économie politique est exclusivement une science aux lois naturelles immobiles et aux phénomènes immodifiables.

L'erreur est si grossière qu'on a peine à la croire volontaire. Elle est si intéressée étant professée par les théologiens salariés de l'exploitation capitaliste, qu'on ne peut s'empêcher de la trouver odieuse.

Pressons cette question.

L'exemple le plus parfait que nous ayons d'une science d'observation nous est fourni par l'astronomie. Il est clair, en effet, comme le fait observer Claude Bernard, que l'homme ne peut rien sur le mouvement et le développement des astres. Mais peut-on sérieusement établir une analogie entre l'astronomie et l'économie politique?

Ici les phénomènes observés sont à notre portée, ils sont de date récente et ils obéissent à des lois passagères, dérivant d'un état social en particulier, que lui-même n'est que l'une des cristallisations successives du grand mouvement de l'histoire [1]

Il a fallu une véritable aberration d'esprit pour proclamer l'éternité de phénomènes sociaux que le siècle dernier a vus naître, et que le siècle prochain verra, espérons-le, profondément modifiés [2].

1. Expliquons indulgemment toutefois. A force de voir les choses de la même façon et de se les entendre ainsi décrire, l'esprit en prend le pli et pour les cerveaux ordinaires les modifications deviennent bientôt impossibles : la conception adoptée du monde se rattachant à une foule de pensées et de souvenirs qui reviennent sans cesse.

Le tout en vertu de la *loi sur l'association des idées*, découverte par Hartley, souvent développée par J. S. Mill et que voici dans son énoncé rudimentaire :

Si des sensations quelconques A, B, C, etc., sont associées ensemble un nombre suffisant de fois, elles acquièrent un tel pouvoir sur les idées correspondantes, a, b, c, etc., que l'une des sensations, A par exemple, sera capable en se présentant seule d'exiler dans l'esprit les idées ordinairement associées à celle-là.

L'anatomie, et surtout l'anatomie microscopique ont confirmé la vérité physiologique de cette loi psychologique.

2. Dire que l'économie politique est soumise à une loi fixe, gé-

Dans l'ivresse de son triomphe, la bourgeoisie s'est écriée : Jusque-là il y a eu mouvement social, il y a eu de l'histoire, des progrès; mais il n'y en aura plus; l'humanité a vécu jusqu'ici dans le faux, l'injuste et le provisoire, elle est entrée dans le vrai, dans le définitif. L'esclavage et servage furent transitoires, le salariat est éternel.

Tel est le *credo* absurde et anti-scientifique des économistes bourgeois. Rappelons, en passant, que les conservateurs de tous les temps ont proclamé *éternelle* la forme politique dans laquelle ils ont vécu, Aristote même n'y a pas manqué pour l'esclavage. Mais tout cela n'a pas empêché cet ordre existant de s'épuiser et de faire place à un nouveau, car le mouvement et l'évolution sont les lois universelles auxquelles rien de ce qui est ne peut se soustraire.

nérale, c'est prétendre que l'humanité est composée de corps sans âmes; c'est renier tout sentiment, toute mobilité, tout progrès humain (N. Villiaumé, *Cours, d'économie politique*).

Les économistes ont inventé tout un monde d'abstractions, qu'ils combinent à leur fantaisie, et sur lesquelles ils dissertent à perte de vue, sans s'apercevoir que les faits viennent, à chaque instant, démentir leurs conjectures (Ch. Sarchi, *Lettres sur l'économie politique*).

Ce n'est pas la science qui a fait la société économique, mais ce sont au contraire les faits existants, qui ont créé la science à leur image (Eugène Buret, *De la misère des classes laborieuses*).

On peut reprocher aux économistes :

1° D'avoir isolé l'étude des faits de la richesse des autres phénomènes sociaux ;

2° D'avoir donné un caractère métaphysique et vicieusement abstrait à beaucoup de leurs conceptions;

3° D'avoir abusé de la déduction dans leur recherches;

4° D'être trop absolus dans la conception et l'énonciation de leurs conclusions (Ingram).

La loi de l'évolution étant admise, il reste à savoir si les modifications nécessaires sont soumises à l'influence de l'homme.

Cela dépend :

Il y a des *modifications naturelles* qui se font en vertu des lois naturelles physiques et chimiques, sur lesquelles nous ne pouvons rien, tels sont par exemple le refroidissement de la terre, l'alternance sur les deux pôles des périodes glacières ; mais les *modifications sociales* relèvent de l'action de l'homme.

Les faits dont s'occupe l'économie politique sont dans cette dernière catégorie.

Est-il besoin d'expliquer ?

Evidemment l'homme ne peut pas empêcher les tremblements de terre, ni les éruptions des volcans, parce que ces terribles phénomènes résultent de forces contre lesquelles il ne peut rien, et qui ne sont pas d'origine humaine; mais il peut supprimer l'ignorance et la misère, parce que ces deux fléaux résultent d'un ensemble de conditions, ou de forces sociales, d'origine humaine modifiables et modifiées journellement, par des réformes, ou par des révolutions. Par exemple, selon la juste remarque de Lassalle, la productivité du capital n'est pas une loi de la nature, mais un effet de conditions historiques définies qui dans d'*autres* conditions historiques peut et doit disparaître.

L'économie politique est une science sociale, comme l'a très bien démontré Laveleye. Or, qui dit science sociale, dit science progressive, mobile et *modificatrice*, science qui par beaucoup de côtés touche à l'art. En un mot, l'économie sociale est une science d'*observation* et d'*expérimentation*, et qui dit expérimentation dit *intervention*. Il y a deux modes d'intervention, l'*empirisme*, expérience non précédée de la connaissance du déterminisme des phénomènes [1] et l'*expérience scientifique*, basée sur cette connaissance et de laquelle se recommandent les socialistes modernes. L'économie sociale ainsi comprise ou si l'on veut le socialisme scientifique, c'est-à-dire analytique et évolutionniste, s'ente sur l'économisme

1. Le déterminisme d'un phénomène n'est autre que sa *cause déterminante* ou la cause prochaine ; c'est-à-dire la circonstance qui détermine l'opposition d'un phénomène ou l'une de ses conditions d'existence. Ce n'est pas le *fatalisme* qui suppose la manifestation nécessaire d'un phénomène indépendamment de ses conditions, tandis que le *déterminisme* n'est que la condition nécessaire d'un phénomène dont la manifestation n'est pas forcée. Le fatalisme est donc antiscientifique à l'égal de l'*indéterminisme* (Claude Bernard).

En prétendant faussement que les phénomènes sociaux sont immodifiables, les économistes bourgeois sont *fatalistes ;* les utopistes qui croient que le monde se transforme d'un coup de baguette d'après un système préconçu sont des *indéterministes* et ne sont pas moins éloignés de la science, ni moins à leur insu funestes au progrès social que les *fatalistes* du conservatisme. Nous faisons du déterminisme, c'est-à-dire de la science, en comprenant que les modifications sociales sont basées sur l'analyse de phénomènes et la connaissance de leur cause déterminante qu'on ne peut modifier qu'en observant certaines lois.

Ajoutons ici une sage réflexion de M. Bain (*Science de l'Education*).

« La science est le grand correctif de la légèreté trop naturelle à l'homme, qui le porte à admettre des faits et des conclusions dénués de fondements. Elle nous fait comprendre les différents moyens d'établir un fait ou une loi dans tous les cas possibles et nous inspire une défiance salutaire de toute affirmation dépourvue de preuves. »

bourgeois purement observateur, comme la physiologie s'est entée sur l'anatomie [1].

Bien des économistes modernes, nous devons l'indiquer, ont reconnu ce côté dynamique de la science économique.

Lampertico dit excellemment (*Economia dei Papoli e dei Stati*), la conception la plus grandiose et la plus systématique de la géologie moderne est que la terre est sujette à des changements continuels, à des révolutions...

Les économistes ne doivent pas oublier que le monde économique aussi a ses oscillations, et que, de même que, par le déplacement des mers et des continents, se changent les flores et les faunes, de même, par les transformations politiques et sociales, se changent les conditions de la vie économique.

1. *Les lois sont les rapports nécessaires qui dérivent de la nature des choses*, dit Montesquieu. Yves Guyot dit plus exactement : *les lois sont l'expression des rapports*.

Les économistes bourgeois donnèrent au mot lois le sens de Montesquieu et, qualifiant les *rapports* du nom de *lois naturelles*, ils nous dirent :

Les phénomènes économiques dérivent de lois qui elles-mêmes dérivent de la nature des choses et sont par conséquent inéluctables. Nous répondrons avec Yves Guyot, étonné de la portée que nous donnons à sa définition : Non les phénomènes économiques ne sont que l'expression transitoire de rapports qui sont eux-mêmes transitoires.

Le même Yves Guyot, qui ne pratique guère ses maximes, recommande de ne pas confondre les *faits constants*, les faits nécessaires sans lesquels il n'y aurait ni humanité, ni univers, avec les *faits contingents* qui auraient bien pu ne pas se produire.

Nous recommandons expressément ce précepte aux économistes orthodoxes.

Emile de Laveleye dit excellemment :

En économie politique, je ne connais qu'une seule *loi naturelle*, c'est que, pour vivre, l'homme doit se nourrir...

Je cherche les autres, dont on parle toujours, et je ne les découvre pas... j'admettrai même qu'on invoque *les lois naturelles* pour les animaux qui vivent et se nourrissent de la même façon, mais point pour l'homme, cet être perfectible, dont les mœurs, les coutumes, les institutions, changent sans cesse. Les lois qui règlent la production, et surtout la répartition des richesses, sont très différentes dans les différents pays et dans les différents temps... Où donc ces lois sont-elles en vigueur? Est-ce, comme le croyaient Rousseau, Diderot, Bougainville, dans ces îles du *Pacifique*, où les produits spontanés du sol permettent à l'homme de vivre sans travail, au sein de l'innocente communauté des biens et des femmes? Est-ce dans l'antiquité, où régnait l'esclavage?... est-ce dans le moyen âge, où régnait la féodalité?... De nos jours, est-ce en Russie, où la propriété appartient au tsar, à la noblesse et à des communes, qui partagent périodiquement le territoire collectif entre tous les habitants? Est-ce en Angleterre, où, grâce au droit d'aînesse, le sol est le monopole d'un petit nombre de familles? ou en France, où les lois de la Révolution les répartissent entre cinq millions de propriétaires, au risque de l'émietter en parcelles?

La richesse industrielle était produite jadis, au foyer domestique, par l'artisan, aidé de quelques compagnons; aujourd'hui, elle l'est, dans de vastes ateliers, par une armée d'ouvriers, attachés aux mouvements inexorables de la machine à vapeur; lequel de ces deux modes de production est conforme à l'*ordre naturel?*

Primitivement, la terre était partout la propriété indivise de la tribu, et ce régime était si général qu'on pouvait certainement y voir une loi naturelle; aujourd'hui, la propriété individuelle, qui jadis ne s'appliquait qu'aux meubles, s'applique aux immeubles. Est-ce là une violation de l'ordre providentiel? Sous l'empire d'idées nouvelles de justice, et de certaines nécessités économiques, toutes les institutions sociales se sont modifiées et il est probable qu'elles se modifieront encore.

(Emile de Laveleye, *Revue des Deux-Mondes*, 1875).

En résumé, *tout ce qui est, est soumis aux lois de l'évolution*; ou pour mieux dire, en rappelant la formule du vieil Héraclite : *rien ne subsiste, tout coule, tout passe, tout se développe ou se transforme, tout devient.*

Il n'y a dans la nature, de la monère jusqu'à l'homme que des évolutions incessantes. Le mouvement évolutif est la loi universelle, la matière est soumise aux lois de l'évolution organique, tout ce qui vit aux lois de l'évolution vitale; les classes, les races et les espèces obéissent à des lois d'évolution à elles propres, la pensée même considérée soit dans un individu, soit dans un cycle de civilisation, soit dans l'humanité évolue.

Jusqu'ici les divers états sociaux ont subi la loi commune et seul le régime bourgeois de l'exploitation de l'homme par l'homme, ferait exception et resterait immobile dans le mouvement universel!

Telle est pourtant l'incroyable prétention de l'économique bourgeoise.

Déjà dans les *sciences inorganiques*, dit Letourneau (*Sociologie*) avec quelle peine ne parvient-on pas à dégager quelques données générales dignes d'être pompeusement appelées lois. Y a-t-il même en physique, même en chimie une seule vraie loi une « loi d'airain » que n'ébrèche aucune exception? Cela est fort douteux.

« En *biologie*, ou l'intrication des phénomènes devient fort enchevêtrée les soi-disant lois sont dépourvues de toute rigueur et à chaque instant de capricieuses exceptions sautent en gambadant par dessus le fossé légal.

» Mais en *sociologie* la confusion apparente est bien autrement grande; là l'écheveau des causes et des effets est tellement emmêlé, les phénomènes sont si complexes, ils résultent de tant de phénomènes antécédents ou concomitants qu'il devient tout à fait téméraire de parler de lois. »

Il est cependant des lois sociologiques; mais on ne pourra les découvrir qu'en scrutant les faits et en suivant la marche du développement social dans l'humanité, sans s'arrêter arbitrairement à la période ou à la catégorie préférée.

L'éminent auteur de la *Sociologie* a tracé du développement humain une esquisse remarquable à plus d'un titre et que nous donnons en l'abrégeant.

« Tout d'abord les mammifères humains, plus débiles et plus mal armés que nombre de leurs compétiteurs du règne animal, se réunirent instinctivement en petits groupes, essayant de faire un peu de force collective en réunissant en faisceau plusieurs faiblesses individuelles. A ce moment l'idéal humain était fort peu élevé : manger et ne pas être mangé; faire l'amour à la manière des bêtes, dans les fourrés, comme le font encore les Néo-Guinéens, les Néo-Calédoniens, les Andamanites : voilà, à ce stade primitif du développement social, l'unique objet de la vie humaine. Pendant cette phase, si inférieure, l'homme erre dans les forêts, nu, presque sans armes, dévorant tout ce qui est à peu près comestible, même au besoin ses femelles et ses petits. De petites hordes, sans famille, sans moralité, sans lois, presque sans industrie : telles sont alors les unités ethniques. Chaque petit groupe vit pêle-mêle, en promiscuité, soumis au mâle le plus robuste, tout à fait à la manière des chimpanzés. Pour désigner ces petites agglomérations, le mot *société* est trop relevé et c'est au vocabulaire zoologique qu'il faut emprunter un qualificatif convenable : l'homme vit alors en troupeau, à l'état *grégaire*.

» Toutes les races humaines ont débuté par ce stade *grégaire;* certains groupes ne l'ont pas encore dépassé. »

La concurrence vitale acharnée et sans trêve fit une nécessité de l'aide et de l'association contre le péril. L'association, en s'améliorant ébaucha la famille, fit éclore quelques conceptions industrielles, développa l'instinct social ; plusieurs hordes se fondirent, le stade de la tribu commença. Cette dernière forme exigeait une organisation sociale plus complexe, la subordination aux plus forts et aux plus habiles dans les expéditions cynégétiques ou guerrières, par là la tendance à plier devant un maître s'implanta dans le cerveau humain, et il y eut ébauche d'une aristocratie rudimentaire.

En même temps cette élite de la tribu eut quelques soucis de sa généalogie, la famille avec le droit de transmission par héritage se constitua; il y eut dès lors des propriétés. Les vaincus eux-mêmes qu'on trouvait plus avantageux de condamner au travail que de tuer devinrent des propriétés : de là l'esclavage.

« Dès lors l'organisme social se compliqua beaucoup; il

y eut des chefs, des aristocrates, des esclaves; force fut de dresser une sorte de code des droits et des devoirs de chacun, code qui passait traditionnellement d'une génération à l'autre. Simultanément les mêmes raisons d'utilité sociale qui avaient plus ou moins civilisé lés hordes, puis les avaient groupées en tribus, déterminèrent des agrégations plus complexes encore. Spontanément ou non, les tribus se juxtaposèrent, se groupèrent en associations plus vastes; les villages devinrent des cités; en s'agglomérant, les tribus formèrent des Etats monarchiques ou oligarchiques, mais reposant tous sur la servitude. A ce moment de l'évolution sociale une nouvelle classe ou caste s'est constituée. La torpeur intellectuelle des premiers âges s'étant dissipée et l'ignorance étant extrême encore, les spéculations métaphysiques ou religieuses jouent alors un rôle important dans le bagage mental des peuples. L'humble sorcier de la tribu primitive revêt un caractère sacré; il s'élève à la dignité de prêtre. Souvent aussi les chefs cumulent le pouvoir politique et le pouvoir sacerdotal : ils commandent aux hommes et commercent avec les dieux. Tôt ou tard cependant les fonctions se spécialisent davantage; le sacerdoce a une existence à part; mais, même alors, prêtres et chefs s'entendent presque toujours à merveille et le gouvernement quand il n'est pas franchement théocratique, est à tout le moins imprégné de théocratie.

» Dans les sociétés ainsi constituées, que leur gouvernement soit oligarchique ou monarchique, il y a toujours des classes nettement délimitées, ayant des droits et des devoirs inégaux; il y a des aristocrates, des prêtres, des travailleurs, des esclaves.

« C'est le stade des castes et toujours, soit par suite d'une évolution naturelle, soit violemment, il aboutit à la monarchie absolue, à une centralisation du despotisme : résultat fort naturel, puisque la servitude est la raison d'être des sociétés fondées sur le régime des castes. Les classes privilégiées finissent par subir plus ou moins le joug qu'elles trouvaient légitime d'imposer aux classes subalternisées et contre lequel la conscience même de l'esclave ne protestait pas [1]. »

« La féodalité, qui a existé à l'état d'ébauche en Polynésie, à l'état de plein épanouissement dans l'Europe du moyen âge, et que l'on retrouve encore au Japon, n'est qu'une forme particulière du régime des castes. Dans les pays féodaux, le groupe ethnique comprend toujours des esclaves et des nobles par droit de naissance; il y a seulement toute une hiérarchie de petits despotes, se superposant les uns aux autres et dominés en fin de compte par le plus puissant d'entre eux. »

Sous un tel régime, la masse est assujettie à une perpétuelle tutelle. Les classes dirigeantes ont tout réglé, tout prévu. Chacun doit rester toute sa vie exactement à la place que lui a assignée dans le casier social le hasard de la naissance; autant que possible il doit embrasser la profession paternelle. On lui dicte ce qu'il doit faire, dire, croire. Tant que l'esprit humain est mineur, toutes ces entraves sont

1. Le droit de la force étant universellement admis et tous les malheurs de la défaite étant mis sur le compte de l'implacable destinée; *Moïra* chez les Grecs, *Fatum* chez les Latins. Mais la conscience des esclaves protestait bien quelquefois comme le prouvent leurs inombrables révoltes.

supportées difficilement. Peu à peu, chez les races bien douées, la raison s'émancipe; on ose se demander si toute cette oppression est légitime, si les gens les mieux nés et les plus privilégiés sont vraiment d'une essence supérieure. Les sciences et la philosophie qui en dérive sèment dans les cerveaux les mieux doués des germes révolutionnaires; les mythes religieux, qui si longtemps avaient étayé les abus politiques, sont sapés à la base; les opprimés osent aspirer à l'affranchissement; les oppresseurs eux-mêmes en arrivent à douter de la légitimité de leurs droits. Dès lors une transformation sociale est nécessaire, et, de manière ou d'autre, elle s'effectue. La Renaissance, la Réforme, la fondation des Etats-Unis d'Amérique, enfin le coup de tonnerre de la Révolution française ont été, dans la race dite indo-européenne, les principales étapes de cette métamorphose, qui est loin d'être achevée [1].

« Certes, pour qui n'a pas le don de prophétie il est bien chanceux de prédire l'avenir. Cependant, quand on a suivi l'évolution des sociétés depuis leur berceau jusqu'à nos jours, on peut, sans trop de témérité et en se tenant dans les généralités, hasarder quelques inductions sur les futures destinées de l'humanité. Sans doute les petits se sont bien redressés, dans les sociétés indo-européennes, depuis les âges serviles; mais ils ne sont pas encore debout. La montagne d'oppression qui pesait sur les épaules des humbles est for-

1. Elle ne le sera probablement jamais; mais les temps sont mûrs pour que les portes d'airain du temple des destinées humaines s'ouvrent à la nouvelle civilisation apportée par les revendications socialistes de tous ceux qui souffrent d'autrui, de tous ceux qui veulent la justice.

tement écrêtée, mais elle sera promptement nivelée. Bien des privilèges sont effacés, il en reste pourtant à abolir. La liberté a déjà agrandi le cerveau de l'esclave d'autrefois, il faut que l'instruction l'élargisse encore; des abîmes de souffrance, de misère, de vice restent toujours à combler. En résumé, il faut que l'on arrive à égaliser autant que possible les chances des combattants qui entrent dans l'arène de la vie.

« Si, comme dans les contes de fées, quelque magicien pouvait évoquer devant nous le tableau d'un l'avenir, peut-être pas trop lointain, nous verrions les races humaines supérieures constituées en fédérations républicaines ayant profondément modifié leur organisation sociale. Les unités ethniques confédérées sont alors de petits groupes, s'administrant eux-mêmes pour tout ce qui n'a pas trait manifestement aux intérêts généraux de la république. Dans chacun de ces groupes, l'activité sociale est tout entière absorbée par des occupations utiles. On y surveille avec le plus grand soin l'éducation physique, morale et intellectuelle des jeunes générations; on s'efforce d'amoindrir par un entraînement convenable les inégalités organiques, les seules qui subsistent encore dans cet heureux temps, où l'accumulation des forces naturelles, des productions matérielles et des acquisitions intellectuelles sera collectivement mise en œuvre pour le développement et le bien-être de tous les êtres humains. »

On le voit, nous sommes en pleine évolution sociale et, qui plus est, dans un moment de crise précurseur d'une transformation sociale inévitable.

Vouloir, dans ces conditions, arrêter la civilisation dans

sa marche, c'est peser sur le piston pour faire éclater la chaudière; nier l'incompressibilité de l'évolution économique comme le font les théologiens de l'économisme bourgeois, c'est nier l'existence même de la vie.

§ II. Terminologie économique.

Ceci dit, il nous reste à passer à l'étude des phénomènes sociaux; mais auparavant pour bien comprendre ce qui suivra, il importe de se familiariser avec la terminologie économiste. Nous allons en donner une idée générale en peu de pages.

D'après l'ensemble des économistes l'homme est un être à la fois *actif* et *passif;* en tant que passif, il a des *besoins;* en tant qu'actif, des *facultés* de production.

Tout ce qui sert à satisfaire les besoins de l'homme est compris sous le nom de *richesses.*

Les *richesses* sont de deux sortes :

1° Les richesses données par la nature, comme : la terre, l'eau, l'air, la lumière, etc., dites aussi *richesses gratuites* [1].

2° Les *richesses* qui sont le fruit du travail, dites aussi *richesses onéreuses.*

La partie appropriable de la *richesse* porte encore le nom de *capital.*

Les *capitaux* se divisent en :

1° *Capitaux fixes*, quand ils servent à la reproduction

1. D'où il suit que ces *richesses*, données par la nature et devant être gratuites ne devraient pas être monopolisées par quelques-uns, comme c'est le cas pour le sol et le sous-sol.

pendant un long espace de temps : une terre, une maison, une fabrique, une machine, des outils, les moyens de communications, les ponts, les ports, les digues, les améliorations faites au sol, le sol lui-même, les qualités et facultés acquises, etc.

2° *Capitaux circulants* : ceux dont on doit se défaire et qu'on doit consommer pour produire, matière qu'on transforme, semences, numéraire, etc.

3° *Capitaux de provision*, ou de consommation : les denrées alimentaires, les habillements, les meubles, etc.

On dit encore des *capitaux* qu'ils sont *productifs*, quand ils sont employés à la production : terre que l'on cultive, fabrique qu'on exploite, laine qu'on tisse ou fait tisser, etc. Ils sont *improductifs* dans le cas contraire : argent enfoui, maison inhabitée, terres en friche, fabrique fermée, etc.

Les *capitaux* ne peuvent fructifier que par le travail.

Pour mieux spécifier, les agents de la production sont :

1° *La terre*, en comprenant sous cette dénomination non seulement le sol, mais encore les *agents naturels* de la production.

2° Le capital, ou travail, accumulé sous la forme d'instruments, de machines, d'ateliers, de vaisseaux, de matière première, et en général de tout produit épargné, pouvant servir à une reproduction.

3° Le travail, c'est-à-dire tout exercice mental, ou physique, appliqué à la production.

Quelques économistes et notamment J.-S. Mill, Courcelle-Seneuil, de Laveleye, etc., ne donnent le nom de capital qu'à la partie du travail accumulé employé à la reproduction. On a ainsi cette subdivision.

Capitaux : Partie du travail accumulé employé à la reproduction.

Richesses. Partie du travail accumulé consacré à la consommation et à la jouissance.

Cette délimitation toutefois n'a rien d'absolu, car on pourrait dire en thèse générale que tout objet consacré à l'entretien du travailleur est par cela même employé à la reproduction. Il ne peut donc s'agir ici que d'une délimitation tendancielle.

Mais il sera plus intéressant d'examiner comment se forment et s'accumulent les capitaux. Ce sera l'objet du chapitre VIII.

CHAPITRE VIII.

GENÈSE DU CAPITAL.

§ I D'où vient le capital.

Les économistes disent : *Le capital est du travail accumulé.* C'est exact.

Ils ajoutent : Les capitaux fils du travail, s'accumulent par l'épargne. Voilà le sophisme.

Il est bien évident que dire travail accumulé, c'est dire produit du travail épargné. Mais qui épargne?

Ici, l'ironie économiste est atroce.

Les tenants du conservatisme font semblant de croire que l'homme est un être de raison producteur, consommateur, épargneur; ils font, par suite, abstraction de la division du monde de la production en deux camps bien tranchés : ceux qui font travailler et ceux qui travaillent : les capitalistes et les salariés.

Dites-leur qu'en trente ans, d'après les calculs les plus modérés, la France a économisé plus de 70 milliards; ils vous répondront que c'est là une preuve de la prospérité publique et que les ouvriers sont bien ingrats de se plaindre [1].

1. Dans le *journal de la société de statistique* (Juin et août 1882) M. Léon Vacher a tâché d'évaluer la fortune mobilière de la France en capitalisant le montant de l'impôt de 3°/₀ sur les revenus des 132 valeurs mobilières déclarées alors.

Le total de cet impôt s'élevait en 1878 à 34, 275, 828 f. ce qui multiplié par $\frac{100}{3}$ = 1,112,520,000 f. de revenus, correspondant à un capital de 26 milliards.

Cet impôt s'est successivement élevé, en 1879, à 36, 447, 357 ; en 1880 à 39 101, 092 ; en 1881, à 44, 445, 000. En faisant, pour ce dernier chiffre, le calcul déjà fait sur celui de 1878 où constate une augmentation du total des valeurs mobilières de 17 milliards en huit ans. Sans doute cette augmentation est plus apparente que réelle ; mais autant qu'on puisse la réduire elle n'en reste pas moins considérable et cela nous prouve qu'en parlant pour la France d'un accroissement annuel de capital de 2 milliards et demi nous sommes au-dessous de la vérité, puisque le seul accroissement des valeurs mobilières dépasse ce chiffre. Il est vrai que des *krachs* surviennent, mais en attendant les loups-cerviers de la bourse palpent aux dépens des travailleurs des des dividendes qui, pour être passagers, ne sont pas fictifs.

Ajoutons ici à titre de renseignements que, d'après M. L. Vacher toujours, la fortune mobilière de la France se décomposait ainsi en 1881 :

Valeurs soumises au 3₀/°	26 milliards
Fonds d'Etat français	16 »
Fonds d'Etat étrangers.	8 »
Numéraire..	8 »
. . . .	58 milliards

Le même savant statisticien évaluait en 1877 la fortune immobilière de la France à 179 milliards. Soit pour la fortune totale de la France 237 milliards

Le *Banker's Magazine* a publié l'année dernière et le *Bulletin de statistique* a reproduit une évaluation des valeurs mobilières

Et n'allez pas ajouter que les prolétaires se plaignent justement de ce que eux les producteurs travaillent pour que d'autres épargnent ce qu'ils n'ont pas produit, et que ces producteurs sont frustrés de toute la plus-value de leur travail et misérables en raison même de la quantité d'utilités et de valeurs dont leurs bras infatigables dotent la société, les Pangloss bourgeois seraient capables de vous répondre : qu'ils épargnent vos prolétaires ! Comme Marie-Antoinette disait du peuple décimé par la famine : S'ils n'ont pas de pain, qu'ils mangent de la brioche.

Que si maintenant vous faites intervenir la loi des salaires établie par Turgot, Say, Ricardo, Lassalle et en vertu de laquelle, en régime capitaliste, le salaire ne peut guère dépasser le strict nécessaire du travailleur et est souvent au-dessous pour conclure à l'impossibilité où est le prolétaire dans son ensemble d'épargner, par conséquent de capitaliser ; ils vous qualifieront de perturbateur.

C'est qu'en effet dans la société actuelle le capital, pour les neuf dixièmes de son effectif, n'est que du travail non payé.

« Celui qui est destiné à devenir capitaliste se présente sur le marché des marchandises muni d'argent. Il achète d'abord des machines, des outils, des matières premières, puis, pour les mettre en œuvre, la force de travail de l'ouvrier, l'*Arbeitskraft*, l'unique source de toute valeur. Il met l'ouvrier à la besogne, lui fait transformer, au moyen des outils

possédées par le peuple anglais, qui en faisait ressortir le total à 87 milliards, dont 20 milliards de fonds d'État anglais, 4 milliards 1/2 de fonds d'État et chemins de fer indiens, 3 milliards 1/2 d'emprunts métropolitains, obligations coloniales, etc... 18 milliards de chemins de fer anglais, etc.

et des machines, les matières premières en produits fabriqués, qu'il vend plus cher qu'elles ne lui ont coûté à fabriquer. Il obtient ainsi une valeur plus grande, une plus-value (Mehrwerth). L'argent, momentanément transformé en salaires et en marchandises, reparait sous sa forme primitive mais plus ou moins accru, il a fait des petits : le capital est né. (MAX, *le Capital.*)

Admettons, diront les économistes, que la capitalisation actuelle ait pour origine l'exploitation du travail d'autrui, il n'en est pas moins vrai que les premiers capitaux sont le fruit de l'épargne personnelle.

Encore moins.

Les travailleurs furent d'abord esclaves puis serfs, dans les deux cas le produit de leur travail fut pris par leurs maitres. Si quelque homme libre épargne sur ses sueurs, les brigandages militaires, les rapacités fiscales des gouvernements passés aggravés de l'inégalité monstrueuse des citoyens devant l'impôt, les avidités féodales et cléricales lui ravirent sans peine les neuf dixièmes du produit de son travail. D'ailleurs qui ne sait que le travail personnel, quand il n'est pas doublé de quelques monopoles plus ou moins iniques, ne conduit jamais à la richesse ?

En résumé, dans le passé, les capitaux sont le plus souvent le fruit de la violence, de la fraude et du meurtre ; dans le présent ils sont le fruit de l'exploitation de l'homme par l'homme.

Prenons pour le présent quelques exemples bien caractéristiques :

« En 1862, la *Société industrielle de Mulhouse* adoptait un rapport fort bien fait, de M. Ch. Th. Mieg, de la maison de filature et de tissage Dolfus, Mieg et Ce, *sur les forces morales et matérielles de l'industrie du Haut-Rhin*, de 1851 à 1861. Il va nous fournir nos preuves.

« *Filature.* — Les dix années qui viennent de s'écouler ont été signalées par une prospérité exceptionnelle pour la filature de coton. La filature de laine peignée... est une des plus belles conquêtes de l'industrie alsacienne... Nous pouvons admettre que la production annuelle de la filature du Haut-Rhin atteint environ 60 millions. La production était de 16 millons en 1828 et de 34 millions en 1846. Elle a donc *quadruplé* depuis 1828. Le nombre des ouvriers au contraire qui était de 10,000 en 1828, c'est-à-dire près de 22 ouvriers par mille broches, est resté *stationnaire depuis dix ans*. Il flotte entre 14,000 et 15,000 ouvriers; car au lieu de 18 à 20 ouvriers qu'on employait par mille broches en 1851, on n'en compte plus aujourd'hui que 10 à 12. »

Résumons :

En 1828, 10,000 fileurs produisaient 16 millions de francs ;

En 1861, 15,000 fileurs produisaient 60 millions de francs.

Donc, de 1828 à 1861, la population augmentait de 58 p. 100, et la production de 400 p. 100.

« *Tissage.* — Si nous admettons qu'un métier mécanique produit par jour une valeur de 7 à 9 fr. de tissus, nous pourrons estimer que la production annuelle est aujourd'hui d'environ 70 millions. En 1828, elle était de 20 millions; en 1851, de 40 millions. Le nombre des ouvriers occupés en cette industrie était de 30,000 1828 ; de 19,000 en en 1851 ; depuis il s'est relevé et est environ de 22,000. »

Résumons :

En 1828 — 30,000 tisserands produisaient 20 millions.

En 1861 — 22,000 tisserands produisaient 70 millions.

Donc de 1828 à 1861 la population décroissait de 29 0/0, et la production augmentait du 350 0/0.

Additionnons les chiffres de la filature et du tissage :

en 1828

10.000 fileurs produisaient.............	16,000,000 fr.
30,000 tisserands -	20,000,000 »
Total :	
40,000 ouvriers........................	36,000,000 fr.

en 1861

15.000 fileurs produisaient..............	60,000.000 fr.
22,000 tisserands —	70,000,000 »
Total:	
37,000 ouvriers.........................	133,000,000 fr.

Ainsi donc de 1828 à 1861 la population des ateliers de filature et de tissage décroissait de 7,5 0/0 et la production augmentait de de 361 0/0.

Qu'étaient devenus les salaires pendant ces temps de prospérité? — L'économiste Louis Reybaud va nous le dire. Dans son livre sur le *Coton, son régime, ses problèmes*, qui semble écrit pour louanger les *manufacturiers alsaciens*, on lit : « Les salaires de Mulhouse et de ses environs étaient à l'origine très peu élevés, condition nécessaire pour qu'une industrie pût s'établir à une si grande distance de ces débouchés et de ses lieux d'approvisionnement... La hausse qui a eu lieu pendant ces dernières années, moins générale qu'on ne le croit et qui peut être évaluée à 15 ou 20 0/0 est, à peine l'équivalente du renchérissement des denrées et de la dépréciation de l'argent. »

Dans l'appendice de son livre, il donne l'analyse du budget

des recettes et des dépenses de trois familles ouvrières, prises à Mulhouse et dans les villages environnants, et constate que tous les trois se chiffrent par des déficits mensuels de 6 fr. 30 c., 10 fr. 50 c., et 17, 35 c. et ne s'équilibrent que par la charité publique, le travail de nuit, et le jardinage. (V. l'*Émancipation*, 1880.)

Ainsi, d'un côté capitalisation colossale par ceux qui commandent et exploitent le travail ; de l'autre éviction et misère correspondante des producteurs directs :

Le capital est le fruit de l'épargne... des produits du travail d'autrui.

Un statisticien officiel américain montre, de son côté, le mal et indique le remède.

« L'Ohio, sera, dans un avenir prochain, le grand Etat manufacturier des Etats-Unis. Sa position, ses moyens de transport, lacs, rivières, canaux, chemins de fer ; ses mines de charbon et de fer d'un accès facile, son climat, tout ce qui tend à la multiplication des fabriques existe dans l'Ohio... Comme Etat manufacturier, l'Ohio ne date que de quelques années et déjà il a devancé tous ses compétiteurs, trois Etats exceptés...

» La décade de 1863-73 fut dans les Etats-Unis d'une prospérité ininterrompue... Dans l'Ohio, tandis que la population de 1860 à 1870 augmentait de 14 0/0 ou de 2,339,511 en 1861 à 2,665,260 en 1870, la valeur de la propriété immobilière et mobilière augmentait de 87 0/0 ou de 5 millards 500 millions de francs à 13 milliards. La fortune était par habitant, en 1860, de 2,500 fr. et, en 1870, de 4,190 fr.

» L'augmentation du nombre des fabriques a été de 100 0/0 ; de 11,123 en 1860 à 22,773 en 1870. — L'augmentation du personnel des fabriques de plus de 71 0/0 ; de 75,602 ouvriers à 129, 577. — L'augmentation de la valeur des produits a été de plus de 100 0/0, de 605 millions à 1,345 millions de francs.

Et cependant, malgré « cet énorme accroissement de la richesse et de ses moyens de production, accompagné d'un accroissement relativement minime de la population... la réduction des salaires, depuis 1872, comparée à la cherté des vivres a été excessive... le revenu des producteurs a subi, depuis 1872, une réduction moyenne de 50 0/0.

» Le fait que la fortune publique s'est accrue six fois plus rapidement que la population et que les ouvriers ont continué à être absolument dépendants sur leur travail quotidien pour leur pain quotidien est la preuve que les salaires ne sont pas dans une juste proportion avec la production.

» ... Le système par lequel le travail reçoit sa récompense — le système des salaires — est la cause principale de la pauvreté du travail. Un système dans lequel les produits, et non les salaires, seront la récompense du travail, doit être la première réforme pour relever le travail de sa position dépendante.

» Pour remédier à ces maux... *les ouvriers doivent devenir les propriétaires et les contrôleurs des forces productives artificielles du pays.* » (J. H. Wall: *Rapport annuel* fait au bureau de la statistique du travail de l'Etat d'Ohio (1877.)

Les socialistes ne concluent pas autrement, sauf qu'ils spécifient que la possession de la matière et des instruments de travail devra avoir un caractère social.

Autres faits :

Les mines d'Anzin rapportaient en 1851 à leurs actionnaires

deux millions de francs ; en 1873 le dividende s'élevait à près de 12 millons, et quand les ouvriers demandèrent une légère augmentation, le sanglant Thiers, principal actionnaire, envoya des troupes pour obliger les malheureux serfs du travail à rentrer dans les mines, sous peine de massacre.

Pascal Duprat a pu établir à la tribune que les titres des houillères de Vicoigne-Nœuds avaient été majorés de 1000 francs à 19,000, ceux de Dourges de 1000 à 7000 f. ; ceux de Marles de 500 à 17,000 ; ceux de Courrières de 300 f. à 27,000 francs.

Pour les houillères de Saône-et-Loire, de la Loire, du Gard on n'aurait pas des chiffres moins instructifs ; mais il faudrait deux milles pages pour dénombrer les accroissements vertigineux de la prélibation capitaliste.

Alfred Naquet a démontré, chiffre en mains [1] qu'en 1862 sur une production industrielle totale de 12 milliards, 2 millions d'ouvriers recevaient en moyenne chacun 900 fr. par an, tandis que 15,000 capitalistes prélevaient en moyenne pour chacun 18,400 f. par an.

Encore quelques chiffres pour établir que c'est bien aux oisifs que va la plus grande part de l'épargne nationale faite des sueurs et des privations des salariés.

En France le revenu foncier rural ou ensemble des fermages a suivi la progression suivante :

En 1790	1.200.000.000
1815	1,500.000.000
1874	2.750,000.000

Soit une somme égale au 27 o/o environ de la production

1. V. la *Révolution* de 1876. Voir aussi le premier volume du *Nouveau parti* (1881) par B. Malon. — En vente chez Derveaux, éditeur. Deux volumes, prix : 3 francs.

agricole. N'oublions pas que la rente foncière, battue en brèche par la grande culture américaine et anglaise est celle qui progresse le moins. Elle ne va pas tarder même à entrer dans une phase décroissante, comme en sont une preuve les 20 milliards de dettes hypothécaires qui grèvent le propriétariat français.

Il y aura baisse de rente : mais la plus grande partie de la différence ira aux usuriers (autre parasitisme capitaliste) qui déjà en 1840 prélevaient, d'après Michel Chevalier et Toussenel, plus de deux milliards par an sur le total des transactions sociales [1].

En Angleterre, la rente de la terre était évaluée en 1800 à 500 millions de francs (20 millions de livres sterling), en 1804 à 700 millions (28 millions de livres sterling), en 1838 à 750 millions, en 1857 à 1200; en 1875 elle était soumise à l'impôt sur le revenu pour 1,250 millions; et comme en général le revenu imposable, déclaré ou taxé, est toujours moindre que le revenu réel, on peut fixer à 1,500 millions probablement le revenu foncier rural, la rente de la terre en Angleterre en 1875: elle aurait donc triplé depuis 1800, doublé depuis 1838, ce qui met précisément à 37 ou 38 ans la période de doublement de la rente.

Bubler Baxter, cité par Duhring (*Cursus der national und sozialökonomie*) et par Schramm (*Grudzuge der National-*

1. Disons ici que la fameuse universalisation de la propriété foncière en France est plus dans les paroles que dans les faits. Sur 50 millions d'hectares, 44 millions n'appartiennent pas aux cultivateurs, 4 millions seulement appartiennent aux petits cultivateurs. La multiplicité des cotes vient surtout de la propriété bâtie. (Voir Toubeau : *L'impôt métrique*.)

Öconomie) établit que sur 20 milliards produits par l'Angleterre travailleuse l'ensemble des salariés, 23 millions d'hommes, en reçoit 7 milliards et demi ; les improductifs de tous genres, soit 7 millions d'hommes, dévorent 12 milliards et demi.

En Belgique, d'après le « Rapport présenté au nom des sociétés agricoles de Belgique et sous les auspices du gouvernement » par M. Emile de Laveleye sur « l'*agriculture belge* en 1878, dans la période qui s'écoule de 1830 à 1866, la prix moyen du fermage par hectare aurait passé de 57 francs 25 à 108 francs, *soit* 88 *pour* 100 d'*augmentation*.

Insistons sur ce point que les profits industriels et financiers sont autrement scandaleux que la rente foncière. Proudhon fixait à plus de 60 0/0 la prélibation capitaliste sur les produits du travail. Les bénéfices commerciaux — y compris les tricheries sur la quantité et sur la qualité — frappent encore les produits déjà dîmés par le capitaliste d'une plus value de 50 0/0.

Tout cela au détriment du producteur direct qui reçoit *dix* pour un travail à lui revendu *cent*, après les prélibations, propriétaire, patronale et commerciale. Comme un lépreux par la lèpre, le corps social est dévoré par un parasitisme croissant qui tuera l'organisme, si on le laisse faire.

Et que dire maintenant des opérations de Bourse ?

C'est sur des centaines de milliards qu'opèrent à Londres, à Paris, à Berlin, à Vienne les loups-cerviers de toute provenance. Le même individu gagne ou perd des millions en un jour et des krachs périodiques engloutissent par centaines de millions et même par milliards l'épargne des gogos qui l'ont bien mérité. « Le prêt sur report, dit Proudhon, donne jusqu'à 250 0/0 d'intérêt le privilège des agents de change produit à la corporation en une seule année 80 millions. Le boutiquier et le prolétaire voient en un jour leur loyer augmenté de moitié, des trois quarts sans autre cause que le bon plaisir du propriétaire... Ah! sachez-le une fois les faits et gestes de la Bourse ont fait table rase de l'honnêteté commerciale, l'exagération arbitraire, montante des loyers, la mobilité des tarifs, les fusions de compagnies... ont poussé le mal au comble. »

Depuis Proudhon, depuis 1857, les flibusteries financières ont vu décupler la surface de leur champ d'action. Chaque année voit naître pour des milliards de valeurs nouvelles servant à harponner les derniers francs des Prudhommes aussi imbéciles que rapaces.

En 1871, on jeta sur le marché européo-américain pour 15 milliards et demi de valeurs nouvelles, en 1872, pour 12 milliards sept cents millions, en 1873, pour 14 milliards.

La France était raisonnable en ce temps-là et dans la farandole aux créations plus ou moins véreuses elle n'était qu'au septième rang. Elle a progressé depuis.

En 1880 la côte officielle de la Bourse française s'est enrichie de 80 valeurs nouvelles dont le montant nominal était de 5,265 millions.

Du 31 décembre 1879 au 31 décembre 1880, la hausse a été générale sur toutes les valeurs. La plus-value a été en moyenne de 20 0/0.

En 1881, 125 valeurs nouvelles représentant une valeur de plus de dix milliards pour la seule Bourse de Paris, sans compter la bourse de Lyon si audacieuse en ce genre. [1]

1. Les sociétés par actions transmissibles furent inaugurées

Comment voulez-vous après cela que les désastres financiers, générateurs de crises, par conséquent de chômages et d'atroce misère pour la classe ouvrière ne viennent pas ! périodiquement troubler et désoler notre monde économique.

Quant à l'étendue du parasitisme financier, l'énumération suivante en donnera une idée.

Nous payons des intérêts ou des bénéfices pour le capital

1°) Des dettes hypothécaires s'élevant à . .	20	milliards.
2°) Des actions et obligations des chemins de fer s'élevant à	12	—
3°) De la dette publique, nationale, communale, départementale, s'élevant à	35	—
4°) Pour les Banques, les charbonnages, les grandes entreprises sidérurgiques, les sociétés quelconques, cotés à la Bourse française, outre les précitées, s'élèvent au bas mot à	30	—
Soit pour un total approximatif de.	97	milliards,

en 1555 sous Paul IV pour l'exploitation des fermes des Etats du pape.

En 1602, l'institution fut perfectionnée par la constitution en Hollande de la Compagnie des Indes orientales.

On se souvient des expérience de Law, et de la constitution de la fameuse compagnie anglaise des Indes.

De 1826 à 1838 il se forma en France 1007 sociétés en commandite, pour environ 1 milliard. « Presque toutes ces sociétés étaient, dit Delangle, des œuvres d'escroquerie. »

Qu'aurait-il dit de l'état actuel le jurisconsulte bonapartiste ?

En 1825, par exemple, ce fut la spéculation malhonnête des loups-cerviers de l'époque qui détermina en Angleterre cette terrible crise des cotons dont moururent par la faim cent mille prolétaires.

plus de 4 milliards par an à des oisifs ou palpeurs de bénéfices, en plus de l'exploitation patronale et de la prélibation commerciale !! Sans préjudice encore naturellement du montant de notre budget de plus de 3 milliards, perçus en raison progressive de la misère des contribuables et distribué en raison progressive de la richesse des bénéficiaires.

Cela pour la France ; chez la plupart des autres nations c'est pire.

Etonnons-nous, après cela, des fortunes scandaleuses que nous voyons se faire, de la misère publique et de l'exploitation des travailleurs que nous voyons s'intensifier et s'étendre.

Sur ce sujet quelques chiffres seront intéressants.

Il y a six ans, on estimait le revenu des mines d'argent du sénateur Jones (Californie) à 5,000,000 de dollars = 25,000,000 de francs, ce qui, à raison de 5 0/0, équivaudrait à un capital de 100,000,000 de dollars = 500,000,000 de francs. Voilà déjà une somme qui est certainement très rarement *économisée* pendant la vie d'un seul homme ; — mais elle a eté quand même dépassée de beaucoup.

Les mines d'argent de J.-W. Mackay lui rapportent, par exemple, annuellement, une somme de 2,750,000 de livres sterling, soit 68,000,000 de francs, représentant ainsi un capital de 55,000,000 de livres = 1,400,000,000 de francs.

En calculant les revenus de ces messieurs par mois, jour, heure et minute, nous trouvons les résultats approximatifs suivants pour l'année 1876 :

MM.	Westminster.	Jones.	Rothschild.	Mackey.
Capital	400.000.000	500.000.000	1.000.000.000	1.875.000.000
Par an	20.000.000	25.000.000	50.000.000	66,000.000
Par mois	1.730.000	2.100.000	4.400.000	5.600.000
Par jour	54.000	69.000	160.000	187.000
Par heure	2.250	3.900	9.000	10.500
Par minute	37	50	100	125

Pour ajouter un potentat à cette liste, nous voyons l'empereur de Russie, avec son revenu de 125.000 fr. par jour, figurer entre le sénateur Jones et le baron Rothschild : mais M. J.-W. Mackay resterait toujours le plus riche des riches sur notre globe.

Nous voyons par ce tableau deux sortes bien distinctes de riches. Tandis que les fortunes de Rothschild et Westminster sont le produit de nombreuses générations, nous les voyons surpassées par Mackay, dont le revenu est de 2 fr. 10 par seconde. C'est d'autant plus étonnant que M. Mackay traversait encore, il y a vingt-cinq ans, les Etats-Unis comme pauvre commis-voyageur, et il y a vingt ans, il était ruiné complètement. Mais n'importe, M. Mackay, qui a à peine cinquante ans, est propriétaire des trois huitièmes de la Grande-Bouanza, les mines d'argent les plus riches qui aient jamais été exploitées ; il sait donc sans doute pourquoi il *travaille !*

A l'Amérique du Nord la palme du reste pour les enrichissements rapides.

Avant la guerre peu de fortunes dépassaient 20 millions ; depuis, en l'espace de quelques années, la situation est devenue telle que *New York star* a publié l'intéressante note que voici en complément des chiffres ci-dessus :

La fortune de M. Vanderbilt est évaluée à un milliard et demi. Elle offre un cas sans précédent, car bien qu'amassée pendant deux générations, la plus grande partie a été acquise dans une période de trente ans à peine. Après M. Vanderbilt viennent : M. Jay Gould avec 500 millions de francs, — Crocker, 250 millions, — Rochefeller, 200 millions, — Huntington, 100 millions, — Mills, 100 millions,

— le sénateur Fair, 150 millions, — Stanford, 160 millions, — Russel Sage, 75 millions, — Keene, 75 million , — Tilden, 75 millions, — Morgan, 50 millions, — Sloan, 50 millions, — Commodore Garrison, 50 millions, — Cyrus Field, 50 millions, — Hugh Jewelt, 25 millions, — Sydney Dillon, 25 millions, — — David Dows, 25 millions, — J. de Navarro, 25 millions, — John Garret, 25 millions, — W. Astor, 25 millions.

Tous ces millions sont-ils du travail personnel épargné?

Poussés dans leurs retranchements, et tout en accordant qu'il y a des monstruosités sur lesquelles il faut bien passer condamnation, les économistes bourgeois vous diront qu'en général les bénéfices sont grands en effet, mais qu'il y a aussi de grands risques de capitaux.

A cela nous répondrons que si le fabricant risque des capitaux, le travailleur risque lui sa santé et sa vie, presque tous les métiers étant plus ou moins antihygiéniques et beaucoup étant fort dangereux.

Quant à l'objection mensongère que le capitaliste se fait payer, en somme, de son intelligence entreprenante et de sa direction, il nous sera facile de répliquer que si au temps de l'artisanat et de la petite industrie le patron participait grandement à la production, il n'en est plus de même maintenant.

Non seulement il ne travaille plus, mais il ne participe plus à la direction ; ses contre-maîtres, ses directeurs, ses ingénieurs, ses représentants de commerce le délivrent de tous soucis.

Il n'a qu'à toucher ses hauts profits et à les engloutir dans un luxe royal.

Parasites comme les seigneurs du moyen âge, il ne vole pas les passants sur les routes ; mais il fait travailler pour son profit exclusif des centaines et des milliers d'hommes.

Tel est le capitaliste moderne que les plumitifs de la classe bourgeoise ont voulu transformer en épargneur méritant.

Pour plus de clarté, terminons pour une démonstration logique à peu près inconnue en France.

§ 2. L'apologue de Rodbertus.

Lorsqu'en 1848, le sophiste *Bastiat* inventa, à l'usage des conservateurs, ses apologues absurdes dans lesquels *Rapax* faisait à lui seul, à l'origine de la civilisation, un rabot dans toutes ses parties, pour le prêter ensuite, à légitimes intérêts, à *Guillaume* : — service pour service — les capitalistes ne se sentirent pas d'aise.

Ils étaient donc justifiés! et, au lieu d'être des spoliateurs, ils devenaient des bienfaiteurs de l'humanité.

Proudhon essaya de répliquer ; mais étant lui-même partisan du droit romain familial et propriétaire, il se fit battre, d'où nouveau gaudissement dans le camp réactionnaire.

Rodbertus le profond économiste allemand, fut froissé dans sa loyauté d'homme de science du triomphe immoral de l'auteur des *Harmonies économiques*. Il opposa aux insipides apologues de Bastiat, un apologue autrement concluant et que nous résumons :

Le rabot n'est pas fait par *Rapax*, mais par Jacques son salarié qui doit lui vendre sa force de travail pour un morceau de pain.

Rapax prête moyennant intérêt ledit rabot à Guillaume qui a fait avec *Jean* le contrat que *Rapax* a fait avec *Jacques*, (*Jean* étant comme *Jacques* obligé de vendre sa force de travail pour ne pas mourir de faim.) *Jean* ne profitera pas plus que *Jacques* de la plus grande productivité de son travail, résultant de l'emploi du rabot, puisqu'il a vendu son activité et n'en recevra qu'un prix équivalant à ce qui lui est strictement nécessaire pour vivre. *Jacques* et *Jean* deviendront de plus en plus habiles. Ils apprendront à construire et à diriger les machines à vapeur ; mais les rapports restant les mêmes, la même faim les obligera toujours à vendre leur force de travail aux mêmes conditions.

Ils auront beau travailler pendant seize heures par jour, centupler leur production : ils ne recevront toujours que leur morceau de pain quotidien et, toujours, les produits centuplés de leur production iront à *Rapax* et à *Guillaume*.

Ecrasés par cet ingrat labeur, *Jacques* et *Jean* finissent par s'étonner de ce que, tandis que leur travail devient toujours plus productif et plus long, ils soient toujours condamnés au même morceau de pain.

Ils ne comprennent pas que ce perpétuel accroissement de richesse, résultant du développement et du perfectionnement de leur production finisse toujours par être partagé entre *Rapax* et *Guillaume*, sous différentes appellations baroques des économistes : *rentes foncières*, *fermages*, *profits*, *intérêts*, *dividendes*, etc...

Ils commencent à se plaindre et demandent qu'on leur explique cela.

Les économistes bourgeois leur répondent que la lutte a lieu entre *Rapax*, le capitaliste-épargneur et *Guillaume*.

l'entrepreneur-travailleur. Et pour démontrer que le prélèvement dont les spoliés se plaignent est juste, ils identifient *Rapax* et *Jacques*, d'une part, et, d'autre part, *Guillaume* et *Jean*.

Jacques et *Jean* commencent à voir que l'on se moque d'eux.

Mais revenons à notre triste histoire.

Comment *Jacques* et *Jean* en ont-ils été réduits à vendre leur force de travail à des conditions si désastreuses?

Ici les mêmes économistes disent : *Rapax* et *Guillaume* avaient produit de leurs propres mains un boisseau de blé dont ils épargnèrent une partie quand ils pouvaient consommer le tout; grâce a cette économie, ils purent donner du travail à *Jacques* et à *Jean*, imprévoyants et paresseux, qui sans cela seraient morts de faim. Il était donc juste, en retour, que ces deux derniers et leurs descendants payassent une rente perpétuelle aux prévoyants capitalistes. Et il n'est pas moins juste que les descendants des antiques contractants traitent mutuellement sur le même pied.

Et n'est-il pas plus avantageux, ajoutent les bons apôtres pour les millions de *Jacques* et de *Jean* du temps présent de manger le pain sec de la civilisation, que de partir de l'état sauvage, de recommencer les lourdes tâches et de supporter les privations des générations primitives?

Les économistes bourgeois nous la baillent belle!

A l'origine, ce n'est pas l'épargne de *Rapax* et la faim de *Jacques* qui ont motivé le contrat du rabot. Il n'y a pas eu de contrat tout d'abord; mais *Rapax* était plus fort que *Jacques* et l'a forcé à travailler pour lui. Il s'est même *approprié Jacques* comme s'il eût été un simple rabot, le rejetant de l'humanité pour le mettre au niveau de ses chevaux et de ses bœufs, et ne lui donnant que juste la pâtée nécessaire pour qu'il eût la force de produire de plus en plus.

Lorsque *Jacques* fut arrivé à fabriquer un outillage perfectionné et qui enrichit considérablement *Rapax*, celui-ci chassa son travailleur-esclave de l'ergastule, le laissa nu et abandonné, lui disant que, désormais, il ne s'occuperait plus de lui donner la pâtée; mais le ferait travailler pour un salaire, en vertu d'un contrat librement consenti.

Tu es libre, ajouta-t-il, mais prends garde! Ces terres que tu as défrichées et cultivées, ces maisons que tu as bâties, ces outils que tu as fabriqués pendant que je te donnais la pâtée, tout cela m'appartient exclusivement et si tu me voles, je te tue.

Jacques, poussé par la faim, et aussi, parce que *Rapax* était devenu encore plus fort qu'auparavant, dut travailler à des conditions plus onéreuses encore. Telle est l'origine du contrat entre *Rapax* et *Jacques*; et ce contrat a eu lieu, d'une part, entre *Rapax* (capitaliste) et *Jacques* (travailleur), d'autre part, entre *Guillaume* (entrepreneur) et *Jean* (un autre travailleur). Ce n'est donc pas, comme le disent mensongèrement les économistes entre *Rapax* (capitaliste-épargneur) et *Guillaume* (entrepreneur-travailleur).

Entre *Rapax* et *Guillaume*, il n'y a que le partage du butin de plus en plus fort, qu'ils font sur le travail de plus en plus productif de *Jacques* et de *Jean*.

Pour être vieux de trente ans, cet apologue n'en était pas moins bon à rappeler.

CHAPITRE IX.

RENTE ET PROFITS CAPITALISTES.

§ 1. Théories de la rente.

Nous verrons les salaires limités et réduits par l'excès de population, par le perfectionnement de l'outillage et ployés à des taux de misère, sous l'irrésistible niveau de la concurrence des bras, pesant de tout son poids sur les travailleurs.

Rien ne limite le taux des profits ; la concurrence même est vaincue ou, pour mieux dire, réduite à l'état d'instrument de gain par les gros capitaux, requins insatiables de l'océan économique.

Il ferait un livre bien intéressant celui qui, ayant pu lever tous les voiles de l'exploitation de l'homme par l'homme, établirait, chiffres en mains, le total des rentes foncières, des profits capitalistes et de l'intérêt de l'argent. Toute richesse venant du travail, on verrait les produits sortant de la main du travailleur, se volatiliser au grand air de la circulation pour s'en aller se perdre dans les poches du budgétivore, du financier, de l'usurier, de l'entrepreneur, du commerçant, en un mot du capitaliste. Trop heureux le producteur s'il lui reste une parcelle pour le pain du jour.

Notre monde bourgeois vit de *profits* autrement dit de *prélibations capitalistes*, comme les féodaux du moyen âge vivaient de rapine et des servitudes et corvées de leurs serfs, comme les patriciats antiques vivaient de l'exploitation des esclaves et des pillages guerriers.

Le fonds reste le même, les angles seuls s'adoucissent, sous la pression des progrès politiques intellectuels et moraux.

Ici les économistes conservateurs confessent : *habemus confitentem reum*. Avec beaucoup de sagacité ils basent toute prélibation capitaliste sur l'appropriation individuelle du sol.

Un de plus féroces, Germain Garnier a écrit :

« Au moyen de la propriété exclusive de la terre, le sol est dans un petit nombre de mains avides et jalouses, et la subsistance de tout le reste de l'espèce dépend des goûts et des caprices de ce petit nombre. Encore, ce petit nombre tend-il à se resserrer de plus en plus ; tout propriétaire mettant son ambition à agrandir la quantité de terre qui est à sa disposition, et les maîtres des propriétés les plus grandes ayant toujours le désir et les moyens d'englontir les plus petits. C'est dans la sensualité et la vanité des riches, dans les besoins innombrables que leur créent ces deux passions qu'il faut chercher le principe de la population et de la puissance des peuples modernes. Si les propriétaires sont oisifs et voluptueux, s'ils aiment à élever des chevaux pour leur amusement et leur commodité, s'ils veulent consommer des mets et des vins étrangers... alors une partie de la terre sera employée à nourrir des chevaux, etc., etc. Et ce sera autant de retranché sur ce qu'en aurait pu consacrer a nourrir des hommes.

» Plus la société augmente en population et en richesse, plus les produits de la terre sont demandés, et les équivalents à offrir en échange nombreux, et plus, par conséquent, la rente du propriétaire augmente et en quantité et en valeur. »

Rossi ne craint pas de dire.

« La loi économique qui règle le prix vénal, le proportionne ordinairement aux frais de production. Mais ce n'est la qu'une tendance qui ne peut d'ailleurs se développer que sous l'influence de la libre concurrence. Mais la libre concurrence est exclue par toute espèce de monopole. *Or il n'est guère de produits qu'on puisse regarder comme le résultat pur et simple du capital et du travail.* Il y a toujours le troisième instrument de la production, la terre, qui est *monopolisée*. »

Il est évident que la possession de la terre, des mines, des carrières, constitue un monopole. Il n'y a pas là de concurrence possible, au delà de certaines limites facilement appréciables... L'influence de ce monopole se retrouve plus ou moins dans toutes les productions possibles.

Ricardo, le cerveau le plus scientifique de l'économie bourgeoise, a été sur ce point d'une précision désespérante dans sa célèbre *Théorie de la rente* adoptée par presque tous les économistes anglais.

Bastiat, adversaire de cette théorie, la résume avec beaucoup de clarté :

« D'après elle, le propriétaire foncier est un être privilégié, qui profite non seulement de son travail, mais aussi de la libéralité de la nature dont il dérobe pour ainsi dire à l'humanité les dons gratuits. Le propriétaire foncier se fait payer par le fermier, non seulement l'intérêt et l'amortissement du capital engagé dans la terre, mais « des forces » naturelles et de la puissance inhérente au sol. Elle est en» tièrement distincte de la somme payée à raison des cons» tructions, clôtures, routes et autres améliorations fon» cières. La rente est toujours un monopole. »

« De cette doctrine résulteraient des faits sociaux considérables qu'admettent aussi, comme des vérités démontrées, la plupart des économistes de l'école anglaise : le propriétaire serait un être privilégié en ce sens que tous les progrès de la civilisation lui profiteraient. L'accroissement de la population amènerait une plus grande demande de ses produits, par conséquent en relèverait le prix ; il forcerait aussi à mettre en culture des terres restées incultes à cause de leur peu de fécondité naturelle : et cette mise en culture des terres les moins fertiles, étant la suite, en même temps que la cause d'une hausse des produits agricoles dont le prix de revient sur les terres de la dernière classe cultivée se trouverait accru, aurait pour conséquence de faire augmenter le fermage sur les terres les mieux douées de la nature et sur celles qui sont placées le plus près des principaux marchés et des lieux de consommation. Stuart Mill et toute l'école anglaise reconnaissent cette conséquence de la doctrine de Ricardo. Ainsi le propriétaire, dans les sociétés avancées en civilisation, serait une sorte de parasite qui tirerait à lui le principal profit de tout le travail social, de tous les progrès sociaux, sans qu'il eût besoin de s'y associer et d'y coopérer par son activité personnelle, par son industrie, ou par cette abstinence que l'on appelle l'épargne. »

La théorie brutale de Ricardo offusqua l'hypocrisie de quelques économistes qui affirmèrent contre toute évidence que l'utilité appropriée de la terre est le fruit du travail, que la rente en un mot n'est que le salaire d'un travail antérieur. A cela, les ricardiens ont répondu par des arguments irréfragables.

La propriété d'une maison disent-ils, ne se compose pas seulement d'un édifice qui est l'œuvre de l'homme. Les lois de la gravitation empêchent que cet édifice ne repose dans l'air et s'y soutienne. Il y a une part de sol incorporée dans la maison ; or ce sol devrait être, d'après les critiques, une propriété commune. Il ne devrait avoir aucun prix : il ne devrait entrer pour rien dans le loyer ; car ce n'est pas le propriétaire de la maison qui a créé ce sol; il n'y a même rien fait, en général; ce n'est pas lui qui a percé les voies de communication ou rues grâce auxquelles seules le sol devient propice à recevoir des maisons. Le sol urbain, beaucoup plus encore que le sol rural, devrait donc être propriété commune. Il n'en est rien ; le sol urbain devenu approprié, et morcelé en carrés ou rectangles que l'on appelle terrains, prend une valeur énorme dont le travail des propriétaires n'est nullement l'origine. Le vignoble le plus fertile et produisant les vins les plus fins est bien loin d'atteindre le prix de vente des moindres terrains d'une grande ville. Dans les districts les plus écartés, ceux de la périphérie des capitales, 100 ou 200 francs le mètre soit un ou deux millions l'hectare mille fois la valeur d'une terre à sable, sont les prix habituels des terrains.

Au centre des villes on arrive à 1,000 francs, 1,500 francs, 1,800 francs, 2 ou 3,000 francs le mètre. Or, qu'a fait le propriétaire du terrain pour s'attribuer la totalité de cette valeur sociale, car c'est bien là une valeur sociale dans toute la force du mot, une valeur due à l'activité collective, à la prospérité collective ? Qu'a-t-il fait le propriétaire de terrains, si ce n'est attendre et s'abstenir de bâtir ?

Mais cette attente et cette abstention, bien loin d'être un mérite comme pour l'épargne sont uniquement des entraves au bien-être social. Pendant des dixaines d'années le spéculateur de terrains, bien ou mal guidé par ses calculs ou son instinct, a accaparé de vastes espaces et les a soustraits à la construction. Il a empêché de pauvres gens d'y élever des huttes ou de modestes maisons. Il a forcé l'ouvrier, le petit bourgeois à chercher un gîte dans des quartiers plus éloignés encore. Il les a privés des douceurs de la possession d'un jardin. Il a apporté des obstacles au peuplement continu de la ville. Voilà ce qu'a fait le propriétaire de terrains, car quel autre travail à signaler de sa part? et c'est pour cette œuvre singulière qu'il obtient une rémunération énorme. Des fortunes colossales se sont faites de cette façon simplement en dormant, après un acte d'accaparement du sol dans la périphérie d'une grande ville, seulement par la force d'inertie qui a soustrait pendant longtemps ces terrains aux constructions et qui a maintenu des ilots nus au milieu d'une ville grandissante. A New-York on a vu une famille, la famille Astar, gagner ainsi une fortune que l'on évalue à quelques centaines de millions de francs uniquement parce que, New-York étant située dans une île, un ingénieur le prévoyant ancêtre des Astar actuels avait pris la précaution d'acheter presque tout le territoire non bâti de l'île. A Paris, de considérables fortunes ont été faites dans les mêmes conditions : l'accaparement, suivi de l'abstention prolongée.

Avouons-le, ces critiques ont beaucoup de force. C'est surtout en ce qui concerne les terrains des villes que la théorie de Bastiat sur la valeur et sur la rente de la terre est fausse. Il prétend que toute la valeur vient du travail. Quel est le travail humain qui justifie un prix de 200,500, 1,000 francs, de 2,000 francs le mètre pour un terrain situé dans une grande ville ? Il faut donc, disent les ricardiens, abandonner l'explication de Bastiat.

C'est évident. La rente foncière est le produit d'un monopole hérité ou récent.

§ 2. Rente Foncière.

On ne peut pas dire au moins que la terre, cette source initiale de la rente fait participer à ses bienfaits la plupart des êtres humains ; elle est férocement monopolisée.

Dans l'Angleterre proprement dite, 874 personnes possédaient à elles seules 9,367,900 acres, soit le tiers environ du territoire : 2,679 personnes possédaient 14,896,000 acres, soit près de la moitié du territoire ; 10,907 personnes possédaient 22,013,000 acres, soit les deux tiers environ du sol de l'Angleterre proprement dite ; 42,524 personnes possédaient 28,840,000 acres, soit plus des sept huitièmes du territoire : les autres propriétaires de l'Angleterre proprement dite, au nombre de plus de 900,000, ne détenaient ensemble que la huitième partie du sol, soit 4.172,960 acres.

Pour l'Irlande, en ce moment soulevée, la situation est encore plus effroyable et plus inique :

Le pays a une étendue de 20 millions d'acres (l'acre vaut 40 ares 45 centiares). La statistique la plus récente nous apprend que 452 landlords possèdent chacun 5,000 acres, 135, chacun 10,000,90, chacun 20,000 acres, 14 chacun 50,000, 3 chacun 100,000 acres, et enfin un seul landlord, le marquis de Lansdowne, est propriétaire de 170,000 acres! De plus certaines associations et notamment les corporations de la Cité de Londres, telles que celles des drapiers, des poissonniers, des quincailliers, etc., possèdent là-bas 6,500,000 acres — tandis que les cinq millions d'habitants de l'Irlande ne possèdent pas, entre eux tous, le quart d'un acre! Le revenu annuel peut s'évaluer à environ 300, millions de francs. Et il ne reste pas un sou de cet argent dans le pays. Tout est dépensé en Angleterre et à l'étranger. En Irlande point de liberté de rachat, le paysan est forcé de prendre la terre au prix fixé par le landlord, lequel prend le droit d'augmenter arbitrairement son fermier ou de le congédier (l'évincer) sans avis préalable et sans compensation aucune pour les travaux d'amélioration qu'il a pu faire sur les terres de son seigneur. La *crow brigade*, ou « brigade du Levier, » opère l'expulsion. Et, pour que « l'évincé » ne soit pas tenté de revenir habiter cette cabane qu'il a construite de ses propres mains, on démolit son domicile dont les matériaux sont jetés aux quatre vents.

Les paysans n'ayant aucune industrie, ne connaissant

que la terre, sont forcés de passer sous les fourches caudines du propriétaire. Aussi nul désir d'améliorer le sol. Faute de drainage, six millions d'acres sont à peu près incultes. De légers travaux augmenteraient de 75 millions de francs le rapport annuel. Mais qui en profiterait? les landlords qui, selon leur louable coutume, s'empresseraient d'élever les prix du fermage.

N'allez pas croire que ce sont là scandales particuliers aux Iles britanniques.

Un journal socialiste donnait récemment cette esquisse de la propriété foncière en Moravie :

« Imaginez-vous d'immenses forêts, les terres labourables les plus belles du monde et d'une étendue considérable, mais nulle part la propriété divisée et la terre appartenant à ceux qui la cultivent. A qui tous ces biens?

» A Monseigneur l'archevêque d'Olmutz;

» A Nosseigneurs du chapitre archiépiscopal ;

» Au Couvent des Dames nobles de Theresienstadt;

» Au prince de Lichtenstein !

» La population abrutie, dépravée, ignorante, bigote, superstitieuse. Les chemins publics défoncés, la route de Domstad par exemple à Sternberg, chef-lieu de l'arrondissement, le siège du tribunal et de l'administration, à peine praticable. Rien à dire des écoles, elles manquent. »

En Hongrie situation identique; en Bohême, nous trouvons les données suivantes :

« Le prince Adolphe Schwarzenberg possède 812,658 jochs; le prince Joseph Colleredo-Mannsfeld, 99,145 ; le prince Jean Lichtenstein, 67,668; le prince Egon Furstenberg,

66,150 ; le prince Waldstein, 62,487 ; le comte Jaromir Czernin, 58,429 et le comte Edouard Clam-Gallas, 56, 716 jochs.

» Le joch a une valeur de 5,755 mètres 45 cent. carrés.

» Si l'on réfléchit au mal qu'ont du se donner ces nobles hommes pour gagner tout ce terrain-là, à la sueur de leur front, on est obligé de rendre hommage à la puissance du travail, de la bonne conduite et de l'épargne, — ces trois sœurs, dont un frère, comme dirait Joseph Prudhomme. »

Seulement, — les seulement gâtent toujours tout, — on se dit aussi que dans un pays de 944 milles carrés, peuplé de 5,110,000 habitants, où sept braves *travailleurs* possèdent à eux seuls des quantités aussi considérables de *jochs*, il ne doit pas rester lourd pour les 5,109, 993 autres [1].

N'est-ce pas que Me Jolibois, l'avocat de la fameuse Kaulla avait raison de dire devant le tribunal de la Seine en 1881 :

1. N'empêche qu'il se trouvera des Baudrillart pour dire avec un cynisme incroyable :

« La rente n'a rien d'illégitime, puisqu'elle ne choque aucun droit. Les mots de privilège et d'iniquité ne sont point synonymes. Il n'y a de privilège inique que celui qui nuit à autrui en empêchant le développement de ses facultés. Si une chance heureuse constitue par elle seule une injustice, la beauté, la vigueur, la santé, l'esprit sont de grandes injustices ; car elles ne sont pas également réparties entre les hommes. Mais en quoi donc les hommes *privilégiés* qui jouissent de ces avantages, auxquels s'attache si souvent une rémunération économique, dépouillent-ils ceux qui en ont été privés ou qui ne les ont qu'à un degré moindre. »

Mais si, la grande propriété empêche la petite et la mange là où elle existe. Mais si, la rente lèse le travailleur qui est privé, puisque c'est une part de son produit qui lui est ainsi ravie pour aller à un oisif.

« Si l'on demandait à toutes les personnes d'où leur vient leur fortune, il y en a bien peu qui pourraient répondre [1]. »

§ 3. Les profits capitalistes.

La rente foncière est la mère de tous les profits capitalistes en ce sens que si la possession de la terre était collective, cette forme d'appropriation entraînerait la socialisation des capitaux ; mais dans une société individualiste donnée, le profit capitaliste se forme et grandit en vertu de lois qui lui sont propres, l'arrangement social étant donné.

La hausse des profits, nous dira encore ici Ricardo, résulte uniquement de la baisse des salaires. Marx confirme, en démontrant avec tant d'autorité dans son *Capital* que le capital, ou somme des profits capitalistes est égal à la quantité de *surtravail*, ou travail non payé.

Rodbertus avait trouvé dans ces études solitaires, dès 1840, que plus l'outillage est considérable et perfectionné, plus l'effort humain est rendu ainsi productif, plus est grand le profit, plus petite est la part du salaire.

De son côté, Proudhon avait entrevu la même loi, lorsqu'il avait dit : chaque produit dont l'équivalent n'est pas consommé par le travailleur se transforme pour lui en instrument d'oppression et d'exploitation plus implacable.

Dans son *Capital et travail* [2], Lassalle a exprimé la même idée dans un langage scientifique qui mérite d'être reproduit :

1. Voir pour cette théorie de Bastiat le chapitre XIV sur la valeur.
2. Derveaux éditeur.

« Le *travail antérieur*, le capital écrase le travail vivant dans une société qui produit dans les conditions de la division du travail de la loi de la concurrence libre et de l'aide-toi. Les produits de son travail étranglent le travailleur, son travail d'hier se soulève contre lui, le terrasse et le dépouille de son produit de travail d'aujourd'hui.

Et plus le travailleur produit, depuis 1789, plus il accumule de capitaux au service de la bourgeoisie dont il augmente la propriété, plus il facilite par là les progrès ultérieurs de la division du travail, plus il augmente le poids de sa chaîne, plus il rend déplorable la situation de sa classe [1].

La somme du revenu de la production, acquis par la vente des produits, qui surpasse l'entretien nécessaire des travailleurs pendant la durée de la production, reste entre les mains de l'entrepreneur qui, d'après de nouvelles lois que nous ne pouvons pas examiner ici, le partage entre lui, le capitaliste et le propriétaire du fonds.

En un mot, tout l'excédant du produit de travail sur l'entretien nécessaire usuel chez le peuple, revient au capital dans ses divines formes : c'est la prime du capital. »

D'où vient maintenant le capital initial? Nous l'avons indiqué dans le chapitre précédent, par complément, Lassalle encore va nous le dire dans sa réponse à l'épargniste Schulze-Delistch :

1. Les économistes bourgeois le savent très bien, et de temps à autre conviennent; voir, par exemple le professeur Roscher, *Considérations sur l'économie politique*, 1861, p. 217. « Presque avec chaque nouveau degré de perfectionnement, le travailleur devient plus dépendant de son maître. »

• I. La production par la division du travail seule donne un excédant sur les besoins du jour pour devenir possible, suppose toujours une mise préalable d'*accumulation de capitaux* et en même temps toujours une *division de travail antérieure* qui seule peut fournir ce surplus sur le besoin du jour impossible à atteindre dans le travail individuel.

II. C'est pourquoi les peuples qui partent d'une complète *liberté individuelle*, comme les tribus des chasseurs indiens ne peuvent jamais arriver à une *accumulation de capital* et par conséquent à un degré de culture quelconque.

C'est pourquoi quand les blancs traversèrent pour la première fois le grand lac salé, ils trouvèrent les Iroquois, les Delaware, les Chérokees, les Tchikasas, etc., exactement au même degré de culture où ils se trouvaient des milliers d'années auparavant, et les restes de ces tribus s'y trouvent encore aujourd'hui, en tant qu'ils n'ont pas changé leur genre de vie et ne se sont pas européanisés. Ainsi, le *travail individuel ne peut pas faire d'épargnes.*

Mais jetez un coup d'œil sur l'*esclavage* que vous trouvez au berceau des nations civilisées. Le tableau change aussitôt!

Un seigneur a, par exemple, cent esclaves, il peut en employer trente à la production de ses moyens de consommation personnels de tous genres; et vous conviendrez avec moi que consommer le produit du travail de trente hommes ne s'appelle pas *épargner*.

Il emploie soixante autres esclaves à l'*agriculture*, c'est-à-dire à la production des moyens d'existence nécessaires pour eux-mêmes pour les trente premiers, et les dix derniers esclaves à la fabrication des instruments nécessaires aux trente premiers et destinés à la production de ses consommations personnelles ainsi qu'aux soixante autres esclaves qui produisent les moyens d'existence pour les cent esclaves. »

Telle est l'origine de l'excédant, fils de la division du travail et de l'association, même dans sa forme la plus odieuse. Le capital, somme du travail accumulé, a donc une origine *sociale* et n'est nullement le produit d'un travail individuel.

Il n'est pas vrai non plus que le profit capitaliste soit le paiement de la direction et du savoir-faire patronaux. Nous avons indiqué précédemment, parlant de la genèse du capital, le mal fondé de cette affirmation et Marx en a fait dans son *Capital* une réfutation définitive.

Leroy-Beaulieu lui-même, ce conservateur de la haute finance, a presque osé parler contre, dans sa *Question ouvrière au* XIXe *siècle* (1870).

« Autrefois, dit-il, il y avait entre le petit patron et l'ouvrier une certaine communauté d'habitude, de culture et de genre de vie. L'un et l'autre travaillaient au même atelier. La fête du patron réunissait souvent à la même table le patron et ses ouvriers. Les mêmes lieux publics, cabarets, promenades, étaient hantés par ceux-ci et par celui-là. Toute la société française était ainsi reliée de l'échelon le plus bas à l'échelon le plus haut par des dégradations insensibles, sans aucune solution frappante de continuité. Actuellement le patron et l'ouvrier sont généralement séparés par l'immense intervalle de la fortune, de l'éducation, des relations sociales. Autrefois l'ouvrier laborieux et rangé devenait aisément patron...

La transformation de l'industrie s'est accentuée de plus en plus, la concentration de la production s'accélère chaque jour. Les établissements de second ordre se fusionnent souvent pour former un établissement de premier ordre. A la fin du règne de Louis-Philippe, l'on a vu naître ces fusions. On comptait autrefois soixante-cinq concessions de mines de houille dans la Loire; en 1837, elles s'unirent pour la plupart et formèrent trois grandes compagnies; en 1845, ces trois grandes compagnies s'étaient fondues en une seule, qui fut appelée *Société générale des mines réunies*, et qui afferma le canal de Givors, ainsi que le chemin de fer de Saint-Etienne à Lyon. Des unions analogues s'opérèrent dans toutes les parties de la France. En 1857, les deux grandes manufactures de glaces de Saint-Gobain et de Lirey se fondirent l'une avec l'autre.

Au point de vue social ces modifications nécessaires ont de dangereuses conséquences. Une très grande partie de nos usines est actuellement sous le régime des sociétés anonymes ou en commandite : c'est le cas habituel pour les établissements métallurgiques; quelques filatures de l'Est et du Nord se constituent sous le même système. Ainsi des populations énormes d'ouvriers, qui se montent quelquefois à 4,000 ou 5,000 têtes dans les grandes usines pour les industries textiles, et qui atteignent parfois le chiffre de 10,000 dans l'industrie du fer, se trouvent en présence d'une compagnie d'actionnaires et d'un gérant. »

Il est facile de conclure : Les profits capitalistes ne dérivent d'aucun service rendu, dans le grand industrialisme moderne. Ils sont simplement le fruit de la productivité reconnue du capital, approprié par quelques-uns, au détriment des producteurs; ces profits sont en raison de la somme de travail non payé.

§ 4. L'intérêt de l'argent.

L'intérêt de l'argent n'est actuellement qu'un mode des profits capitalistes; mais il leur est antérieur. Il fut dans l'antiquité, avec l'exploitation des esclaves, la grande source de revenu. Aussi l'usurier antique fut-il aussi privilégié par la loi que l'est actuellement le propriétaire. Avec la cruauté du temps on arriva sans peine à cet article féroce de la loi romaine des *Douze tables*, en vertu duquel les créanciers pouvaient dépecer le débiteur et se partager ses chairs palpitantes. (V. ch. II du présent ouvrage.)

Le taux de l'intérêt n'avait rien de fixe alors, bien que la loi des douze tables eût tenté de le limiter à l'*unciarium fœnus*, c'est-à-dire *une* once pour 12 ou 8 1/2 0/0 pour l'année de 10 mois, par conséquent 10 0/0 pour une année pleine. Constantin fixa l'intérêt au centième par mois (12 0/0), mais sa constitution, dont l'objet avait été violemment attaqué par saint Augustin et saint Ambroise, fut révoquée par la *Novelle* de Justinien, *De nautico fœnere*, qui défendit d'exiger aucun intérêt, excepté dans le cas de prêt maritime, appelé plus tard *prêt à la grosse aventure*. Selon les lois des Hindous, des Brahmines ne pouvaient exiger au delà de 2, les soldats au delà de 3, les marchands au delà 4, les autres classes au delà de 5 0/0 par mois, d'où il est permis de conclure qu'il avait été perçu des intérêts dépassant 6 0/0.

Pour ce qui est du moyen âge, dit Worms (*loco citato*),

rappelons que d'après la loi des Wisigoths, le maximum d'intérêts permis était de 12 1/2 pour l'avance d'argent et de 50 0/0 pour d'autres choses fongibles; que du XIIe au XIVe siècle, les Lombards et les Juifs, si peu sûrs du lendemain, prirent la plupart du temps (au dire d'Anderson) 20 0/0 par an; qu'à Milan, d'après les *Memories di Milano di Guilini*, 15 0/0 passaient en 1197 pour un taux très modéré, et que selon Baumer (Geschichte der Slohen-Staufen), en Toscane 20 0/0 paraissent avoir été en 1234 le taux ordinaire; que le taux de l'intérêt en Russie, fixé par les lois de Jaroslaw (1054), était de 40 0/0 etc., etc.

En somme, conclut Worms, le taux de l'intérêt suit inversement le mouvement de la fortune publique; il baisse, quand la fortune suit une marche ascendante et que la sécurité résultant de l'ordre légal est suffisante. Comme on peut admettre que la limitation légale du taux de l'intérêt n'a fait au demeurant que suivre le taux établi par la concurrence, nous pouvons rappeler à l'appui de cette conclusion ce qui s'est passé dans notre propre pays, en route pour une prospérité toujours plus grande et où le taux légal de l'intérêt était au commencement du XVIe siècle de 10 0/0, pour n'être plus à partir de 1567 que de 8 1/3, à partir de 1601 que de 6 1/4, à partir de 1634 que de 5 1/3 et à partir de 1605 que de 5 0/0.

On sait que l'Eglise fulmina d'abord contre l'usure. Au XIXe siècle, des socialistes reprirent les anciens arguments des Pères contre l'usure et avec un pareil insuccès, nous devons le reconnaître [1]. Le mal est grand certes; mais le

1. Price trouvait qu'un gros sou placé à intérêt composé, depuis la naissance de Jésus-Christ jusqu'en 1791, se serait élevé à

remède n'est ni dans des homélies, ni dans des philippiques contre les usuriers.

Ce thème donna pourtant lieu à une polémique brillante, que nous allons rappeler, entre Bastiat et Proudhon.

Bastiat venait de faire son pamphlet : *Capital et Rente* (1849) bourré, comme toutes les productions de cet économiste, d'insipides apologues, dont le moindre défaut était de reposer toujours sur une donnée absurde [1].

M. Chevé, qui, en attendant de devenir veuillotiste et syllabiste, dans le *Journal des Villes et des Campagnes*, était proudhonien dans *la Voix du Peuple* [2], interpella Bastiat ; celui-ci répondit ; Proudhon répliqua et la discussion fut engagée.

En voici un résumé :

Chevé : L'intérêt est illégitime, parce qu'il est l'échange d'un simple usage contre une *propriété*. L'emprunteur qui a donné une *propriété* et ne reçoit qu'un *usufruit* est lésé.

une valeur de 30 millions de globes d'or aussi vastes que notre planète. » (Baudrillart, *Man. de l'écon. pol.* p. 453).

1. C'était toujours Pierre ou Jacques qui avait inventé et fait une *scie*, ou un *rabot*, et ne voulait les prêter sans en retirer un bénéfice. Mais ni Pierre, ni Jacques n'étaient capables de faire une scie ou un rabot à eux seuls ; ils n'avaient donc pu que s'approprier ces instruments d'une manière plus ou moins légale ; mais sûrement au mépris des lois de la justice bien comprise. Ce n'est pas sur l'emploi des outils qu'il fallait discuter ; mais d'abord sur la légitimité de leur appropriation.

2. Proudhon n'a pas été heureux dans tous ses disciples. Pour ne parler que des principaux, Chevé devient jésuite, Charles Edmond, bonapartiste, Darimon, idem, Langlois, mameluk versaillais.

Grâce à la rente, le loisir est interdit précisément à ceux qui travaillent, du berceau jusqu'à la tombe.

Donnez aux travailleurs le moyen d'acquérir en toute propriété ce que, par la rente sous toutes ses formes, ils payent toujours, pour n'en avoir que l'usage, et la solution sera trouvée.

BASTIAT : Les services s'échangent contre des services : celui qui prête rend service, il doit donc recevoir quelque chose; ce *quelque chose* je l'appelle *intérêt*.

Mutualité de services ne veut pas dire *identité de service* ; la vie sociale est pleine d'échanges *d'usages* contre des *propriétés*.

Le capital contribue à la production; donc son possesseur doit recevoir une rétribution, tout comme le travailleur.

PROUDHON : Celui qui prête ne se prive pas : donc, il n'a droit à rien.

Pour que l'intérêt ne soit plus une aubaine, il faudrait arriver à établir l'égalité des prestations, en d'autres termes, l'égalité des fortunes. Pour cela, il n'y a qu'à augmenter la circulation du capital, ce qui est possible par l'établissement d'une banque nationale d'échange, fondée par tous les producteurs, à qui, moyennant souscription de 1 0/0 sur leur capital, elle fournirait le crédit gratuit.

L'usure a été, dans son institution providentielle, un instrument de progrès, comme la monarchie absolue un instrument de liberté et de progrès; comme, dans l'ordre judiciaire, l'épreuve de l'eau bouillante, le duel et la question ont été, tour à tour, des instruments de conviction et de progrès (!) Mais maintenant l'usure doit devenir réciproque, ce qui sera son annulation et transformera le *crédit* en *échange*.

Bastiat : Celui qui vend ne se prive pas non plus; votre théorie attaque la vente, aussi bien que le prêt.

Ce n'est pas une banque qui égalisera les situations; que le Socialisme, pour en arriver là, égalise chez tous les hommes l'activité, l'habileté, etc.

Pour que le capital circule, il faut d'abord qu'il existe; et, pour qu'il existe, il faut qu'il soit provoqué à naître par la perspective des récompenses attachées aux vertus qui l'engendrent.

Ne faites pas la division entre capitalistes et travailleurs; presque tous les travailleurs sont capitalistes. De deux travailleurs égaux en adresse, celui qui gagne le plus est celui qui apporte ses outils.

Le capital est le grand émancipateur, on a tort de lui faire la guerre.

Proudhon : Réfutez d'abord la théorie du *crédit gratuit;* une théorie nouvelle a droit à la discussion. Au lieu de réfuter mon système, vous me présentez le vôtre. L'intérêt, l'histoire le prouve, a été, mais n'est plus légitime. Vous confondez les époques.

Votre *service* n'est qu'une *spoliation ;* le crédit, moyennant intérêt, est comme la liberté que donne le corsaire, moyennant rançon. Celui qui vend reçoit en échange une chose de *valeur égale ;* celui qui prête, exige *plus* qu'il n'a donné; ce qui est une spoliation. C'est bien de la circulation du capital, et non du capital même, que naît le progrès de la richesse. Les prétentions du socialisme sont fondées, on peut fonder, *l'égalité de l'échange et la gratuité du crédit,* la société est criminelle de se refuser à le faire.

Bastiat : Je veux rester sur mon terrain. Le prêt est un

service susceptible d'être *évalué*, et par conséquent une *valeur* qui peut s'échanger contre une autre valeur égale.

Organisation de la circulation, gratuité du crédit, etc., chimères. Toute valeur se compose de deux éléments : le capital et le travail; donc, le capital doit être rétribué. L'intérêt, dites-vous, a été un instrument d'égalité et de progrès; il l'est encore et le sera toujours.

Poursuis, ô capital! ta glorieuse carrière, pour l'affranchissement de l'humanité!

PROUDHON : Quand je vous dis : la gratuité du crédit est chose facile et pratique; donc l'intérêt du crédit est désormais illégitime; vous répondez que reconnaître que l'intérêt a été légitime et progressif c'est reconnaître que le crédit gratuit est une chimère. Vous raisonnez comme les entrepreneurs de roulage à l'égard des chemins de fer.

Le *neschek* (des Hébreux) le *tokos* (des Grecs) le *fœnus* (des Romains) l'*usure* (des Français) se distinguent du bénéfice aléatoire (inter-esse) qui fut irréprochable dans son origine; mais engendra les modes de spoliation ci-dessus énoncés.

Vivre en travaillant est un principe qui sous le régime de l'intérêt implique contradiction. La société est acculée, il faut qu'elle se réforme.

Poursuis, ô capital! ton œuvre d'iniquité.... la Révolution justicière viendra.

BASTIAT : Le capital féconde le travail; le capital est du travail, à mesure que le capital s'accroît, l'intérêt baisse; mais de telle sorte que le revenu total du capitaliste augmente, là mesure que les capitaux augmentent, leur part augmente absolument, diminue proportionellement, tandis que la part du travail augmente absolument et proportionnellement.

PROUDHON : L'intérêt, excusable comme *accident* dans les conditions où il a pris naissance, devient spoliateur dès qu'on prétend le généraliser, en faire une règle d'économie publique; il est en contradiction formelle avec le principe économique, que dans la société le *produit net* est identique au *produit brut* et que toute prélibation du capital sur le travail est une erreur de compte.

BASTIAT : Si la peine du créancier est quelque chose, l'intérêt doit être quelque chose. Prouvez que le temps est venu où les maisons, les outils et les provisions naissent spontanément. Hors de là, vous n'êtes pas fondé à dire que la peine du capitaliste n'est *rien* et qu'il ne doit *rien* recevoir.

PROUDHON : Le *capital* ne se distingue pas du *produit ;* ces deux termes ne désignent point des choses distinctes; mais de simples relations. *Produit c'est capital, capital c'est produit; les produits s'échangent contre des produits ; les capitaux contre les capitaux. Créditer, c'est échanger* et l'intérêt n'est qu'une spoliation.

Dans le régime mutuelliste, la fortune de l'ouvrier augmente en raison directe de son travail et celle du capitaliste diminue en raison directe de sa consommation improductive.

Sous le régime de l'usure, la fortune de l'ouvrier décroît en raison directe de son travail; tandis que celle du capitaliste augmente en raison directe de sa consommation improductive.

Bastiat : Votre système n'amène pas le *crédit gratuit*; d'ailleurs vouloir le crédit *gratuit*, c'est vouloir *tuer* le crédit.

Il y a dans l'intérêt la rémunération du délai, du prix, du temps, des frais de circulation, de la prime d'assurance.

(Les deux dernières lettres n'étant, celle de Proudhon qu'un recueil d'injures, celle de Bastiat qu'un résumé partial de la discussion, je les passe sous silence.)

Dans cette discussion c'est Proudhon, qui appelle la sympathie par la générosité de son but; mais il faut avouer qu'il s'est fait battre par Bastiat, et c'est là une preuve terrible de la faiblesse de la doctrine mutuelliste : tout le talent de son inventeur a été vain contre les arguments monotones et terre à terre d'un économiste borné et à l'esprit faux.

A cette argumentation économiste : *Les services s'échangent contre les services, celui qui prête son capital, rend un service susceptible d'évaluation, il a donc droit à un service, non pas identique, mais équivalent ; ce service équivalent, nous l'appelons intérêt*, Proudhon n'a rien objecté de décisif.

Ses excursions, souvent fort réactionnaires à travers l'histoire, sa monographie de l'usure, sa critique, vraiment admirable de la Banque de France, ses démonstrations sur la possibilité du *crédit gratuit*, n'aboutissent en somme qu'à ces trois propositions :

1° L'intérêt va en diminuant.

2° L'intérêt a été légitime et ne l'est plus.

3° Le *crédit gratuit* est possible et il donnera l'égalité.

Bastiat admit la première proposition, en déclarant que

cela ne veut pas dire que le crédit dût jamais devenir *gratuit.*

Il réfuta la seconde en démontrant que l'*intérêt*, en régime de propriété individuelle, est aussi légitime qu'inévitable.

Il contesta la troisième et prouva qu'en tout cas, son adoption ne conduirait pas à l'égalité des fortunes.

En se posant sur le terrain de Bastiat, Proudhon était vaincu d'avance. Toute sa force de polémiste, toute sa dialectique, ne pouvait servir qu'à masquer un peu sa défaite.

Il devait dire à Bastiat : Qu'est-ce d'abord, que le *Capital?* C'est du *travail accumulé;* mais le travail accumulé de qui? Le capital est encore la somme des matières et des forces, naturelles ou acquises, consacrée à la production. Or, comment, vous capitaliste, qui ne produisez pas, possédez-vous tout seul ce capital, d'origine naturelle et sociale, tandis que les travailleurs sont dénués.

Oui, le capital contribue à la production; *mais le capital et non les capitalistes.* Vous dites vous-même que *les utilités devraient être gratuites,* pourquoi les monopolisez-vous? Pourquoi vous interposez-vous entre le *capital* et les *travailleurs?* Pourquoi mettez-vous sous clé le *patrimoine* de l'humanité? Nous reconnaissons comme *propriété* légitime, pour tout être humain (les charges sociales étant remplies) l'équivalent des produits de son travail, c'est-à-dire des *valeurs* par lui produites, les *utilités*, inaliénables entre les mains de la collectivité sociale, étant mises à la disposition de tous.

Mais vous intervenez en vous appropriant ce qui devrait être collectif, vous rançonnez la propriété *légitime et natu-*

relle, au profit d'une propriété *conventionnelle et factice,* et, au grand détriment du plus grand nombre, que cette subversion économique retient dans la misère et l'ignorance, malgré les progrès industriels de notre époque.

En somme, nous reconnaissons l'utilité productive du capital, mais nous soutenons que cette *utilité,* dont l'origine est *naturelle et sociale,* doit être *sociale* dans sa destination, c'est-à-dire que ce qu'on a appelé *rente* doit revenir à la collectivité, et constituer les ressources de celle-ci. De la sorte, les travailleurs recevraient, sans prélèvements individuels d'aucune sorte, le produit de leur travail. Le fonds social, suffisant pour tous, dispenserait de recourir au crédit individuel, et comme le disait un artiste éminent, mon ami Ottin, s'il y avait encore des prêts ce ne seraient plus que des échanges d'amitié entre personnes sympathiques et l'*intérêt* n'aurait plus sa raison d'être.

Pour conclure d'un mot, tant que le crédit sera individuel il sera onéreux. Le seul moyen d'échapper à l'usure, c'est de socialiser le crédit d'abord, puis les capitaux.

CHAPITRE X.

LES SALAIRES

§ I. La loi des salaires.

En ce qui touche les salaires, les économistes orthodoxes ont constaté le fait existant avec assez de sagacité.

Nous allons tout d'abord passer en revue l'opinion des principaux d'entre eux sur cette question.

— « Le simple ouvrier qui n'a que ses bras et son industrie, a dit Turgot, n'a rien qu'autant qu'il parvient à vendre à d'autres sa peine. Il la vend plus ou moins cher; mais ce prix plus ou moins haut ne dépend pas de lui seul : il résulte de l'accord qu'il fait avec celui qui paie son travail. Celui-ci le paie le moins cher qu'il peut; comme il a le choix entre un grand nombre d'ouvriers, il préfère celui qui travaille au meilleur marché. Les ouvriers sont donc obligés de baisser le prix à l'envi les uns des autres. En tout genre de travail, *il doit arriver, et il arrive en effet*, que le salaire de l'ouvrier se borne à ce qui lui est *nécessaire* pour lui procurer sa subsistance. »

Adam Smith :

« Les salaires sont réglés par l'offre et la demande ; ils sont proportionnels à la quantité du travail offert au nombre des travailleurs le demandant et au prix des denrées. Ils sont inégaux et en relation avec 1° l'attrait ou la répugnance d'un travail donné ; 2° la facilité ou la difficulté de l'apprendre ; 3° la constance ou l'inconstance des travaux ; 4° le degré de confiance dont jouit le travail ; 5° de la probabilité ou de l'impossibilité du succès.

Le patron est prédominant dans la fixation du salaire, les grèves ouvrières étant le plus souvent vaincues. »

Avec J. B. Say, nous aurons plus de précision, aussi plus de rudesse :

« Les travaux simples et grossiers, pouvant être exécutés par tout homme, pourvu qu'il soit en vie et en santé, la condition de vivre est la seule requise, pour que de tels travaux soient mis en circulation. C'est pour cela que le salaire de ces travaux ne s'élève guère, dans chaque pays, en dehors de ce qui est rigoureusement nécessaire pour vivre, et que le nombre des concurrents s'y élève toujours au niveau de la demande qui est faite et très souvent l'excède, car la difficulté n'est pas de naître, mais de subsister.

Du moment qu'il ne faut que subsister pour s'acquitter d'un travail, et que ce travail suffit pour pourvoir à cette subsistance, l'homme capable d'un semblable travail ne tarde pas à exister.

Mais comme l'homme ne naît pas travailleur, il faut qu'il soit élevé, il faut qu'il gagne un peu plus pour élever ses enfants...

Quand un pays décline, quand il s'y trouve moins de moyens de production, moins de lumière ou de capitaux, (ou simplement engorgement) alors la demande diminue, les salaires tombent au-dessous du taux nécessaire pour que la classe manouvrière se perpétue, elle décroît en nombre... grâce à la faim qui tue les plus misérables.

Les salaires se conforment toujours à la stricte consommation nécessaire de l'ouvrier; *mais cette mesure dépend elle-même des habitudes de l'ouvrier et d'une foule de causes. Quoi qu'il en soit, plus cette consommation habituelle est petite, plus les salaires sont bas* [1].

Quand la demande des travailleurs reste en arrière de la quantité de gens qui s'offrent (et c'est souvent le cas), le gain décline au-dessous du nécessaire : les famille les plus accablées d'enfants et d'infirmités dépérissent.

« Il est affligeant de penser, mais il est vrai de dire, que même chez les peuples les plus prospères, une partie de la population périt tout les ans de besoin. Ce n'est pas que tous ceux qui périssent de besoin meurent positivement du défaut de nourriture, quoique ce malheur soit beaucoup plus fréquent qu'on ne le suppose ; je veux dire seulement qu'ils

« 1. S'il était possible qu'on vînt à découvrir une nourriture moins agréable que le pain, mais qui pût soutenir le corps de l'homme pendant quarante-huit heures, le peuple serait *bientôt réduit à ne manger que de deux jours l'un*, lors même qu'il préférerait son ancienne habitude : les propriétaires de subsistance, usant de leur pouvoir et désirant multiplier le nombre de leurs serviteurs *forceront toujours* les hommes qui n'ont ni propriété ni talent *à se contenter du simple nécessaire*. Tel est l'esprit humain que les lois sociales ont si bien secondé. »

Necker.

n'ont pas à leur disposition tout ce qui est nécessaire pour vivre, et que *c'est parce qu'ils manquent de quelque chose qui leur était nécessaire qu'ils périssent.* »

Ricardo est plus désespérant encore :

« Dans la marche naturelle des sociétés, les salaires tendent à baisser, en tant qu'ils seront réglés sur la demande, car le nombre des ouvriers continuera à s'accroître dans une mesure plus rapide que celle de la demande.

Si, par exemple, les salaires étaient réglés sur un accroissement annuel du capital représenté par 2 0/0, ils tomberaient lorsque le capital n'augmenterait plus que de 1 0/0 et cette baisse continuerait jusqu'à ce que le capital devînt stationnaire. Les salaires le deviendraient aussi et ils ne seraient que suffisants pour maintenir la population existante. Je soutiens qu'en de pareilles circonstances les salaires doivent baisser par le seul effet de l'offre et de la demande des bras; mais il ne faut pas oublier que le prix des salaires tient aussi à celui des denrées que l'ouvrier a besoin d'acheter.

A mesure que la population augmente, ces denrées vont en augmentant de prix, plus de travail étant nécessaires à la production. Si les salaires de l'ouvrier *baissent* (et Ricardo a prouvé qu'ils doivent baisser), pendant que les denrées à l'achat desquelles il doit recourir pour subsister haussent, il se trouvera doublement atteint *et il n'aura bientôt plus de quoi subsister.* »

Malthus résume assez bien ce qui précède dans les lignes suivantes :

« Selon Smith, le salaire est nécessairement gouverné par

deux circonstances la demande des bras et le prix des choses. Selon Ricardo, le salaire fournit, en général, aux ouvriers les moyens de subsister et de perpétuer leur espèce; je dirai : le prix naturel et nécessaire du travail, dans quelque pays que ce soit, me semble être celui qui, dans la condition actuelle de la société, est nécessaire pour qu'il y ait un nombre moyen de travailleurs, assez nombreux pour satisfaire à la demande réelle. Le prix courant du travail, est le prix actuel du marché, lequel par suite de causes temporaires, peut être quelquefois au-dessus, quelquefois au-dessous de ce qui est nécesaire pour répondre à la demande ».

Mac Culloch renchérit encore sur ces constatations désolantes :

« Le salaire, dit-il, baisse souvent au-dessous du nécessaire de l'ouvrier. Alors la mort vient éclaircir les rangs des travailleurs. Le travailleur sur le marché est semblable à n'importe quelle marchandise. Par exemple des souliers seront portés sur le marché tant qu'ils seront payés ce qu'ils ont coûté à produire ; s'ils étaient moins payés, on n'en verrait bientôt plus. Il en est ainsi des travailleurs. »

Devant ces effrayantes affirmations trop confirmées par le spectacle de misère qu'offraient l'Angleterre la France, la Belgique, Sismondi ne put que dire qu'à ce compte les richesses industrielles coûtaient trop cher à l'humanité.

Aux constatations faisons succéder quelques plaintes :

« Sait-on bien, s'écrie Proudhon, ce que c'est que le salariat? Travailler sous un maître jaloux de ses préjugés autant que de son commandement, dont la dignité consiste surtout à vouloir : *sic volo, sic jubeo* et à ne s'expliquer jamais ; que souvent on mésestime et dont on se raille ! N'avoir à soi aucune pensée, étudier simplement la pensée des autres, ne connaître de stimulant que le pain quotidien et la crainte de perdre un emploi. »

Valker, économiste américain, dit de son côté :

« Quiconque connaît le mouvement des salaires voit de suite qu'il n'y a pas correspondance entre leur taux et les fluctuations des prix et que pour cela les classes ouvrières sont victimes d'une grande injustice. »

Et enfin l'archevêque Ketteler, l'ami de Lassalle :

« Le prix des denrées et le taux des salaires étant régis par la loi de l'offre et de la demande, ceux qui ont besoin de travail deviennent si nombreux et le travail si rare que si la compassion humaine n'intervient pas, le salaire deviendra de plus en plus misérable et insuffisant. »

Buret établit, avec une grande rigueur de logique, la subordination fatale de la classe ouvrière en régime de salariat :

« Le travail est toujours vendu par le pauvre et toujours acheté par le riche, et ensuite le travail ne peut en aucune manière être conservé, il faut qu'il soit vendu à chaque minute ou perdu à chaque minute.

Si l'on persiste à laisser le travail sous la loi des marchandises, le capital deviendra nécessairement pour lui non pas un acheteur mais le plus dur des maîtres. *Richesse est pouvoir*, a dit Hobbes; si elle est complètement séparée du travail, et qu'elle n'ait d'autres rapports avec lui que celui d'un acheteur vis-à-vis d'une marchandise, richesse devient tyrannie, elle exerce le droit de vie et de mort le plus absolu sur des millions de créatures humaines qui n'ont d'autres moyens d'existence que le travail. »

Dunoyer qui publia la *Liberté du travail* à l'époque où Buret publiait la *Misère des classes laborieuses*, dut bien se gausser des préoccupations morales du jeune publiciste.

Il écrivit, lui, dans le livre précité, en parlant des travailleurs :

— « Cependant, quoique leurs ressources diminueront, ils continueront à pulluler ; car un des malheurs inséparables de leur condition sera de manquer de la vertu dont ils auraient besoin pour user avec une certaine retenue des pouvoirs du mariage, pour ne pas *jeter sur la place* un trop grand nombre d'ouvriers, et ne pas travailler eux-mêmes à rendre leur condition *toujours plus difficile et plus pénible.* Enfin, dans ce mouvement de décadence, ils ne rencontreront pour ainsi dire pas de point d'arrêt, et il est probable que, dans les derniers rangs surtout, ils se multiplieront assez pour que les derniers venus aient la plus grande peine à subsister, et qu'*il en périsse habituellement un certain nombre de misère.* »

« Ceci, sans doute, arrivera plus tard dans l'état social que je me plais à supposer, que dans un mode moins heureux d'existence ; mais *dans le mode le plus heureux d'existence, cela finira toujours par arriver.* »

« Le temps, par un enchaînement inévitable, amènera un état où la société sera composée d'*un très petit nombre de gens riches*, d'un très grand nombre qui le seront moins, et d'*un grand nombre encore qui seront comparativement à plaindre, et parmi lesquels, sans aucun doute, il s'en trouvera de très misérables, absolument parlant.* »

« Non seulement l'état social que j'ai supposé n'empêchera pas la misère de naître, mais *ce serait en vain qu'en la secourant, on s'y flatterait de l'extirper.* Tous les sacrifices que l'on pourrait faire pour cela, en procurant le soulagement de quelques infortunes particulières, *auraient pour résultat permanent d'étendre le mal qu'on viserait à effacer.* »

Ce dur bourgeois veut tout tuer, jusqu'à l'espérance, jusqu'à l'incompressible impulsion progressiste qui agite les sociétés modernes.

Cependant quelques économistes s'effrayèrent du caractère homicide, bien fait pour déchaîner la colère populaire, de ces conclusions.

J. S. Mill, Joseph Garnier et quelques autres firent espérer un moyen d'amélioration par la pratique du malthusianisme.

Duchatel ne fut pas si optimiste :

« Dans le marché qui se débat entre l'ouvrier et celui qui l'emploie, le prix du travail se mesure sur le nécessaire. Avec le contrat libre, tel qu'il existe aujourd'hui, l'ouvrier donne son travail, le maître paie le salaire convenu... *Quand les affaires du maître sont embarrassées et que son industrie décline, il renvoie sans pitié l'ouvrier, et ne voulant plus de travail, cesse d'accorder le salaire. Peu lui importe que l'ouvrier manque de travail ou puisse trouver un autre emploi, que sa misère soit extrême...* Du moment qu'il n'a plus besoin de ses bras, il le congédie ; *c'est à l'ouvrier à se tirer d'affaire comme il peut. Ainsi le veulent nos lois.* Tel est donc *l'inévitable résultat de la liberté du travail* (de l'industrie) : elle rend la condition de l'ouvrier plus précaire... *Quelle périlleuse condition* ! L'ouvrier, exposé à tous les hasards de la fortune... n'ayant que son travail pour unique ressource, *et frappé dans ses moyens d'existence chaque fois que quelque changement dans les débouchés ou quelque excès dans la production arrête l'industrie qui les soutient* ; sur quel fragile fondement repose son bien-être ! Ce n'est pas sans raison qu'à la vue de tant de dangers s'effraye la philanthropie. »

Destutt de Tracy s'écriait :

« Le pauvre ouvrier qui n'a que ses bras à offrir, n'a pas l'espérance d'obtenir de forts salaires : *il sera toujours réduit au moindre prix*. Le prix tombera même *au-dessous du strict nécessaire*, s'il se présente plus de travailleurs qu'on n'en peut employer. C'est dans ce cas qu'ils *s'éteignent* par l'effet de leur détresse.

» Quand il ne reste plus un champ qui n'appartienne à personne, c'est alors que la *presse* commence ; alors ceux qui n'ont aucune avance offrent leur travail de toutes parts ; ils baissent de prix, cela ne les empêche pas encore de faire des enfants et de multiplier imprudemment : bientôt ils deviennent trop nombreux, alors il n'y a plus parmi eux que les plus habiles ou les plus heureux qui puissent se tirer d'affaire. Tous ceux dont les services sont moins recherchés ne trouvent plus à se procurer que la subsistance le plus stricte *toujours incertaine et toujours insuffisante. Ils deviennent presque aussi malheureux* que s'ils étaient encore sauvages. »

D'autres, moins sincères, inventèrent ce que Prince Smith

appela la *loi d'or des salaires*, dont le passage suivant de Worms donne une idée :

« Ordinairement, le salaire s'élève au-dessus de la limite inférieure extrême, et une fois que la concurrence l'a porté à cette hauteur, les ouvriers ne tardent pas à s'habituer à une jouissance de biens plus abondante. L'exemple des classes supérieures, le goût qui s'épure, les mœurs qui s'ennoblissent, et, en général, la propagation de la culture dans les couches inférieures, développent peu à peu les exigences des classes laborieuses, chez lesquelles aux besoins naturels viennent donc se joindre des besoins artificiels. Si, par exemple, les 2/3 de la population française ne connaissent presque pas, selon Ch. Dupin, de nourriture animale et ne vivent guère que de châtaignes, de maïs et de pommes de terre, en Angleterre, la drèche, le houblon, le sucre, l'eau-de-vie, le thé, le café, le tabac, le savon et les journaux sont des articles chiely used hy the la bouring classes (Larey). Si le peuple de la basse Italie a coutume de marcher pieds nus, si à Paris même l'usage de la blouse ou en Bretagne l'usage du sabot n'a rien de choquant, l'ouvrier anglais au contraire regarde comme indispensables de bons souliers de peau et de bons vêtements de drap. »

Il y a dans cette donnée un petit fonds de vérité : les besoins vont se développant. Mais, pour les neuf dixièmes des travailleurs, ces besoins ne sont pas satisfaits et ne peuvent pas l'être, *les ouvriers qui se contentent de moins, pesant toujours sur le salaire de ceux qui exigent un confortable conforme à l'état de civilisation de leur époque*. Envisagée ainsi, la fameuse *loi d'or* ne serait que l'un des côtés douloureux de la *loi d'airain* dont Lassalle a dit, d'après les maîtres de l'économie politique :

« La *loi d'airain* qui, en présence de l'offre et de la demande du travail règle le salaire, peut être ainsi formulée : Le salaire moyen ne dépasse jamais ce qui est indispensable pour entretenir l'existence des ouvriers et continuer leur race. C'est un point autour duquel oscille le salaire; jamais il ne s'élève ni ne s'abaisse pour longtemps, parce que avec l'amélioration des conditions d'existence de l'ouvrier, le nombre des mariages augmente et avec lui la population ouvrière qui fait affluer l'offre et baisser le salaire jusqu'au niveau constant et même descendre au-dessous.

D'un autre côté, le salaire ne peut être longtemps au-dessous de ce niveau, parce que dans ce cas, les ouvriers émigrent ou s'abstiennent de procréer. Enfin, sous l'influence de l'indigence il en meurt une quantité; l'offre diminue et le taux du salaire augmente. »

§ II. Observations sur la loi des salaires.

L'appellation de *loi d'airain* est peut-être excessive, il n'y a pas, en économie politique, de lois absolues dans le sens complet du mot. Ce que Lassalle appelle *loi d'airain* est plutôt *une loi fortement tendancielle*.

Il est évident que certaines professions, bien organisées corporativement et dans lesquelles on ne peut entrer qu'après un difficile apprentissage, peuvent, pendant un temps relativement long, maintenir les prix au-dessus de l'équivalent du strict nécessaire.

En revanche, la *loi d'airain* sévit de toute sa rigueur et plus que ne le dit Lassalle, sur les masses des prolétaires, qu'aucune organisation corporative, qu'aucune barrière professionnelle ne sauvegarde.

Ici les salaires sont toujours au-dessous de l'équivalent du strict nécessaire aussi rudimentaire qu'il puisse être. Et plus il y a résignation, plus il y a misère : le paysan italien se contente pour toute nourriture d'un affreux mastic de maïs; il n'aura pas même à sa faim de cette horrible *polenta* qui lui donne la *pellagra*. De même le paysan irlandais manquera des pommes de terre dont il se contente et le Chinois ne pourra pas se procurer en assez grande quantité les détritus dont il fait son immonde nourriture [1].

Pourquoi cela? Parce que deux forces agissantes font que les bras inoccupés surabondent de plus en plus sur les marchés du travail. Ces deux forces sont *les progrès du machinisme* qui, en augmentant toujours la productivité de l'effort humain, diminue la quantité de travail offert et *l'augmentation de la population*, effrayante, pour l'avenir de l'Europe, en Italie, en Allemagne, en Angleterre et en Belgique.

Il faut par suite, selon les navrantes conclusions des économistes, que chaque année un surplus de population meure lentement de faim.

Vue à un point de vue général, la loi des salaires pourrait être ainsi formulée :

Le salaire des travailleurs, non défendus par des circonstances spéciales d'organisation corporative ou d'habileté

1. En 1873-74, il y eut soixante émeutes de la faim dans l'Italie dite *redenta*. On vit en 1853, des Irlandais offrir leur bras, contre un peu de tabac, pour tromper la faim.

professionnelle, devra, à mesure que se peuplera le globe et que se perfectionnera l'outillage, être toujours de plus en plus au-dessous de l'équivalent du strict nécessaire, pour que la mort, plus ou moins lente, par la faim frappe le surcroît constant de population qui, en régime capitaliste, résultera de la nature des choses.

Autrefois l'écart était moins grand entre production et consommation. L'ouvrier moderne peut produire dix fois plus qu'il ne consomme, ne reçoit guère qu'un dixième de force d'achat relativement aux ressources sociales. La consommation minuscule des salariés pourra donc de moins en moins empêcher l'engorgement, la quantité de travail se restreindra et il devra mourir affamé par les chômages, au milieu de l'abondance de toutes choses.

Et, lorsque la concurrence du travail sera dans son plein, ce sera ceux qui auront le plus lutté pour la défense des salaires qui seront le plus frappés. C'est-à-dire que les inférieurs en énergie et en dignité, évinceront les supérieurs du banquet de la vie.

Je m'explique.

En vertu de la loi de sélection, l'homme peut se faire à des fatigues, à des privations continues, que ne supporterait pas la moyenne humaine, par l'habitude de ces mêmes fatigues et de ces privations répétées pendant plusieurs générations, constituant dès lors ce que les transformistes appellent un atavisme.

Toutes les natures inaptes ou rebelles à cette *modification régressive* succomberaient. Les survivants seraient toujours mieux adaptés et la divergence irait croissant entre *adaptés* et *non adaptés*.

La fièvre jaune, mortelle au Blanc, n'a aucune prise sur le Noir, car celui-ci a dû s'acclimater dans les pays qui la génèrent ou succomber : *Varier ou mourir*, telle a été, en ce cas, la loi. Les Noirs actuels sont fils de ceux qui, ayant survécu, ont « varié » ou pour mieux dire se sont adaptés à de nouvelles nécessités climatologiques.

Soumettez des Européens aux détritus alimentaires du prolétaire chinois, les quatre-vingt-dix-neuf centièmes mourront.

Le Piémontais, brun et petit, les paysans lombards, vénitiens, napolitains, supporteront en général des travaux excessifs et malsains, des privations qui tueraient plus ou moins rapidement le Français nerveux, l'Allemand à forte carrure et le solide Anglais.

Les Italiens seuls, et notamment les Piémontais, ont pu tenir, pour des journées de trois francs cinquante, au percement du Gothard. La main d'œuvre de la perforation aurait coûté plus du double, faite par des ouvriers d'autres nations ayant les mêmes besoins de consommation, si une race habituée à s'alimenter, avec une nourriture rudimentaire, une activité de fer, plus faite à supporter les causes extérieures de destruction, et n'ayant pas connu encore un grand nombre de besoins modernes, ne s'était offerte.

Beaucoup sont morts c'est vrai, un plus grand nombre ont contracté, sous la voûte funèbre, des germes de maladies mortelles. Mais les plus forts en sortent plus bronzés encore et leurs enfants survivants chasseront de race.

Si maintenant ces races sobres et infatigables sont enfermées dans le cercle étroit des besoins animaux, nullement progressives par conséquent, sont les plus prolifiques, (et c'est le cas) elles auront sur les marchés du travail la préférence des capitalistes, toujours à la recherche du meilleur marché et des plus gros profits.

Ainsi le chômage serait le lot des ouvriers qui, marchant avec la civilisation, en sont arrivés à avoir besoin d'un logis particulier [1], d'une nourriture non trop insuffisante et d'un certain développement intellectuel et moral.

La conclusion se présente d'elle-même. Le prolétariat ascendant serait évincé par un prolétariat stationnaire et, les progrès industriels aidant, la distance entre capitalistes au luxe croissant, et travailleurs confinés, en retour d'un travail écrasant, dans la vie animale, irait croissant. Nous arriverions, réellement cette fois, à une féodalité nouvelle, vraiment supérieure intellectuellement et physiquement, écrasant sous son talon d'or, les serfs commis au service de ses machines.

Des avant-goûts de cet état social sont appréciables en Lombardie, où il semblerait qu'il n'y a rien de commun entre les bourgeois milanais, intelligents, à l'esprit ouvert, à la figure belle, à la haute stature, et les pauvres paysans rabougris, pellagreux, qui peinent dans les rizières.

On m'objectera que la preuve du trop grand pessimisme de cette perspective est démontrée par ce fait, que si de 1820 à 1848, le sort de la classe ouvrière était allé en empirant, depuis cette époque il n'y a pas eu aggravation, que même, dans certaines professions, il y a eu amélioration.

Je répondrai à cela que la loi des salaires n'a pas encore été appliquée dans toute sa rigueur, et que le jour où elle

1. Les Piémontais émigrants s'entassent souvent jusqu'à dix dans la même chambre.

le serait, le sombre avenir de la régression homicide et torturante s'ouvrirait devant nous.

Procédons par constatations indiscutables.

Quatre nations européennes, l'Italie, l'Allemagne, l'Angleterre et la Belgique, voient leur population s'accroître avec une rapidité inquiétante.

Jusque-là les inconvénients de cette surpopulation ont été atténués par l'émigration anglo-allemande dans l'Amérique du Nord et en Australie, par l'émigration italienne dans l'Amérique du Sud.

Il reste encore un trop plein qui, pour l'Allemagne, se déverse sur la Russie dans les pays danubiens, et sur la France; pour l'Italie et la Belgique, se déverse sur la France où ces trois peuples (allemand, belge, italien) fournissent peut-être le sixième des ouvriers industriels [1].

Mais les deux Amériques et l'Australie se rempliront; mais l'immigration africaine (dont nous voyons les débuts) aura ses limites. Alors qu'arrivera-t-il en Europe, à un moment où le machinisme, enfin appliqué à l'agriculture, comme à l'industrie, aura encore augmenté la productivité du travail humain et diminué d'autant la *demande* de bras sur les marchés du travail?

Il n'y a qu'une réponse possible, les salaires baisseront,

1. Le sud-ouest de la France, particulièrement les départements du Lot-et-Garonne, de la Garonne, de la Dordogne, des Pyrénées, est envahi de même par les immigrants espagnols, travailleurs de fer, et se contentant de salaires moindres, quoique moins coulants à ce sujet, que les immigrants italiens. Ils ne nourrissent pas non plus, semblables en cela aux Belges, la haine inextinguible de certains immigrants d'autres nations, contre la France hospitalière.

la concurrence enfoncera ses crochets homicides dans les chairs du prolétariat, rejettera du travail, c'est-à-dire de la vie d'abord les pères de famille, ensuite tous ceux qui, en retour du travail, ont cru pouvoir exiger l'équivalent d'une vie humaine, à notre époque.

Et que sera-ce enfin si la concurrence va chercher dans l'Empire du Milieu, deux cents millions d'hommes capables de vivre avec un salaire inférieur des deux tiers, au salaire nécessaire d'un ouvrier piémontais, des trois quarts, au salaire nécessaire d'un ouvrier allemand, et des cinq sixièmes, au salaire nécessaire d'un ouvrier américain, anglais, français, suisse ou belge?

Les capitalistes, poussés l'épée dans les reins par la concurrence des plus mauvais de leurs rivaux, n'hésiteraient pas.

Puis, autre perspective :

Quoi qu'aient pu entasser de sophismes les économistes bourgeois et les plus mauvais des industriels, on produit pour consommer; les produits sont faits pour les hommes et non les hommes pour les produits, comme disait le bon Joseph Droz. Les ouvriers à bas salaire consommeront moins, d'où engorgement, crise, chômages, famines et ce qui s'ensuit.

Je sais bien que tout est relatif dans ce monde, que pour rester dans le vrai, il ne faut pas pousser les principes à leurs dernières conséquences. Mais chaque principe a ses conséquences tendancielles devant lesquelles il ne faut pas reculer. Or, il est bien évident qu'en régime capitaliste de concurrence illimitée, l'application universelle de la loi des salaires conduit, dans le premier acte du drame, à l'éviction en Europe et en Amérique, de ceux qui ont mordu à la vie civilisée, par ceux (inférieurs certainement) qui sont restés dans les étroits horizons de la vie purement animale — meilleur marché.

Avons-nous besoin de faire ressortir les côtés régressifs de cette sélection à rebours : la survivance assurée, dans le peuple travailleur, à ceux dont le développement a été purement physique, avec tendance par conséquent à se rapprocher des anciens types barbares, à l'exclusion de ceux qui, s'étant plus spécialement développés au point de vue cérébral, auront ainsi progressé moralement et intellectuellement.

Le second acte prendrait des proportions mongoliques et montrerait au spectateur épouvanté, la substitution de la *race jaune*, conservatrice par excellence, morte à tout progrès, à la *race blanche*, avant-garde glorieuse de l'humanité, qui lui doit sa conscience, tous ses progrès et toutes ses magnificences [1].

Oh ! certes les peuples militants de l'Occident ne se laisseront pas ainsi détruire ; ils briseront par la force le réseau meurtrier de concurrence, jeté sur eux comme un linceul funéraire, par la société capitaliste, et, en inaugurant la justice sociale, ils sauveront la civilisation dont le dévejoppement sera de plus en plus incompatible avec le déve-

1. *La conquête jaune* est commencée. Les prolétaires californiens ont dû la repousser révolutionnairement. Les autres travailleurs américains se sont aussi dressés contre l'immigration mortifère des coolies. Ceux-ci se jettent avec frénésie sur l'Australie, guettent l'Afrique, et comme d'imperceptibles points noirs, gros de désastres sociaux, font leur apparition en Angleterre et en France.

loppement, fatal en régime de concurrence, de la loi des salaires. Cet espoir révolutionnaire est notre consolation.

Ce n'est donc pas comme simple perfectionnement social que la science économique moderne conclut à l'abolition du salariat, à son remplacement par une organisation sociale de la production et de la circulation des richesses, mais aussi comme condition *sine quâ non* du salut et du développement de la civilisation inaugurée par le droit nouveau.

En attendant, les ouvriers peuvent-ils réagir contre les effets les plus meurtriers de la concurrence?

Sans aucun doute.

La *loi d'airain* n'est que tendancielle. Les corporations bien organisées peuvent quelque chose. Mais hâtons-nous de dire que ce n'est pas tant sur l'augmentation des salaires que doivent porter les réclamations. Une augmentation de salaire est rapidement suivie d'une augmentation correspondante, sinon supérieure, du taux des loyers et du prix des denrées. Il y a même cela de particulièrement douloureux, que les augmentations des salaires ne profitent qu'à quelques professions où l'on est mieux organisés, tandis que le renchérissement pèse sur les masses accablées du prolétariat.

La grande lutte à entreprendre est la lutte pour la diminution des heures de travail. Par là on aboutit à une augmentation indirecte de salaire, en diminuant les époques de chômages, et moins les ouvriers seront abrutis par les longues séances, et plus ils sauront comprendre et défendre leurs droits.

Toutefois, il faut bien le dire, sur le terrain purement économique les travailleurs ne peuvent pas beaucoup. Aux

§ 3. Les salaires en France.

Je ne puis, dans le dernier paragraphe d'un chapitre, entreprendre une étude sur les salaires; je me bornerai donc, à titre de simples constatations, à donner quelques chiffres officiels sur les salaires en France. De brèves remarques suivront :

SALAIRE DES HOMMES

Industrie parisienne

Ouvriers non nourris (hommes).

PROFESSIONS	SALAIRE MOYEN ORDINAIRE		AUGMENTATION P. 100
	1853	1877	1877
Bijoutiers-Orfèvres.......	4 25	6 50	53
Bouchers...............	4 50	6 »	33
Boulangers	5 »	6 65	33
Brasseurs..............	3 75	4 25	13
Briquetiers-Tuiliers......	3 »	3 30	10
Carriers...............	3 »	4 50	50
Carrossiers.............	4 »	5 50	37
Chapeliers..............	4 »	6 50	62
Charbonniers	3 »	5 50	75
Charpentiers...........	5 »	6 »	20
Charrons.	4 »	5 »	25
Chaudronniers..........	4 50	5 50	22
Chaussonniers..........	1 75	2 25	29
Cordiers.	3 »	4 »	33
Cordonniers...........	3 »	3 60	20
Couteliers.	5 »	5 50	37
Couvreurs.	3 »	6 50	30
Ébenistes..............	3 50	6 »	71
Ferblantiers-Lampistes...	4 50	4 »	14
Forgerons.	4 »	6 50	30

PROFESSIONS	SALAIRE MOYEN ORDINAIRE		AUGMENTATION P. 100
	1853	1877	1877
Horlogers	5 50	6 »	33
Imprimeurs	5 »	6 »	20
Jardiniers	2 50	3 75	50
Maçons	4 25	5 »	17
Maréchaux-Ferrants	3 65	5 »	37
Menuisiers	3 50	6 »	71
Peintres en bâtiments	4 »	6 25	56
Perruquiers-Coiffeurs	2 »	3 »	50
Plombiers	4 »	6 »	50
Poêliers-Fumistes	4 »	5 35	34
Potiers	3 50	3 85	10
Relieurs	3 50	5 50	57
Scieurs de long	3 50	5 85	67
Sculpteurs-Ornemanistes	4 »	7 »	75
Selliers	4 »	4 50	12
Serruriers	4 »	4 50	12
Tailleurs d'habits	3 »	5 »	67
Tailleurs de pierres	5 »	6 50	30
Tanneurs	3 75	5 »	33
Tapissiers	4 »	5 »	25
Teinturiers	3 50	4 50	29
Terrassiers	3 »	4 50	50
Tisserands	3 »	4 »	33
Tonneliers	4 25	5 »	18
Tourneurs sur bois	4 »	5 »	25
Tourneurs sur métaux	5 »	6 »	20
Vanniers	3 75	4 50	20
Vidangeurs	4 50	5 »	11
Vitriers	3 75	6 »	63
Moyennes générales	3 18	5 18	36

Province. — Ouvriers de petite industrie.

	1853	1871	1877
Bijoutiers, orfèvres	2 74	3 58	4 04
Bouchers	1 73	2 58	2 84
Boulangers	1 90	2 92	3 31

	SALAIRE MOYEN ORDINAIRE.		
	1853	1871	1877
Brasseurs	2 20	2 83	3 33
Briquetiers-tuiliers	1 88	2 58	2 80
Carriers	2 02	2 80	3 06
Carrossiers	2 21	3 16	3 48
Chapeliers	2 12	3 »	3 20
Charbonniers	1 83	2 71	2 56
Charcutiers	1 79	2 63	2 87
Charpentiers	2 20	3 34	3 64
Charrons	2 06	2 94	3 23
Chaudronniers	2 21	3 03	3 31
Chaussonniers	1 80	2 34	2 46
Cordiers	1 76	2 36	2 63
Cordonniers	1 68	2 50	2 76
Couteliers	1 80	2 61	2 83
Couvreurs	2 16	3 19	3 57
Ebénistes	2 20	2 98	3 36
Ferblantiers-lampistes	2 04	2 86	3 08
Forgerons	2 42	3 22	3 51
Horlogers	2 43	3 43	3 86
Imprimeurs	2 40	3 26	3 45
Jardiniers	1 78	2 47	2 70
Maçons	2 07	3 06	3 28
Maréchaux-ferrants	1 94	2 79	3 02
Menuisiers	2 02	2 86	3 20
Pâtissiers	1 97	2 31	2 60
Peintres en bâtiments	2 20	3 16	3 39
Perruquiers-coiffeurs	1 35	2 .7	2 30
Plombiers	2 25	3 14	3 32
Poêliers-ferblantiers	2 27	3 23	3 41
Potiers	1 95	2 65	2 67
Relieurs	1 92	2 51	2 82
Scieurs de long	2 01	3 31	3 29
Sculpteurs-ornemanistes	3 42	4 80	4 81
Selliers	2 14	2 87	3 11
Serruriers	2 16	3 02	3 28
Tailleurs d'habits	1 96	2 85	3 03
Tailleurs de pierres	2 39	3 48	3 64
Tanneurs	2 01	2 76	3 01
Tapissiers	2 39	3 30	3 53

	SALAIRE MOYEN ORDINAIRE.		
	1853	1871	1877
Teinturiers	1 91	2 65	2 85
Terrassiers	1 57	2 40	2 67
Tisserands	1 43	1 94	2 33
Tonneliers	1 98	2 70	3 02
Tourneurs sur bois	1 94	2 77	3 01
Tourneurs sur métaux	2 52	3 45	3 74
Vanniers	1 80	2 53	2 74
Vidangeurs	2 »	3 07	3 07
Vitriers	2 06	2 89	3 05
Moyennes générales	2 06	2 90	3 14

PRIX DE JOURNÉE MOYEN

des ouvriers en bâtiment dans les chefs-lieux de départements, Paris non compris.

	1853	1857	1871	1872
50 % Maçons	2,07	2,40	3,06	3,07
50 % Charpentiers	2,20	2,53	3,34	3,43
47 % Menuisiers	2,82	2,31	2,85	2,98
39 % Serruriers	2,16	2,44	3,02	3,01

PRIX DE JOURNÉE MOYEN

des ouvriers en bâtiment à Paris.

	1805	1810	1853	1866	1875	%
Terrassier	2f 25	2f 25	3f »	4f »	4f »	77
Tailleur de pierres	3 35	3 50	5 »	5 50	5 50	69
Paveur	3 25	4 »	5 25	6 »	6 25	92
Maçon	3 25	3 25	4 25	5 25	5 50	69
Limousin	2 50	2 50	3 »	4 25	5 »	100
Manœuvre	1 70	1 90	2 50	3 25	3 50	105
Charpentier	3 »	3 25	5 »	6 »	6 »	100
Menuisier	3 50	3 25	4 »	4 50	5 »	42
Forgeron	5 »	5 »	5 »	6 50	7 »	40
Ajusteur	3 75	4 »	4 25	4 60	5 25	40
Vitrier	3 »	» »	3 75	5 »	5 25	75
Plombier	4 25	» »	4 »	5 50	6 »	41
Couvreur	5 »	» »	5 »	6 »	6 »	20
Peintre	4 25	» »	4 »	5 »	6 »	41
Serrurier	» »	» »	4 »	5 »	5 »	

SALAIRES DE LA PETITE INDUSTRIE

dans les chefs-lieux de département, Paris excepté.

Salaire journalier d'un ouvrier non nourri.

Années.	Salaire ordinaire.	Maximum.	Minimum.	ACCROISSEMENT P. 100.	ACCROISSEMENT Absolu.
1853...........	»f 90	1f 23	»f 74	»	»
1871...........	1 40	1 82	1 10	46	0.44
1876...........	1 49	1 93	1 18	55	0.53
1877...........	1 51	1 93	1 21	57	0 55

Salaire journalier d'un ouvrier non nourri.

Années.	Salaire ordinaire.	Maximum.	Minimum.	ACCROISSEMENT P. 100.	ACCROISSEMENT Absolu.
1853...........	1f 89	2f 36	1f 53	»	»
1871...........	2 65	3 36	2 19	40	0.76
1876...........	2 86	3 64	2 37	51	0.97
1877...........	2 87	3 64	2 37	52	0.98

D'après M. de Foville (l'*Economiste français*, 5 février 1876).

Les salaires moyens, pris dans leur ensemble, se seraient accrus en vingt-trois ans de 53 0/0, ce qui équivaut à une augmentation de 2,30 0/0 par an.

LES SALAIRES AGRICOLES

Voici encore, d'après M. de Foville, cité par Yves Guyot, *Science économique*, les dix-sept départements où les salaires pour le travail des champs étaient le moins élevés.

DÉPARTEMENTS.	1849-53 fr.	1855 fr.	1862 fr.	ACCROISSEMENT de 1849-53 à 1862
Côtes-du-Nord...........	» 80	» 90	1 14	42.5 %
Finistère...............	» 86	» 91	1 14	32.5
Morbihan...............	» 82	» 94	1 18	43.9
Haute-Garonne..........	1 03	1 08	1 21	17.5
Ille-et-Vilaine...........	» 97	1 03	1 29	33.0
Ariège...	1 05	1 18	1 35	28.6
Tarn.....................	1 15	1 22	1 37	19.1
Haute-Vienne............	1 14	1 25	1 37	20.2

DÉPARTEMENTS.	1840-53 fr.	1855 fr.	1862 fr.	ACCROISSEMENT de 1849-53 à 1862
Tarn-et-Garonne.........	1 06	1 26	1 40	32.1 %
Gers.................	1 12	1 26	1 43	27.7
Landes................	1 20	1 37	1 44	20.0
Basses-Pyrénées	1 10	1 17	1 44	30.9
Indre..................	1 26	1 55	1 48	17.4
Mayenne................	1 14	1 20	1 50	31.6
Hautes-Pyrénées.........	1 10	1 12	1 50	36.4
Manche.................	1 21	1 33	1 53	26.4
Pas-de-Calais...........	1 08	1 30	1 53	41.7

Voici les vingt départements où la main-d'œuvre pour le travail des champs se payait le plus cher en 1862. (D'après les mêmes, v. *Science économique*, par Y. Guyot.)

PRIX DE JOURNÉE MOYEN

DÉPARTEMENTS.	1849-53 fr.	1855 fr.	1862 fr.	ACCROISSEMENT de 1849-53 à 1862
Seine..................	2 »	2 38	3 10	55.0 %
Seine-et-Oise...........	1 80	2 17	2 66	47.7
Seine-et-Marne..........	1 90	2 22	2 56	34.7
Bouches-du-Rhône.......	1 97	2 16	2 50	26.9
Rhône..................	1 92	2 20	2 50	30.2
Jura....................	1 75	1 92	2 50	42.8
Eure....................	1 69	1 87	2 37	40.2
Var.....................	1 65	1 92	2 35	42.4
Aube...................	1 67	1 83	2 33	39.5
Marne..................	1 72	1 90	2 30	33.7
Yonne..................	1 65	1 74	2 26	37.0
Haute-Marne	1 66	1 92	2 22	33.7
Charente-Inférieure	1 72	1 91	2 22	29 0
Vaucluse................	2 04	2 38	2 20	7.84
Doubs..................	1 63	1 85	2 17	33.1
Gironde	1 52	1 75	2 16	42.1
Ardennes	1 75	1 84	2 16	23.4
Oise	1 54	1 77	2 15	39 5
Lot-et-Garonne..........	1 47	1 78	2 13	44.9
Hérault.................	1 52	1 76	2 12	39.5

SALAIRE DES FEMMES (Paris).

PROFESSIONS.	SALAIRE MOYEN ORDINAIRE.			Augmentation.	
	1853	1871	1877	1871	1877
Blanchisseuses........	2 50	3 »	3 »	» 50	» 50
Brodeuses...........	2 »	3 »	3 »	1 »	1 »
Corsetières...........	1 50	2 »	2 »	» 50	» 50
Couturières en robes..	1 75	2 »	2 »	» 25	» 25
Culottières...........	2 50	4 »	4 »	1 50	1 50
Dentellières..........	2 30	3 »	3 »	» 70	» 70
Fleuristes............	2 50	3 »	3 »	» 50	» 50
Lingères.............	1 50	2 »	2 »	» 50	» 50
Piqueuses de bottines.	2 50	3 »	3 »	» 50	» 50
Moyennes générales...	2 12	2 78	2 78	» 66	» 66

Autres chiffres.

	1844	1853	1871	1877	Augmentation %
Lingères.............	» 50	1 50	1 75	2 »	122
Corsetières...........	1 »	1 50	2 »	2 »	100
Couturières en robes..	1 25	1 75	2 »	2 »	60
Brodeuses............	1 50	2 »	2 »	3 »	100
Dentellières..........	1 50	2 30	2 50	3 »	100
Piqueuses de bottines.	1 50	2 50	2 »	3 »	100
Fleuristes............	1 50	2 50	2 25	3 »	100
Blanchisseuses........	2 »	2 50	2 50	3 »	50
Culottières...........	1 75	2 50	2 75	4 »	128
Moyennes............	1 43	2 12	2 20	2 68	94

(*Economiste français*, 15 mars 1876, *Variations des prix en France*, de Foville.)

PRIX DE JOURNÉE MOYEN

des femmes dans les chefs-lieux de département.

PROFESSIONS.	En 1853	En 1872	ACCROISSEMENT p. 100.
Modistes..................	1 12	1 37	22
Lingères..................	» 90	1 38	53
Brodeuses.................	» 98	1 38	41
Corsetières...............	» 97	1 46	51
Couturières en robes.......	1 08	1 49	38

PROFESSIONS.	En 1853	En 1872	ACCROISSEMENT p. 100.
Culottières.................	1 05	1 50	43
Piqueuses de bottines......	1 »	1 52	52
Blanchisseuses.............	1 25	1 53	22
Giletières.................	» 95	1 57	65
Dentellières...............	1 08	1 66	54
Fleuristes.................	1 33	1 78	34

(*Loco citato.*)

Etant donné le vertigineux renchérissement des loyers et des denrées (pour ne citer que deux exemples depuis le commencement du siècle les petits loyers ont plus que triplé et le prix de la viande s'est élevé de 275 0/0) ces chiffres sont passablement lamentables. Encore ne devons-nous les accepter qu'avec la plus grande réserve. On sait comment se font les enquêtes officielles. C'est aux patrons que l'on s'adresse pour avoir les moyennes. Ceux-ci forcent naturellement les chiffres, en tous cas font entrer les hauts appointements des contre-maîtres dans la constitution de la moyenne. De tout cela résulte une majoration de 5 à 10 0/0. Autre circonstance faussante : Les statistiques officielles ne tiennent pas compte des chômages grandissants, lesquels diminueraient de beaucoup les moyennes.

Par exemple on nous étale en chiffres triomphants les augmentations importantes dont ont bénéficié les ouvriers en bâtiment, mais on néglige de nous dire que pour eux les temps de chômages se sont accrus de deux à quatre mois par an.

Ajoutons qu'il n'est ici guère question des ouvriers de la grande industrie les plus mal payés et les plus maltraités.

Enfin disons que les moyennes ont cela de cruel que le plus grand nombre des salariés recensés ont des salaires inférieurs à ceux portés à la moyenne et que calculer leur budget sur une recette dont il ne bénéficie pas paraît une sanglante ironie.

Pour le salaire des femmes par exemple, qui va à peine à la moitié de celui des hommes, il n'y a pas à discuter les chiffres, ici l'iniquité est tellement monstrueuse qu'il n'y a pas à s'arrêter aux détails. Il est manifeste que la femme, sauf de trop peu nombreuses exceptions, ne peut pas vivre de son travail et que la société actuelle la livre à toutes les douleurs, à tous les pièges de la lutte pour la vie. Cette iniquité économique et sociale dont sont victimes les femmes asservies ou affamées, souvent dégradées par nos belles institutions suffirait à motiver une révolution.

C'est pourquoi les femmes doivent être les premières à venir au socialisme avec les prolétaires, comme, avec quelque raison, elles furent, autrefois, les premières à venir au christianisme avec les esclaves.

Opprimés de classe et opprimées de sexe, votre délivrance est dans la même révolution économique. Allez ensemble au bon combat pour l'émancipation universelle!

CHAPITRE XI

LES MACHINES

§ 1. Historique.

« Esclaves qui faites tourner la meule, épargnez vos mains et dormez en paix. C'est en vain que la voix retentissante du coq annonce le matin : dormez. D'après l'ordre de Déméter, la besogne des jeunes filles est faite par les naïades, et maintenant celles-ci bondissent, brillantes et légères, sur la roue qui tourne. Elles entraînent l'axe avec ses rayons et mettent en mouvement la lourde meule qui tourne en rond. Vivons de la vie heureuse de nos pères, et jouissons, sans travailler, des bienfaits dont la déesse nous comble. »

Ainsi chantait le poète grec Antiparos dans les derniers jours de la République romaine, lorsque le moulin à eau venu d'Orient,fut introduit dans le monde occidental.

Le poète antique avait compris, dans une idvination de génie, que la conquête des forces naturelles devait se faire au profit de tous et en premier lieu de ceux accablés de tout le poids du labeur, la société capitaliste que nous subissons n'a pas de vues aussi humaines. Pour elle, les découvertes et les appropriations de forces physiques et mécaniques, au lieu d'être des gages d'amélioration immédiate et de délivrance prochaine pour les asservis du travail salarié, ne sont que des sources de bénéfices pour les possesseurs de capitaux; la collectivité vient après et les travailleurs n'y trouvent d'abord qu'un accroissement de misère.

Il n'entre pas dans le cadre de cet ouvrage de donner un aperçu même sommaire des inventions et découvertes à travers les âges; nous nous en tiendrons aux découvertes purement industrielles et nous ne remonterons pas au delà du XVIIIe siècle, berceau du machinisme moderne.

Toutes ces inventions admirables, toutes ces merveilleuses applications mécaniques qui ont révolutionné le monde économique et sont, malgré la myopie et l'égoïsme des bourgeois dirigeants, le gage de l'émancipation future de tous ceux que la pauvreté et un travail ingrat courbent sous leur joug de fer, découlent d'une invention mère : la découverte de la force expansive et toute-puissante de la vapeur d'eau comprimée.

Le français Salomon de Caus eut le premier l'idée de faire servir la pression de la vapeur d'eau à l'élévation du liquide.

C'était l'observation génératrice. Le marquis de Worcester, en 1633, et Savery en 1689 continuèrent, le dernier surtout, les recherches en ce sens. Mais vers la même époque Denis Papin passait des tâtonnements à l'application et inventait une machine, type des futures machines atmosphériques et pouvant déjà servir de force motrice.

Ce grand homme ne réussit ni à faire adopter ses idées, ni à tenter lui-même une application par manque d'argent. Deux artisans de Darmouth : Newcomen et Cawley eurent cet honneur, en 1705. Ils appliquèrent d'abord la machine de Papin à l'épuisement des mines, ensuite à fournir de l'eau à la ville de Londres.

Enfin vint James Watt qui, après 1764, trouva le moyen de compléter et d'utiliser l'admirable découverte française. Il opéra ainsi une immense et féconde révolution dans la production industrielle, notamment pour l'extraction de la houille, la métallurgie, l'industrie manufacturière proprement dite. La même révolution fut opérée dans la traction par les merveilleuses découvertes et applications de Stephenson et de Marc Séguin, l'inventeur des machines tubulaires à générateurs.

Déjà les applications manufacturières, étaient florissantes. Au nombre des applications les plus notables des Anglais, dans cet ordre de choses figurent surtout, dit Worms : a) La *spinning-jenny*, découverte ou perfectionnée en 1767 par James Hargraves, un charpentier du comté de Lancastre et qui changea promptement l'état existant, en permettant, dès le principe déjà, de filer huit fils à la fois avec la même facilité qu'un seul ; mais comme la jenny n'était applicable qu'à la filature du coton pour trame, parce qu'elle ne pouvait donner au fil le degré de force et de torsion qu'exige la chaîne, il fut remédié bientôt à ce défaut par l'introduction du b) *spinning frame* ou *waier frame* (métier continu), cette merveilleuse pièce de mécanique qui produit un grand nombre de fils ayant chacun la même force et la même finesse. Depuis et même avant l'expiration du brevet d'invention de sir Richard Archwright en 1785, les découvertes ont été très nombreuses et les progrès très rapides dans toutes les branches de fabrication ; mentionnons, en effet c) la *mule-jenny*, inventée en 1779 par

Brompton, et ainsi nommée parce qu'elle est un composé du *spinning-jenny* et du *spinning-frame*; d) le powertoom (métier à tisser mécanique) conçu par le révérend Cartwright en 1784, et grandement répandu à partir de 1805. On peut ajouter ici une foule d'autres machines, telles que le *Flyrowing*, banc à broches, et encore le métier à filer automaté ou renvideur (selfacting mule ou selfactar) de Roberts, qui ne remontent qu'à 1825 et sont d'une ingéniosité remarquable.

Les machines à filer produisent, d'après Bernouilli 100 fois, d'après Moreau de Jonnès, 120 fois, et d'après des indications plus récentes encore, même 266 fois autant, à travail égal, que des rouets guidés manuellement. Une fileuse à la main, avec un aide, ne doit pouvoir livrer par semaine qu'une 1/2 livre de fil fin. Un homme avec deux enfants pour rattacher, peut pourvoir à deux machines à filer fin, de 3 à 400 broches. Par chaque broche de métier à filer fin, il peut être filé annuellement environ 80 livres de fil nº 12-16, environ 26 livres du nº 40, environ 9 livres du nº 100. La moyenne annuelle peut être représentée par environ 25 livres. L'Angleterre comptait, en 1850, environ 21 millions de broches; aujourd'hui on lui en attribue 37,718,500. Un tisserand anglais, assisté d'un enfant de douze ans, fabrique, avec quatre métiers à tisser, par semaine, environ 22 pièces de cotonnade à 24 yards (de 3 pieds), alors qu'un tisserand à la main n'en fabrique que 48 yards, = 72 aunes. En 1860 déjà, il existait dans la Grande-Bretagne jusqu'à 109,000 de ces métiers. La conséquence inévitable de ce changement est un grand bon marché, la production et la consommation, de cotonnades sur une échelle prodigieuse.

Les machines découvertes ou perfectionnées par James Watt et Richard Archwright furent introduites en France dans les manufactures alors ouvertes en Normandie, en Picardie, et dans la Flandre française qu'en 1789. Mais la France elle-même vient, dès cette époque immédiatement après l'Angleterre par l'importance et le nombre de ses découvertes dans l'ordre industriel.

Molard fonde le *Conservatoire des arts et métiers.*

Jacquard, ouvrier en chapeaux de paille, invente le métier qui porte son nom; le chimiste Bertholet découvre le blanchîment et la propriété clarifiante et désinfectante du charbon; Vaucanson la machine à organsiner; Thimonnier la machine à coudre[1]; Lebon aide puissamment à la découverte et à l'application du gaz; Gensoul invente un nouveau procédé pour filer la soie; Raymond et Gonin perfectionnent la teinture; Perrot invente la machine à imprimer sur étoffes dite *perrotine.* Ph. de Girard crée une nouvelle machine, et la meilleure, à filer le lin. Sauvage invente l'hélice pour la navigation, à laquelle Fulton avait appliqué la vapeur. Ainsi d'une centaine d'autres.

Le XIXe siècle se trouva grâce à cet immense travail an-

1. Le créateur de la machine à coudre Thimonnier, pauvre tailleur de Saint-Etienne, meurt malheureux à Amplepluis, à l'âge de soixante-quatre ans, après une vie de lutte et de privations. Au bout de quinze années d'efforts indescriptibles, il était parvenu à créer un atelier, rue de Sèvres, à Paris, dans lequel il avait, nouvel et triste exemple de notre indifférence, quatre-vingts machines à coudre, pour la confection des vêtements militaires ; mais ses ouvriers voyant une dangereuse concurrence dans le nouvel engin mécanique, brisèrent les machines. Il fut ruiné.

glo-français armé de forces productives qu'on n'aurait pas osé rêver dans les siècles précédents.

Dans sa belle langue de voyant, Michelet a décrit ainsi ce nouvel ordre de choses :

« Au jour de sa naissance, (du XIXe siècle) un double prodige effrayant se fit voir. Avez-vous quelquefois, en pleine nuit, sur un chemin de fer, aperçu de loin un convoi rapide qui vient à vous? Ses deux gros yeux cyclopéens, ses étincelles jettent l'effroi.

C'est juste ce qu'on vit alors, en 1800.

L'un était la terrible grande armée de Napoléon qui ruina l'Europe, en laissant la France épuisée, desséchée, (et fut le point de départ des colossales et écrasantes armées actuelles, en Europe qui tiennent sous le joug plus de quatre millions d'hommes, coûtent plus de quatre milliards par an, et pèsent comme un couvercle de fer, comme une menace permanente sur la civilisation moderne.)

Oui, s'écrient les humanitaires, mais heureusement, l'autre œil flamboyant fut celui de la machine de Watt et de la grande armée des ouvriers, instrument bienfaisant de paix, d'utilité pour tous.

Provisoirement cet instrument de paix aide la guerre par des capitaux infinis, sert la tyrannie maritime. Il fournit à la coalition (anti-française) des forces inépuisables pour les guerres de l'Europe et de l'Inde, d'où le choléra (1817) et mille maux.

De plus ce règne des machines, admirable comme production de richesses, en revanche attire et dévore les races, dépeuple les campagnes. »

Incontestablement vrai, la révolution est profonde et appelle d'autres moules sociaux, sous peine de crises et de souffrances sans fin. Ecoutons à ce sujet un économiste du temps.

« De grandes fabriques, fondées sur le système de la division du travail, s'élevèrent à l'envi, et souvent à grands frais. Autour d'elles la population ouvrière ne manqua pas de se grouper et de s'accroître dans une progression rapide. On vit surgir de nouvelles villes toutes manufacturières; d'autres s'agrandirent prodigieusement. Durant quelques années, le succès parut couronner l'industrie nationale, et principalement celle qui s'exerçant d'une manière plus exclusive sur les produits de notre sol, s'attachait à satisfaire les besoins de la consommation intérieure. Mais on était allé plus loin : on voulut aussi s'élancer sur le théâtre d'une concurrence universelle. On chercha, à l'aide de machines et de procédés plus économiques, à rivaliser avec l'industrie anglaise pour les produits manufacturiers dont les matières premières sont tirées de l'étranger.

Mais on s'aperçut trop tard que si la production pouvait être, en quelque sorte, illimitée, la consommation avait des bornes plus étroites. Depuis longtemps tous les marchés des deux mondes étaient encombrés de marchandises anglaises; les autres peuples s'étaient lancés à leur tour dans les carrières de l'industrie manufacturière.

Nos tissus de cotonset d'autres produits, momentanément protégés par le blocus continental, mais dont l'abondance avait excédé les besoins de la consommation intérieure, ne purent trouver d'écoulement. D'énormes capitaux, employés à l'établissement d'un grand nombre de fabriques, demeurèrent fréquemment improductifs. Plus d'une fois les entrepreneurs d'industrie durent ralentir leurs travaux, recourir à des procédés plus économiques, réduire les salaires et finalement congédier un grand nombre d'ouvriers.

D'un autre côté, la moyenne industrie dès longtemps façonnée à la routine des travaux manuels qui suffisaient à des besoins modérés, dépourvue de capitaux et peu disposée à des innovations aventureuses n'avait pu se prêter au changement de goûts et de procédés si subitement opéré. Elle devait être nécessairement absorbée par le système monopolisateur des grandes manufactures.

Ainsi la classe ouvrière, soit qu'elle fût attachée au char brillant de l'industrie nouvelle soit qu'elle fût demeurée fidèle à de vieilles et modestes industries, s'est trouvée d'autant plus sensiblement frappée dans ses moyens d'existence, que la paix, la sécurité de l'avenir et les promesses des grands manufacturiers avaient naturellement accru prodigieusement cette partie de la population qui ne vit que de son travail, et dont la domination des nouveaux suzerains de l'industrie n'avait guère développé la moralité, les lumières et la prévoyance. Aussi le *paupérisme anglais* avec son triste cortège de dégradation physique et morale, commençait-il à apparaître, précisément dans les contrées où l'industrie manufacturière avait reçu plus d'essor et d'étendue. » (A. de Villeneuve.)

L'ère nouvelle était pourtant encore à sa période d'expansion quelque rapides qu'aient été ses premiers développements. En 1840, Ch. Dupin évaluait comme suit les forces productives de la France et de l'Angleterre.

	En Grande-Bretagne	En France
1° En agriculture, bêtes de travail	22,500,000	28,872,500
2° Dans les industries et le commerce:		
(a) Bêtes de travail	1,750,000	2,100,000
(b) Eau dans les moulins, etc. . .	1,200,000	1,500,000
(c) Vent dans les moulins	240,000	253,000
— dans la navigation . . .	12,000.000	3,000,000
(d) Vapeur d'eau.	6,400.000	80,000
	44,099,000	36,205,833
Excédant pour l'Irlande. . . .	7,241,166	
	51,331.166	
Si l'on ajoute la quantité présumable de forces humaines, soit...	8,919,150	12.609,056
On arrive à la somme principale de	60,250,316	48,814,889

Voici maintenant les chiffres de 1876; ils établissent l'incroyable progression des forces productives depuis 1840.

Le bureau de statistique de Berlin établit que les machines à vapeur fixes, actuellement en activité, représentent une force de vingt-quatre millions 1/2 de chevaux vapeur. Savoir : pour les Etats-Unis, 7 1/2 millions de chevaux vapeur; pour l'Angleterre, 7 millions; pour l'Allemagne, 4 1/2 millions; pour la France, 3 millions; pour l'Autriche, un million et demi; pour le reste du monde, un million. Dans ces chiffres ne sont pas comprises les locomotives dont le nombre s'élève, dans les deux mondes, à 105,000, roulant sur 350,000 kilomètres de chemins de fer, et représentant une force totale de 30 millions de chevaux; en y ajoutant la force des autres machines, on arrive au chiffre de 54 1/2 millions de chevaux vapeur.

En principe, le cheval vapeur a la puissance de trois chevaux vivants, le cheval vivant celle de sept hommes. Les machines à vapeur fonctionnant dans le monde entier représentent donc la force de plus de un milliard d'hommes, plus du double de l'effectif des travailleurs correspondant à la population du globe, qu'on estime être de un milliard 455,923,000 habitants.

Dans l'industrie française seule, la force motrice à vapeur qui représentait en 1859, (avec ces 13,691 machines), une force de 170,000 chevaux, représentait en 1879, avec ces 50,000 machines, malgré la perte de l'Alsace-Lorraine une force de 3,181,000 chevaux, soit une force équivalente à celle de plus de 60 millions d'hommes.

M. de Foville, conteste ces quantités, il a supputé, qu'il y a en France 40,000 appareils à vapeur, ayant une force totale de 1,500,000 chevaux vapeur et formant l'équivalent de 60 millions de bras, soit de 30 millions ouvriers. Quelques économistes contemporains, dans une éloquence verbeuse et superficielle qui sent le radotage, s'émerveillent de ce concours apporté à la puissance productive de l'homme, et n'examinent pas de plus près ce phénomène. D'autres, au contraire, se demandent comment il se fait que toutes ces machines, que ces 30 millions de travailleurs de fer ou d'acier, n'aient pas singulièrement augmenté les loisirs de l'humanité. Quelques-uns même, poussant plus loin l'observation, recherchent si ces nouveaux travailleurs inanimés, si puissants et si souples à la fois, ne font pas aux ouvriers de chair et d'os une concurrence redoutable et ne dépriment pas leurs salaires.

C'était le point de vue, on le sait, de Sismondi. M. de Foville a calculé qu'une machine à vapeur se payait 2,000 fr. par force de cheval il y a trente ans, qu'elle ne revient plus qu'à 1,000 francs aujourd'hui, ce qui représente pour l'intérêt et l'amortissement un loyer de un centime par heure ; la nourriture de cet ouvrier de fer ou d'acier se compose de trois ou quatre centimes de charbon en moyenne ; ainsi c'est en tout un sou ou cinq centimes par heure que coûte en intérêt, en amortissement, en alimentation ou entretien, ce cheval-vapeur dont la puissance égale celle de trois chevaux de trait et dépasse celle de vingt hommes de peine. Le concours inespéré d'aussi précieux et d'aussi peu coûteux collaborateurs n'aurait-il pas dû accroître dans une énorme proportion les loisirs, l'aisance, l'indépendance, en un mot, de l'humanité? Leur devoir n'était-il pas de l'affranchir? Au contraire, ils paraissent l'avoir asservie. *Sisyphisme*, telle serait la devise de notre civilisation. Tout engin nouveau que la fécondité du cerveau de l'homme découvre pour abréger sa tâche ne fait qu'accroître le travail collectif, le rendra plus continu, plus impérieux, plus monotone, plus intense surtout.

§ II. Les résultats.

Si, il y a trois siècles, on eût prédit la découverte de machines capables de centupler la production avec un effort humain moindre, les utopistes de ce temps auraient rêvé une société s'épanouissant dans une prospérité inouïe, en assurant à chacun de ses membres le demi-loisir qui suit une tâche légère remplie et toutes les magnificences de l'abondance.

Il n'en a rien été. Le machinisme a été jusqu'ici pour le prolétariat une cause maudite de surtravail meurtrier et douloureux, de chômages homicides et de privations sans nom.

Aussi plus d'une fois le prolétariat au désespoir se rua-t-il sur ces monstres de fer qui l'expulsaient de l'atelier et le faisaient mourir de faim au lieu(comme cela aurait pu être) d'adoucir leur tâche.

Qui n'a entendu parler des destructeurs de machines (Luddites) en Angleterre, qui en 1826, par exemple, mirent en pièces une foule de métiers à tisser dans le Lancashire ? En 1758, le peuple brûlait la machine d'Everett à tondre le drap, et en 1768 on portait la main sur la première scierie, mue par le vent, qui eût été établie en Angleterre, ce qui n'empêcha pas cependant, il est vrai, l'Etat de réparer le dommage dans les deux cas et les machines d'être rétablies. Même encore, en 1846, les ouvriers d'Elbeuf s'insurgèrent contre la trieuse employée pour le nettoyage de la laine. Les machines à pétrir la pâte ont excité le vif mécontentement des garçons boulangers, et le métier de Jacquard, lui aussi rencontra originairement de violentes résistances. On a vu le sort des premières machines à coudre.

« Ce qu'il y a de plus admirable dans les machines, dit Michel Chevalier, ce qui doit rendre l'extension et le progrès de la mécanique chers à quiconque aime ses semblables, c'est que la destination des machines est de remplacer l'homme et de produire à sa place, afin qu'il y ait plus de produit avec moins d'efforts, plus de jouissance avec moins de peine, et que tout homme cessant d'être écrasé par la matière, puisse participer quelque peu aux plaisirs de l'intelligence, et se cultiver lui-même tandis que les éléments travailleront pour lui.

» *Eh bien! dans la constitution actuelle de l'industrie, sous la loi de la concurrence illimitée, on arrive à l'effet contraire.*

Les ouvriers de Brighton ont eu raison de dire : « Les machines qui devaient être nos esclaves, sont devenues nos plus redoutables compétiteurs. » Ils ont eu raison de les comparer à ce monstre d'une légende allemande qui, après avoir reçu la vie, ne l'employait qu'à persécuter celui qui la lui avait donnée. *Dans l'état actuel des choses*, la mécanique sert quelquefois, souvent même, à adoucir à la longue le travail de l'homme ; mais, plus souvent encore elle ravit à la génération présente sa substance ; au lieu de relever la dignité de l'homme, elle l'abaisse, et chez lui l'intelligence devient comme une superfétation. Il est si peu de chose en présence des merveilleux mécanismes qu'il dirige, je devrais dire par lesquels il est dirigé, qu'on ne songe pas à lui attribuer la moindre part du mérite et de la gloire de l'œuvre industrielle ; et remarquez-le, ce n'est point par dédain pour la classe ouvrière, c'est tout simplement l'expression de ce fait que dans les grandes manufactures, *faute d'une organisation fondée sur une pensée morale*, l'homme n'est rien de plus qu'un *instrument de production*, un petit engin naturellement insignifiant à côté des machines gigantesques dont se sert l'industrie. On n'emploie plus cet engin animé qu'en attendant, jusqu'à ce qu'on ait trouvé un tout autre engin matériel *qui coûte moins cher*. Ecoutez l'aveu que naturellement et sans penser à mal, des manufacturiers anglais, gens réputés libéraux, faisaient récemment à un de nos compatriotes : « La mécanique, lui disaient-ils, a délivré le capital des exigences du travail. Les machines remplacent tout, jusqu'au chauffeur de nos machines à vapeur. Il y a quelque temps, nous avions besoin de chauffeurs habiles, sachant bien mesurer la quantité de combustible sur la quantité d'oxygène que recevait le fourneau, et un bon chauffeur coûtait cher : aujourd'hui une trémie et une machine à broyer le charbon font la besogne beaucoup mieux que le meilleur chauffeur, et un manœuvre nous suffit. Partout où nous employons encore un homme, ce n'est que *provisoirement*, en attendant qu'on invente pour nous le moyen de remplir la besogne sans lui. »

— « Ainsi, comme le dit M. Sismondi en répondant aux économistes de l'autre côté du détroit, il semble que *la perfection sociale* doive être atteinte lorsque le roi, demeuré seul dans son île, et tournant constamment une manivelle, fera accomplir par des automates tout l'ouvrage en Angleterre, gardant pour lui-même tous les produits afin de les expédier au dehors par d'autres automates flottants que conduirait l'impulsion de la vapeur.

» Voilà pourtant, continue Michel Chevalier où l'on aboutit lorsqu'on se met en route sans avoir pour boussole *un principe moral.*

. . . .

» Dans la condition actuelle de l'industrie, *point de lendemain assuré*. C'est le sort commun de l'ouvrier et du maître, avec cette seule différence que, pour le maître, le lendemain est à une distance d'un an ou de six mois, tandis que pour l'ouvrier il est à une semaine ou à vingt-quatres heures. Or, *la plus précieuse des richesses, c'est la certitude du lendemain*. C'est comme un de ces talismans des légendes orientales, dont la perte change aux yeux de celui qui en est dépouillé l'aspect de la nature entière, tout, jusqu'à la teinte de la végétation et l'éclat du soleil. L'homme à qui il est ravi, est campé dans la société, il n'y est pas établi.

Sans lendemain, pas de foyer domestique, pas de famille ni de bonnes mœurs. Pour l'homme qui n'a pas de lendemain, *l'intelligence est un don funeste, et la faculté de prévoir une torture.*

. . . .

» Evidemment, messieurs, c'est là une situation violente, contraire aux conditions de toute société, aux immuables lois de l'ordre universel, au vœu de la civilisation, à la mission de l'homme sur la terre, et, je tiens à en faire la remarque, à la nature intime de l'*industrie*, qui aime la sécurité.

» Si elle se prolongeait, le maintien de la société elle-même serait impossible, car quelle chance de stabilité peut offrir un régime social où l'existence matérielle d'un nombre immense d'hommes est de l'instabilité la plus extrême? Sur quel avenir compter là où une grande quantité de citoyens n'a aucune garantie pour le lendemain le plus immédiat?

» Puis nous nous étonnons de ce que le sol tremble sous nos pas et de ce que le gouffre des révolutions ne peut pas se clore!

» Cette situation est particulièrement insoutenable et menaçante en France, car chez nous l'ouvrier a le *droit*, quand il souffre, de répéter cette exclamation que le prince des orateurs romains mettait avec un accent d'énergique désespoir dans la bouche d'un citoyen iniquement condamné par un odieux proconsul : je suis un citoyen de Rome, un fils de la reine du monde, *civis sum romanus!* Et à la connaissance de ses droits, l'ouvrier français joint le sentiment de sa force ; car il y a dix ans il renversa un trône en trois jours, et de toute part on l'excite à ne pas l'oublier. Autour de lui tout est calculé pour qu'il s'en souvienne.

» Pour sortir de ce labyrinthe, il n'y a que deux issues. L'une mènerait à une féodalité industrielle où les masses laborieuses, traitées comme des *mutins* seraient de nouveau condamnées au servage. On leur commanderait d'oublier à jamais cette loi d'égalité qu'elles s'étaient flattées de conquérir en baignant l'Europe de leur sang et en parsemant le monde de leurs os, et on les tiendrait barricadées dans les geôles de l'*industrie,* comme dans l'enfer du Dante, sans espoir! L'autre issue, peu explorée encore, et où l'on ne peut s'avancer qu'à tâtons, conduit à l'association... »

Tels sont les éloquents aveux que les ravages du machinisme aux mains des capitalistes, arrachèrent à un économiste, bourgeois cependant; mais non entièrement oublieux de l'enthousiasme saint-simonien qui avait éclairé sa jeunesse.

Obéissant aux mêmes préoccupations, mais ne les analysant pas avec la même clairvoyance, le ministre Cunin-Gridaine disait : Inventez une machine qui augmente de moitié la main d'œuvre afin de donner de l'ouvrage aux ouvriers[1].

Sismondi avait devancé Michel Chevalier sur cette brûlante question lorsqu'il avait dit :

« Bien que les machines accroissant le pouvoir de l'homme soient un bienfait pour l'humanité, la distribution injuste

1. Colbert faisait à un inventeur lui proposant une machine qui accomplirait le travail de dix hommes cette réponse rapportée par M. Batbie : Je cherche à faire vivre honnêtement le peuple de son travail et vous venez me proposer le moyen de lui enlever son travail; portez votre invention ailleurs.

que nous faisons de leurs bénéfices les transforme en fléaux des pauvres.

» Qu'on ne m'accuse pas d'avoir fait rétrogader la science (économique), je l'ai portée plus avant, et sur un nouveau terrain. Je demande instamment que l'on m'y suive, au nom des calamités qui affligent un si grand nombre de nos frères et que la science (économique) ancienne ne nous enseigne pas plus à comprendre qu'à prévenir.

» En tous cas, je n'ai nullement la pensée ou de gêner les progrès de la production, ou de retarder l'application des sciences et des arts et l'invention des machines. »

Stuart-Mill a dit, de son côté, avec un profond sentiment de regret : « Jusqu'à présent les machines n'ont pas diminué d'une seule heure le travail d'un seul être humain. »

« Loin de là : poursuit de Laveleye, beaucoup plus d'hommes travaillent aujourd'hui et travaillent plus longtemps.

Jadis, à tous la nuit apportait le sommeil, et le dimanche, le repos.

Que de gens retenus à l'ouvrage, la nuit, sur les voies ferrées, sur les navires, au fond des charbonnages, dans les hauts-fourneaux, dans les sucreries, dans les bureaux des administrations, et jusque dans les laboratoires ou le cabinet du savant, partout où l'opération industrielle ne permet pas d'interruption et où l'activité de la vie moderne ne supporte pas de retards !

L'homme est surmené, dévoré par ces infatigables serviteurs d'acier auxquels il commande, mais qu'il doit servir à son tour. Un premier remède à cet excès serait de conserver le plus scrupuleusement possible, au moins un jour, par semaine, de plein repos à ceux que le travail quotidien occupe sans relâche.

La machine nouvelle profite à la société tout entière ; il ne faut donc pas que l'ouvrier, qui n'est pas responsable des modifications apportées dans l'industrie, en soit la victime. Il est exproprié de son gagne-pain pour cause d'utilité publique. Au besoin, une indemnité lui est due. La machine, qui a augmenté la production, fournit les moyens de la payer. »

Voilà les objections. L'industrie, quoique par ses découvertes incessantes elle mérite de plus en plus son nom, ne diminue pas la fatigue de l'homme, ou bien à l'effort et à la lassitude physiques, elle substitue — ce qui n'est pas un moindre mal, l'effort de l'attention et la lassitude morale. L'industrie avec le développement merveilleux de la puissance productive, ne détruit pas le paupérisme, elle ne l'éteint pas; elle le crée au contraire, ou du moins l'accroît. Voilà ce que proclament non seulement Lassalle, Karl Marx, Proudhon, mais Stuart Mill, et les plus éminents économistes.

Tous les économistes ne virent pas cependant si bien les choses. Apologistes gagés de la féodalité capitaliste, un grand nombre d'entre eux proclamèrent la machine l'émancipation universelle et la bienfaitrice des ouvriers, même dans l'état actuel [1].

1. Ils voient dans la substitution *successive* des machines au travail de l'homme, l'*image du progrès* et le but de la civilisation : n'est-ce point plutôt l'image de ce pauvre animal nommé

Un industriel anglais cité par Proudhon osa dire :

« L'insubordination de nos ouvriers nous a fait songer à nous passer d'eux. Nous avons fait et provoqué tous les efforts d'intelligence imaginables pour remplacer le service des hommes par des instruments plus dociles, et nous en sommes venus à bout. *La mécanique a délivré le Capital de l'oppression du travail.* Partout où nous employons encore un homme, *ce n'est que provisoirement* et en attendant qu'on invente pour nous les moyens de remplir sa besogne sans lui. »

Ce capitaliste n'oublia qu'une seule chose, c'est que les machines ne mangent, ni ne se vêtissent, ne font pas en un mot office de consommateur, et que peupler une nation de maîtres et de machines, ce serait ne vouloir produire que pour produire, sans s'attendre à rien retirer de ses productions, puisqu'il n'y aurait plus d'acheteurs...

Quand on est si rapace, il ne faudrait pas oublier à ce point que les marchandises ne valent que lorsqu'on les écoule. Mais l'égoïsme fait voir trouble, comme la haine fait voir rouge.

« Enfin, dit Ure à son tour, les capitalistes cherchèrent à s'affranchir de cet esclavage insupportable (pensez donc,

l'AI, dont chaque pas est marqué par un gémissement? Car, enfin, vous êtes forcé d'avouer que leur introduction ravit *momentanément* le salaire aux pauvres; qu'ils ont MOMENTANÉMENT *à souffrir de quelques innovations.* Eh! savez-vous ce que c'est pour un père de famille que de voir *momentanément* ses enfants sans pain, sans vêtement; et ce que c'est que de *moments* de misère qui durent des hivers, des années?(C. Pecqueur.)

des ouvriers demandant le droit de vivre!) en s'aidant des ressources de la science, *et ils furent* (par les machines) *réintégrés dans leurs droits légitimes, ceux de la tête sur les autres parties du corps.* La horde des mécontents qui se croyaient retranchés derrière les anciennes lignes de la *division du travail* s'est vue prise au flanc et, ses moyens de défense ayant été annulés, par la tactique des machinistes, *elle a été obligée de se rendre à discrétion.* Cette création *de l'homme de fer,* comme l'appellent les ouvriers, était destinée *à rétablir l'ordre parmi la classe industrielle.... Lorsque le capital enrôle la science, le travail apprend toujours à être docile.* »

Voilà qui est clair.

Senior dit la chose plus en *économiste :*

« La grande disproportion du *capital fixe* au capital *circulant* rend désirables les longues heures de travail ; à mesure que le machinisme se développe, les motifs de prolonger le travail deviennent de plus en plus grands, *car c'est le seul moyen de rendre profitable une grande portion du capital fixe.*

Au lieu de murmurer comme ils font (les ouvriers) contre la prospérité de leurs maîtres, ils feraient mieux, par reconnaissance et dans leur propre intérêt, de se réjouir d'un succès, auquel ils ont contribué (mais dont ils n'ont pas profité)...

Le but constant et la tendance de tout perfectionnement des machines est de se passer du travail de l'homme, ou de diminuer son prix, en substituant le travail des femmes et des enfants à celui des adultes, ou le travail d'ouvriers grossiers à celui d'ouvriers habiles. »

Continuons nos citations :

« Plus l'activité de la fabrication s'accroît, plus les machines se perfectionnent, plus les produits, excellents et nombreux, font honneur au génie de la nation qui enrichit le monde, plus aussi la misère s'appesantit sur les travailleurs, et plus, enchaînés sans répit à un travail abrutissant et ingrat, ils perdent le temps, la faculté, et parfois jusqu'au désir, de cultiver leur être moral. » (Daniel Stern.)

Revue d'Edimbourg (1835). « C'est à une coalition d'ouvriers (qui ne voulaient pas laisser réduire leurs salaires) qu'on doit le chariot de Sharpe et Robert de Manchester, et cette invention a rudement *châtié* les imprudents coalisés. »

Châtié mériterait *Châtiment*. (Proudhon.)

Ricardo a au moins l'honnêteté de proclamer la douloureuse vérité :

« La substitution des forces mécaniques aux forces humaines, dit-il, pèse quelquefois très lourdement sur les classes ouvrières, et l'opinion des ouvriers concernant les machines, qu'ils croient funestes à leur intérêt, ne s'appuie pas seulement sur l'erreur et sur les préjugés, mais sur les principes les plus rigoureux de l'économie politique (Ricardo). »

Les aveux et les plaintes vont se multiplier :

« La diminution du nombre des ouvriers, en même temps que la production s'augmente, progresse rapidement. (Redgrave Enq. off. des fab. anglaises.)

» Le travail à exécuter dans les fabriques a déjà subi un grand surcroît par suite de la vitesse très augmentée des machines (1836)... Le travail augmente terriblement (1842)...

Le travail s'est accru de 70,0/0 dans les dernières années 1834 (Lord Ashley cit. par Marx.)

» L'esclavage auquel la bourgeoisie a soumis le prolétariat se présente sous son vrai jour dans le système de la fabrique. Ici toute liberté cesse de fait et de droit. L'ouvrier doit être le matin dans la fabrique à cinq heures et demie; s'il vient deux minutes trop tard, il encourt une amende; s'il est en retard de dix minutes, on ne le laisse entrer qu'après le déjeuner et il perd le quart de son salaire journalier (et souvent la journée tout entière), il lui faut manger, boire, dormir, sur commande. La cloche despotique lui fait interrompre son sommeil et ses repas. Et comment se passent les choses dans l'intérieur de la fabrique? Ici, le patron est législateur absolu. Il fait des règlements comme l'idée lui en vient, modifie et amplifie son code suivant son bon plaisir, et s'il y introduit l'arbitraire le plus extravagant, les tribunaux disent aux travailleurs : Puisque vous avez accepté volontairement ce contrat, il faut vous y soumettre.... Ces travailleurs sont ainsi condamnés à être torturés physiquement et moralement, depuis leur neuvième année jusqu'à leur mort. » (Engels, cité par Marx.)

« M. E.... fabricant, fait savoir qu'il emploie exclusivement des femmes à ses métiers mécaniques.

Il donne la préférence aux femmes mariées, surtout à celles qui ont une famille nombreuse. Elles sont plus *attentives, et plus* disciplinables que les femmes non mariées *et de plus sont forcées de travailler jusqu'à extinction, pour se procurer les moyens de subsistance nécessaires.*

C'est ainsi que les vertus qui caractérisent le mieux la femme, tournent à son préjudice. Ce qu'il y a de tendresse et de moralité dans sa nature devient l'instrument de son esclavage et de sa misère. » (Lord Ashley, cité par Marx.)

« Tout accroissement du capital fixe, lorsqu'il a lieu aux dépens du capital de circulation, est de nécessité, au moins temporairement, préjudicable aux intérêts des travailleurs.

» Cela est vrai, non seulement des machines, mais de toutes les améliorations par lesquelles le capital est absorbé, c'est-à-dire rendu inapplicable à l'entretien et à la rémunération du travail, d'une manière permanente. » (J.-S. Mill).

« L'effet naturel et nécessaire des machines est de diminuer la population des classes salariées qui vivent du produit brut, et d'augmenter la population des classes qui vivent du produit net. »

(Ganilh.)

Les victimes seront d'autant plus nombreuses que l'introduction des machines sera plus brusque...

« La création des grandes exploitations expose les ouvriers à une réduction de travail et de salaire. » (Gérando).

« La science et le travailleur sont complètement séparés l'un de l'autre, et la science entre les mains de ce dernier, au lieu de développer à son avantage ses propres forces productives, s'est presque partout tournée contre lui.... La connaissance devient un instrument susceptible d'être séparé du travail et de lui être opposé. »

(W. Thompson.)

« Depuis l'introduction de machines coûteuses, on a voulu arracher à la nature humaine plus qu'elle ne pouvait donner. »

(Robert Owen.)

En résumé, les machines, qui sont appelées à affranchir

l'humanité des travaux pénibles, quoi qu'en ait dit Proudhon [1] les machines n'ont jusqu'ici, grâce à leur application capitaliste, servi qu'à augmenter les bénéfices de quelques capitalistes, au prix d'une plus grande misère, d'une plus grande subordination, de plus longues séances de travail pour la classe ouvrière. Elles ont tué le travail libre à domicile, fermé toutes les voies du travail libre et, en quelque sorte, *militarisé* l'industrie.

Par elles, le travailleur est, socialement parlant, bien moins libre qu''au commencement du siècle.

Il n'empêche qu'il ne se soit trouvé des économistes pour établir que tout est pour le mieux dans le monde capitaliste.

Le chef-d'œuvre en ce genre d'argumentation sophistique est encore l'apologue de Bastiat dont voici la partie principale :

« Jacques Bonhomme avait deux francs qu'il faisait gagner à deux ouvriers.

Mais voici qu'il imagine un arrangement de cordes et de poids qui abrège le travail de moitié.

1. Après avoir dit erronément que le machinisme ne ferait qu'accroître la somme nécessaire de travail humain, ce qui supposerait que les besoins de la consommation sont illimités, Proudhon arrive à une conception plus juste, lorsqu'il dit :

Toute machine est comme une pièce d'artillerie, ayant pour résultat non pas seulement de remplacer le travail humain, mais de se faire à elle-même des ouvriers qu'elle supplée autant de servants. La machine en un mot, c'est l'expression matérielle du groupe travailleur. Rendre l'ouvrier copropriétaire de l'engin industriel et participant a ses bénéfices au lieu de l'y enchaîner comme esclave, qui oserait nier que telle ne soit pas la tendance du siècle? (Proudhon, *Manuel du spéculateur à la Bourse.*)

Donc il obtient la même satisfaction, épargne un franc et congédie un ouvrier.

Il congédie un ouvrier; *c'est ce qu'on voit.*

Et, ne voyant que cela, on dit : « Voilà comment la misère suit la civilisation, voilà comment la liberté est fatale à l'égalité. L'esprit humain a fait une conquête, et aussitôt un ouvrier est à jamais tombé dans le gouffre du paupérisme. Il se peut cependant que Jacques Bonhomme continue à faire travailler les deux ouvriers, mais il ne leur donnera plus que dix sous à chacun, car ils se feront concurrence entre eux et s'offriront au rabais. C'est ainsi que les riches deviennent toujours plus riches et les pauvres toujours plus pauvres. Il faut refaire la société! »

Belle conclusion et digne de l'exorde!

Heureusement, exorde et conclusion, tout cela est faux, parce que derrière la moitié du phénomène qu'*on voit*, il y a l'autre moitié qu'*on ne voit pas.*

On ne voit pas le franc épargné par Jacques Bonhomme et les effets nécessaires de cette épargne.

Puisque, par suite de son invention, Jacques Bonhomme ne dépense plus qu'un franc en main d'œuvre à la poursuite d'une satisfaction déterminée, il lui reste un autre franc.

Si donc il y a dans le monde un ouvrier qui offre ses bras inoccupés, il y a aussi dans le monde un capitaliste qui offre son franc inoccupé. Ces deux éléments se rencontrent et se combinent.

Et il est clair comme le jour qu'entre l'offre et la demande du travail, entre l'offre et la demande du salaire, le rapport n'est nullement changé.

L'invention et un ouvrier payé avec le premier franc font maintenant l'œuvre qu'accomplissaient auparavant deux ouvriers.

Le second ouvrier, payé avec le second franc, réalise une œuvre nouvelle.

Qu'y a-t-il donc de changé dans le monde? il y a une satisfaction nationale de plus, en d'autres termes, l'invention est une conquête gratuite, un profit gratuit pour l'humanité.

De la force que j'ai donnée à ma démonstration, on pourra tirer cette conséquence :

C'est le capitaliste qui recueille tout le fruit des machines. La classe salariée, si elle n'en souffre que momentanément, n'en profite jamais, puisque, d'après nous-même, elles *déplacent* une portion du travail national sans le *diminuer*, il est vrai, mais aussi sans l'*augmenter*.

Il n'entre pas dans le plan de cet opuscule de résoudre toutes les objections. Son seul but est de combattre un préjugé vulgaire, très dangereux et très répandu. Je voudrais prouver qu'une machine nouvelle ne met en disponibilité un certain nombre de bras qu'en mettant aussi et *forcément* en disponibilité la rémunération qui les salarie. Ces bras et cette rémunération se combinent pour produire ce qu'il etait impossible de produire avant l'invention : d'où il suit qu'*elle donne pour résultat définitif un accroissement de satisfactions, à travail égal.*

Qui recueille cet excédant de satisfactions?

Qui, c'est d'abord le capitaliste, l'inventeur, le premier qui se sert avec succès de la machine, et c'est là la récompense de son génie et de son audace. Dans ce cas, ainsi que nous venons de le voir, il réalise sur les frais de production une économie, laquelle, de quelque manière qu'elle soit dépensée (et elle l'est toujours) occupe juste autant de bras que la machine en a fait renvoyer.

Mais bientôt la concurrence le force à baisser son prix de vente dans la mesure de cette économie même.

Et alors ce n'est plus l'inventeur qui recueille le bénéfice de l'invention; c'est l'acheteur du produit, le consommateur, le public, y compris les ouvriers; en un mot, c'est l'humanité.

Et *ce qu'on ne voit pas,* c'est que l'épargne, ainsi procurée à tous les consommateurs, forme un fonds où le salaire puise un aliment qui remplace celui que la machine a tari.

Ainsi en reprenant l'exemple ci-dessus : Jacques Bonhomme obtient un produit en dépensant deux francs en salaires.

Grâce à son invention, la main-d'œuvre ne lui coûte plus que un franc.

Tant qu'il vend le produit au même prix, il y a un ouvrier de moins à faire ce produit spécial, *c'est ce qu'on voit;* mais il y a un ouvrier de plus occupé par le franc que Jacques Bonhomme a épargné : *c'est ce qu'on ne voit pas.* »

D'abord en général ce n'est pas le capitaliste qui imagine le nouvel arrangement de cordes, c'est un homme de génie le plus souvent ouvrier : Thimonnier, Hargræaves, Jacquard, Sauvage, Salomon de Caus, Perrot, Causter [1], Ber-

1. L'inventeur de l'imprimerie, Laurent Causter, sacristain de la ville de Harlem, est volé de tout le matériel qu'il a eu tant de peine à imaginer, par son confident Faust, qui profite de l'absence de Causter, lequel était à la messe de minuit. Le voleur

nard de Palissy [1], Argan [2], Le Blanc [3], Lebon [4], Priestley [5],

Faust s'associa, pour faire valoir l'idée à Jean Gensfleich, surnommé Guttemberg et dont le nom porte aujourd'hui *l'honneur* de la découverte.

1. Mort de Bernard de Palissy, dans les cachots de la *Bastille*, à 80 ans, après une vie probe, incorruptible, soutenue par une âme fière et élevée. Simple ouvrier, sans fortune, chargé d'une femme et d'enfants, gagnant à peine sa vie à peindre des images sur vélin, il s'éleva, par la force de son génie et de son travail, au rang des premiers géomètres et des premiers naturalistes. Ses découvertes en histoire naturelle, en physique et en chimie sont encore considérées par les savants comme des titres de gloire pour la France. Cet homme de génie, fut le père et le créateur de notre art céramique.

Il faut lire dans ses écrits ces détails pittoresques et attendrissants, où il raconte avec simplicité tout ce qu'il a eu à souffrir de peines et de misères dans ces travaux.

Aussi pourquoi, Bernard de Palissy avait-il le courage et le malheur d'être un *Huguenot* ?

2. Argan, inventeur des premières lampes perfectionnées avec niveau constant, double courant d'air et cheminée de verre, fut volé par un de ses ouvriers nommé *Quinquet*, et le frivole public honora du nom de quinquet le vol scandaleux de l'invention d'Argan.

3. Le Blanc prend un brevet d'invention pour la fabrication de la *soude artificielle* avec le sel marin, après un travail de recherches des plus difficiles. Créateur, fondateur de toute une nouvelle industrie, après avoir supporté, avec courage, une longue série de malheurs, termine sa vie par un suicide.

4. Lebon, inventeur du gaz d'éclairage, ruiné par des concurrents déloyaux, profondément affecté de l'indifférence de ses concitoyens, sans aucune ressource, Lebon, *l'inventeur du gaz d'éclairage*, est mort de *faim !!!*

5. Priestley, le créateur de la chimie pneumatique, signalé en Angleterre sa patrie comme *novateur* fut contraint de s'enfuir; sa maison fut brûlée, son cabinet et sa bibliothèque dévastés et

Edouard Adam [1], Appert [2], et combien d'autres, morts pour la plupart dans la persécution et la misère.

Secondement, le franc épargné n'est pas employé, la plupart du temps, à commanditer un autre travail, mais à des consommations de luxe. Mais, même dans la complaisante hypothèse de Bastiat, le nouveau travail ne vient pas immédiatement, remplacer l'ancien qu'on a perdu et, dans l'intervalle, d'homicides chômages désolent des milliers et des milliers de familles ouvrières. Les grandes et épouvantables douleurs qui marquèrent en Angleterre, en France, en Belgique, en Allemagne, le passage du tissage à la main au tissage mécanique, n'illustrent que trop l'avénement brusque des machines.

Enfin l'accroissement de « satisfaction à travail égal » qui va d'abord au capitaliste (Bastiat le reconnaît), lui reste, quoi que prétende l'économiste des Landes, en vertu de cette loi découverte par Rodbertus que le salaire est en raison inverse de la productivité du travail, (loi dont nous parlerons amplement dans le chapitre concernant le salaire) et par

il finit par mourir empoisonné dans un repas avec toute sa famille.

1. Edouard Adam, inventeur des appareils continus à distiller l'alcool, après avoir consacré plus d'un million à monter vingt distilleries dans le midi de la France, est ruiné par les contrefacteurs de ses appareils. Une justice vénale leur donne gain de cause contre Edouard Adam, qui, après avoir doté le Midi d'une industrie qui devait tant contribuer à la richesse de cette contrée, mourut dans la misère et le dégoût.

2. Appert, auteur du procédé des conserves alimentaires, procédé qui porte son nom et qui est devenu la source de si nombreuses applications dans l'économie domestique, est mort dans le dénuement et le besoin.

suite de ce fait que la mise en disponibilité de travailleurs remplacés par la mécanique fera fléchir les salaires sur les marchés du travail [1].

Où les économistes bourgeois sont tout à fait de mauvaise foi c'est lorsqu'ils ont transformé les ouvriers et les socialistes en ennemis systématiques des machines, du moment qu'ils condamnent leur emploi capitaliste et lorsqu'ils feignent de croire qu'il n'y a pas d'autres modes d'application possible. L'apologue suivant est une réponse topique à cette calomnie.

« Donc, parce que la machine, triomphe de l'homme sur les forces naturelles, devient, entre les mains des capitalistes, l'instrument de l'asservissement de l'homme à ces mêmes forces; parce que, moyen infaillible pour raccourcir le travail quotidien, elle le prolonge entre les mains des capitalistes; parce que, baguette magique pour augmenter les richesses du producteur, elle l'appauvrit entre les mains des capitalistes; parce que.... l'économiste bourgeois déclare imperturbablement que toutes ces contradictions ne sont que fausses apparences et vaines chimères, et que, dans la réalité et, pour cette raison, dans la théorie, elles n'existent pas.

» Certes, ils ne nient pas les inconvénients temporaires;

1. De l'économie dans la main d'œuvre va résulter la diminution du prix des produits manufacturés. Seulement, elle ne profitera guère à l'autre moitié des travailleurs, celle qui n'a pas été atteinte par la machine; car, au bout de quelque temps, les chômeurs se rejetteront dans leur partie et feront par leur concurrence abaisser les salaires. Le beau côté de la médaille, sans le moindre revers, sera pour les capitalistes et les rentiers, qui auront de l'argent de reste pour faire d'autres dépenses. (*Revue du mouvement social*, février 1881, Jules Girand).

mais quelle médaille n'a son revers? Et pourtant, l'emploi capitaliste de la machine en est le seul emploi possible.

» *Qui s'oppose aux réalités de l'emploi capitaliste de la machine, s'oppose à leur emploi, au progrès social.*

» Ce raisonnement ne rappelle-t-il pas le plaidoyer de Bill Sykes, l'illustre coupe-jarret.

» Messieurs les jurés, dit-il, la gorge d'un commis-voyageur a sans doute été coupée. Le fait existe; mais ce n'est pas ma faute, c'est celle du couteau. Et voulez-vous supprimer le couteau, à cause de ses inconvénients temporaires? Réfléchissez-y, le couteau est un des instruments les plus utiles dans le métier de l'agriculture, aussi salutaire en chirurgie que savant en anatomie et joyeux compagnon dans les soupers. En condamnant le couteau, vous allez vous replonger en pleine sauvagerie. » (Marx, *le Capital.*)

Oui les machines sont les grandes émancipatrices; c'est grâce à elles que le bien-être et le demi-loisir seront universalisés. Mais pour cela il importe que, possédées *socialement*, elles fonctionnent au profit de tous. Si tous leurs progrès actuels sont payés par d'inénarrables souffrances et par des chômages de mort, s'abattant sur la classe ouvrière, c'est leur appropriation individuelle qui en est cause.

CHAPITRE XII.

IMPOTS ET DETTES PUBLIQUES

§ I. Situations budgétaires.

Comme il ne peut y avoir aucune organisation sociale sans frais généraux, aucun Etat ne peut subsister sans ressources, c'est-à-dire sans impôts, à moins de se procurer des ressources, comme firent souvent les Romains, et comme tenta de le faire le premier, Bonaparte, par le pillage ou le rançonnement des autres peuples.

En vertu des lois de Solon, les Athéniens payaient un impôt progressif sur les récoltes. Ils devaient un talent pour 500 mesures de fruits liquides ou secs, un demi-talent pour 300 mesures. Ceux qui récoltaient au-dessous de 200 mesures ne payaient rien.

Le cadastre des propriétés était révisé chez eux tous les quatre ans. En France, le cadastre n'a pas été touché depuis soixante ans, bien que les propriétés aient doublé, triplé ou même quadruplé de valeur depuis lors.

Le système censitaire des Romains se divisait en six catégories et était prélevé sur le capital. La première catégorie comprenait les citoyens possédant 100,000 as, la deuxième, ceux possédant 75,000 as, la troisième, ceux de 50,000, la quatrième, ceux de 25,000, la cinquième, ceux de 11,000, et la sixième, ceux de 11,000 à rien. Jusqu'à Auguste, l'impôt était de 1 par 1000. Il n'y avait point de cote mobilière. Il est vrai que, à partir des régimes césariens, le fisc a été établi sur tout ce qui pouvait être mis à contribution. (Barberet, *Bataille des Intérêts.*)

Il est remarquable que les républiques antiques avaient eu la notion de l'*impôt progressif* que la démocratie contemporaine n'a pas encore su réaliser.

Rien à dire du système fiscal du moyen âge qui n'était que le rançonnement jusqu'à extinction de ressources des malheureuses populations par les seigneurs et par les prêtres.

Les républiques de Venise, de Gênes, de Pise, d'Amalfi, et d'une trentaine d'autres villes italiennes, les communes de Flandre et les municipalités du midi de la France furent les premières à avoir des budgets dans le sens moderne du mot. Les gouvernements monarchiques suivirent d'abord, en demandant des subsides temporaires aux *Etats Généraux* convoqués à cet effet. Mais, à mesure que la royauté se fortifiait, les subsides ou aides se transformèrent en *tailles* et charges permanentes.

Le total de l'impôt s'accrut contemporainement dans des proportions scandaleuses. En 1498, sous Louis XII, il s'élevait à 23 millions de livres; en 1580, sous Henri III, il atteignait le chiffre de 142 millions de livres : il avait sextuplé.

Sous Louis XIV, les dépenses furent de 400 millions par an [1]. Encore le taux n'était-il pas si effrayant que le mode de perception.

Les contribuables étaient livrés à des *fermiers généraux* et à des *traitants* qui, à la lettre, arrachaient 4 millions aux malheureux sujets pour en donner un au trésor. Sully et Colbert, à soixante-dix ans d'intervalle, voulurent porter la hache dans la forêt de Bondy des brigandages financiers et seigneuriaux. Ils réalisèrent quelques réformes; mais après leur chute, les abus revinrent en foule, et ces grands ministres ne laissèrent guère plus de traces de leur passage dans l'administration financière, que n'en laisse sur l'Océan, le vaisseau dont le sillage est incessamment recouvert par les flots mouvants.

Et les abominations de la *gabelle* qui peuplaient « les galères du roi » persistèrent jusqu'à la révolution.

Il y eut une autre aggravation, les taxes qu'on avait eu jusque-là la faculté de payer pour une grande partie en nature, furent exigées en argent. C'était dans les tristes débuts du XVIIIe siècle, la misère était au comble, personne ne pouvait acheter, « le pauvre paysan » de notre grand et généreux Vauban, ne pouvait donc pas se procurer, même au prix de la ruine, cet argent que les fermiers généraux, les traitants et leurs brigands soldés, lui réclamaient par la confiscation et la torture.

1. Naturellement les recettes, surtout avec les vols des traitants, ne couvrirent pas cette somme fabuleuse pour l'époque. Aussi, en mourant, Louis XIV laissa-t-il une dette de 2.600,000.000 livres, à 28 livres le marc d'argent, ce qui représentait 4 milliards et dem au taux de 1760, et ce qui, en tenant compte de la différence de prix, représenterait près de 15 milliards actuels.

Boisguilbert, le disciple de Vauban, s'écria à cette occasion dans son *Factum de la France* (1710) :

« L'argent est devenu le bourreau de toutes choses. La finance est l'alambic qui a fait évaporer une quantité effroyable de biens et de denrées pour faire ce fatal précis. L'argent déclare la guerre à tout le genre humain. »

Cet état de choses que n'avaient pu endiguer ni les *Grands jours d'Auvergne* de Colbert, ni les *Chambres ardentes* du Régent, qu'atténua momentanément la fiévreuse entreprise de Law et que plus tard Turgot et Necker tentèrent d'adoucir, ne pouvait être détruit que par la révolution.

L'abolition des droits féodaux et l'universalisation des charges (auxquelles s'étaient jusqu'ici soustraites les deux classes gloutonnes et parasites, la noblesse et le clergé), fut un premier bienfait pour le peuple français.

Le budget qui s'était élevé à 769 millions en 1789, fut abaissé en 1791 à 587 millions, sans parler des divers droits féodaux, de la dîme et de la mendicité monacale, abolis sans indemnité et dont le peuple se trouvait ainsi déchargé.

On réforma aussi le mode de perception. Les communes, puis les percepteurs et receveurs remplacèrent les traitants si justement détestés.

La contribution foncière fut taxée au sixième du revenu, l'immobilière au dix-huitième du revenu.

Les contributions personnelles et mobilières furent divisées en cinq classes :

1° Celle des citoyens actifs; 2° des domestiques; 3° des chevaux; 4° des revenus mobiliers; 5° d'habitation.

Les citoyens actifs devaient trois journées de travail par

an, ou l'équivalent. Les deuxième et troisième taxes s'appelaient « impôts *somptuaires* et *progressifs.* » On payait 3 livres pour un domestique mâle, 6 pour le second et 12 pour chacun des autres, plus 3 livres par cheval de selle et 12 par cheval de cabriolet. La quatrième taxe prélevait un sou par livre du montant des revenus, soit le vingtième. Le montant de la cinquième était fixé sur le taux des loyers d'habitation. Ainsi, les loyers de 12,000 livres et au-dessus, étaient censés le douzième des revenus. Ceux de 100 à 500 livres étaient présumés être du tiers.

Cet embryon d'impôt progressif fut détruit par le premier Bonaparte qui lui substitua les contributions indirectes, progressives dans le sens de la misère, dites alors *droits réunis*, et les *octrois*, tous procédés antidémocratiques qui ont persisté en s'aggravant malgré toutes les révolutions politiques qui ont suivi.

On ne saurait soumettre l'administration fiscale de la grande et terrible époque révolutionnaire, à la méthode d'analyse des temps ordinaires. Disons pourtant que de 1791 à 1800, le montant du budget resta presque stationnaire, ce qui est merveilleux.

Sous l'Empire, l'administration des deniers publics fut assez parcimonieuse; il est vrai qu'elle se rattrapait sur les contributions de guerre que nous avons payées si cher plus tard.

Voici les chiffres des budgets de l'Empire :

1804 . . 700.000.000.
1805 . . 680,000,000.
1806 . . 689,095,913.
1807 . . 420,000,000.

1808 . . 772,741,545. (L'Empire avait alors 114 départements).
1809 . . 786,740.214. (Nouvelles annexions).
1810 . . 795,414,093. (Annexion de l'Illyrie et de la Hollande).
1811 . . 954,000,000. (L'Empire avait alors 130 départements).
1812 . 1,030,000,000. (Guerre de Russie).
1815 . 1,140,000,080. (Invasion).

Sous la Restauration, le budget de la France fut abaissé à 700 millions, mais il ne cessa de s'accroître, non plus que sous le règne de Louis-Philippe où il dépassa le milliard.

Avec le second Empire commença la farandole aux milliards que nous dansons avec frénésie, même sous la troisième République.

Sous la domination de Louis-Bonaparte, l'ensemble des dépenses, qui était en 1848 de 1130 millions, s'éleva assez vertigineusement pour déposer 1,800 millions en 1869 et 2,500 millions en 1870.

Les frais de la guerre, en nécessitant des emprunts colossaux, rendirent encore ce chiffre insuffisant, et le bourgeoisisme égoïste et aveugle des dirigeants de la troisième République aidant, nous avons actuellement un budget national de 3 milliards 150 millions!

Ajoutons à ce chiffre effrayant le milliard des budgets communaux, les 300 millions des budgets départementaux, nous atteignons la somme fabuleuse de 4 *milliards et demi* que nous devons payer chaque année pour être gouvernés, comme vous savez.

Sur ce point la France est bien la première nation du monde. Comme preuve, lisez ce tableau comparatif de 1877, que j'emprunte au *Précurseur* :

	Francs.
La France, budget national de...........	3.050.526.000
L'Angleterre............................	1.938.750.000
Les Etats-Unis..........................	1.525.000.000
L'Autriche-Hongrie......................	1.660.000.000
La Russie...............................	2.0[illegible]2.000.000
L'Italie................................	1.540.000.000
L'Espagne...............................	1 546.000.000
La Hollande.............................	1.209.000.000
La Belgique.............................	1.245.000.000
L'Allemagne.............................	2.354 000.000

Population

	Habitants.
France..................................	35.561.000
Angleterre..............................	34.166.000
Etats-Unis..............................	49.398.000
Autriche-Hongrie........................	37.742.000
Russie..................................	88.085.000
Italie..................................	28.210.000
Espagne.................................	16.626.000
Hollande................................	4.037.000
Belgique................................	5.536.000
Allemagne...............................	42.727.000

Donc,

Chaque citoyen paye dans ces différents Etats, par tête et par an pour les impôts nationaux seulement:

	Francs.
Le Français.............................	95
L'Anglais...............................	58
L'Américain.............................	59
L'Autrichien............................	44
Le Russe................................	36
L'Italien...............................	56
L'Espagnol..............................	33
Le Hollandais...........................	55
Le Belge................................	46
L'Allemand..............................	54

Depuis nous avons conservé et accru notre supériorité fiscale.

Il va sans dire que, la bourgeoisie régnant, tout le poids des contributions porte sur le peuple travailleur, puisque par les impôts indirects, ce sont les objets de consommation qui supportent les quatre cinquièmes des taxes, tandis que, les fonds de revenu et les objets de luxe ne sont presque pas touchés et le sont de moins en moins, toutes les taxes nouvelles étant rejetées sur les contributions indirectes [1].

§ II. La dette publique.

Mais l'un des cancers du monde bourgeois, c'est à coup sûr la progression menaçante de la dette publique.

La dette publique de la France était de 1,892,004,000 fr. à la fin du gouvernement impérial; les malheurs des deux

1. Dans la séance du 12 juin 1872, l'homme de Thiers, Pouyer-Quertier triomphant s'écria : « Nous avons accru cette année les charges de 500 millions, et cependant pas un centime d'augmentation ne frappe la propriété foncière, et les contributions directes n'ont pas été touchées. » On n'est ni plus odieux ni plus cynique.

C'était la brutale confirmation de Sismondi :

« Dans l'état actuel des sociétés, la plupart des impôts sont employés à défendre le riche contre le pauvre...

» Cela est vrai, surtout de l'impôt du sang ; en effet, on dit que l'armée est instituée pour défendre l'ordre et la propriété. *Mais si la propriété est l'art d'absorber le travail du pauvre*, celui-ci composant l'armée en entier, est une portion de classe pauvre, isolée et enrégimentée pour opprimer l'autre. Alors ne parlez donc plus d'*armée nationale*, et achetez vous-mêmes vos esclaves, car la nation c'est le plus grand nombre. »

invasions, l'invasion de l'île d'Elbe et la guerre d'Espagne la portèrent sous Louis XVIII à 3,466,000,000 fr.; sous Charles X, la guerre de Morée, la conquête d'Alger, l'indemnité des émigrés, l'avaient élevée à 4,262,000,000, en 1832, deux ans après la révolution de juillet, elle montait à 5,567,595,017.

En 1848 elle approcha de 6 milliards et demi. Avec la dictature bonapartiste ce fut une bien autre progression. Dès 1868, elle arriva à 11 milliards et demi, et la folie de la guerre prussienne la fit monter bientôt au chiffre fantastique de 26 milliards dont voici le détail du 31 décembre 1876.

Dette consolidée

INTÉRÊTS.				CAPITAL.
346.001.605	fr.	de rentes	5 0/0	6.920.032.100.
37.44[illegible].636	—	—	4 1/2 0/0	832.080.800.
445.096	—	—	4 0/0	11.152.350.
363.337.147	—	—	3 0/0	12.111.238.330.
		Total pour la dette consolidée		19.874.503.480.

Dette flottante

Viagère	863.347.000.
126 millions de francs d'arrérages dont il faut déduire 20 millions de francs, que produisent les retenues sur les traitements ; il reste 106 millions qui, capitalisés au denier 12, représent en capital	1.272.000.000.
Capital approximatif des annuités diverses à terme	4.000.000.000
Total du capital de la dette française	26.009.850.480.

On peut estimer, confesse Leroy-Beaulieu, à 3 ou 4 milliards au plus la partie de notre dette publique, qui a pour origine de grands travaux ou des améliorations matérielles :

une forte partie des emprunts du règne de Louis-Philippe, une moindre part des deux derniers emprunts de l'Empire, ceux de 1864 et 1868, les annuités pour le rachat des ponts et des canaux et pour la construction de chemins de fer, forment ces 3 ou 4 milliards. Or, la dette actuelle de l'Etat français, moins les dettes communales et départementales, représente en capital, à peu près 26 milliards de francs.

Les emprunts ont continué depuis, tant par l'Etat que par les communes et par les départements, ce qui porte la dette totale de l'administration française à 34 milliards au minimum.

Si nous comparons avec l'Europe, nous arrivons à faire le rapprochement suivant :

	Francs.
La France a une dette de	34.000.000.000
L'Angleterre	19.386.000.000
Les Etats-Unis	11.150.000.000
L'Autriche-Hongrie	11.150.000.000
La Russie	6.797.000.000
L'Italie	10.660.660.000
L'Espagne	14.500.000.000
La Hollande	1.996.000.000
La Belgique	1.127.000.000
L'Allemagne [1]	4.254.000.000

1. Voici des chiffres plus précis :

Avant la première révolution, la dette publique en rentes annuelles s'élevait à	161.466.000
A la fin de la première République à	41.607.000
Au 1er avril 1814 à	63.307.000
Au 1er août 1830 à	202.381.180
Au 1er mars 1848 à	244.267.266
Au 1er janvier 1852 à	242,775,978
A la fin de l'empire (1870) à	397.000.000
A la fin de 1871 à	807.000.000

Donc,

	Francs.
Chaque Français doit	959
— Anglais	579
— Américain	253
— Autrichien	296
— Russe	94
— Italien	365
— Espagnol	376
— Hollandais	524
— Belge	211
— Allemand	99

Notons que la France augmente sa dette bien plus rapidement que les autres nations; il n'y a même pas de comparaison possible.

Toutefois les autres nations ne restent pas non plus stationnaires.

M. Reden a calculé qu'en 1850 les dettes gouvernementales s'élevaient à 46 milliards; d'après Maurice Block, en 1868, les Etats devaient la somme respectable de 64 *milliards.*

Maintenant c'est bien autre chose. Un économiste anglais a calculé que les dettes actuelles des États s'élèvent à 120 *milliards*, il ajoute que si la progression continue (et pourquoi non ?) en 1920, la dette gouvernementale s'élevera à 500 *milliards.* Et l'on ne compte pas les centaines de milliards de dettes communales, hypothécaires et chirographaires de toutes sortes. Mettons que toutes ces dettes réunies ne représentent qu'une somme égale aux dettes d'État. Nous aurons en 1920, 1930, si vous voulez, une dette totale de 1000 *milliards*, un TRILLION !!! Soit 50 *milliards* de rente. Mettons, pour être modestes, 30 *milliards* pour l'impôt, moins l'intérêt de la dette publique ; nous aurons un total de 80 *milliards* annuels, que les travailleurs devront payer à l'état et aux prêteurs, sans préjudice de la rente des propriétaires et des profits du capitaliste... Elles vont bien les bourgeoisies européennes !

Autre observation : D'après Kolb (Statistique, année 1874) la somme des impôts perçus s'élève, en Europe, à 10 milliards, sur lesquels les frais de perception prennent 16 0/0, soit 1,600,000,000 ce qui réduit la rentrée effective à 8,400,000,000. Sur ces 8,400,000,000, la dette publique prend 37. 23 0/0, l'armée 34. 83 0/0, les listes civiles 26. 3 0/0 = 74. 69, soit les trois quarts ; quand les ministres du culte et les juges, et les policiers, et les dignitaires, et toute la séquelle, ont pris leur grosse part du gâteau, que reste-t-il pour les dépenses utiles : instruction, travaux publics, etc. ?

Pour la France seule les services parasites (intérêt de la dette, cultes, armée, magistrature, dotation, etc. prennent tout d'abord deux milliards par an !

D'aucuns prétendent que nos paroles sont révolutionnaires. Ne vous semble-t-il pas que ce sont des situations pareilles qui le sont ?

Et comment en sortir ?

Je n'entrerai pas dans le détail des recettes.

Elles sont, je l'ai indiqué, progressives dans le sens de la misère : elles portent pour les cinq sixièmes sur les objets de première nécessité, laissant presque intactes les sources de revenus, dépassant le nécessaire, et les consommations de luxe.

Dans le système collectiviste, l'impôt se transformerait en *rente sociale.*

Si, en effet, on suppose une société basée sur ce principe :

La matière et les instruments de travail, les moyens de production, en un mot, ayant une origine sociale, reçoivent une destination sociale. La collectivité, dont ils sont la propriété inaliénable, les met, moyennant une redevance annuelle, à la disposition des travailleurs individuels ou associés.

Il va sans dire que le total de cette *redevance* constitue l'ensemble des ressources sociales (communales, régionales nationales, continentales), de sorte que les valeurs produites, c'est-à-dire la plus value donnée aux choses par le travail, reste exempte de tout prélèvement social, comme de tout prélèvement individuel, et qu'ainsi se trouve réalisé cet idéal de justice économique :

Dans l'égalité des moyens de production, et les charges sociales étant remplies, à chaque travailleur l'équivalent du produit de son travail.

Mais l'on ne passera pas du jour au lendemain de la société individualiste régnante à une société collectiviste, fonctionnant de toutes pièces.

Même dans l'hypothèse d'une transformation par voie révolutionnaire, il y aurait une série de mesures transitoires à prendre, mesures plus ou moins radicales, selon le caractère de la révolution qui aura triomphé ; mais transitoires toujours et devant aider à traverser la période de crise inévitable qui s'étendra de la destruction de l'ordre ancien à la constitution de l'ordre nouveau.

L'assiette et le mode de recouvrement des impôts feront partie de ces mesures réformatrices. C'est pourquoi nous devons envisager l'impôt comme il pourrait fonctionner, non pas seulement dans la société de notre choix, mais encore aux époques de transition.

Et, à ce point de vue, nous concluons à l'impôt unique et progressif sur le revenu [1] comme faisant partie avec l'impôt sur le droit d'héritage, la socialisation immédiate de la banque de France, des mines, canaux, chemins de fer, le crédit aux compagnies ouvrières, la socialisation progressive de toutes les entreprises de la féodalité financière, l'abolition graduelle de la dette publique, des mesures transitoires devant nous conduire à l'ordre nouveau.

L'impôt progressif est tellement juste d'ailleurs, que des simples démocrates comme L. Vauthier (l'*Impôt progressif* 1849), Acollas (la *Science politique*), et de purs écrivains bourgeois comme Montesquieu (*Esprit des lois*), J. B. Say (*Cours complet d'économie politique*), Ambroise Clément, Courcelle-Seneuil, etc., l'ont préconisé.

1. En général les revenus sont de deux sortes 1° ceux qui viennent du travail personnel; 2° ceux qui sont prélevés sur le travail d'autrui. En attendant que tout revenu vienne du travail personnel (exception faite bien entendu des enfants, des vieillards et des infirmes) comme, le veut la société socialiste, les impôts doivent porter le plus possible exclusivement sur les revenus provenant du travail d'autrui, rente, intérêt de l'argent, profit nouveau de l'exploitation des salariés, etc. L'impôt unique et progressif sur les gros revenus se rapproche le plus de cette forme d'impôt.

Note au Chapitre XII.

Marx a dans une page de son *Capital* magistralement décrit le développement des dettes publiques :

Le système du crédit public, c'est-à-dire des dettes publiques dont Venise et Gênes avaient posé les premiers jalons, envahit l'Europe définitivement pendant l'époque manufacturière. Le régime colonial, avec son commerce maritime et ses guerres commerciales, lui servent de serre chaude, il s'installa d'abord en Hollande. La dette publique, en d'autres termes, l'aliénation de l'État, qu'il soit despotique, constitutionnel ou républicain, marque de son empreinte l'ère capitaliste. La seule partie de la soi-disant richesse nationale qui entre réellement dans la possession collective des peuples modernes, c'est leur dette publique [1]. Il n'y a donc pas à s'étonner de la doctrine moderne, que plus un peuple s'endette, plus il s'enrichit. Le crédit public, voilà le *credo* du capital. Aussi le manque de foi en la dette publique vient-il, dès l'incubation de celle-ci, prendre la place du péché contre le Saint-Esprit, jadis le seul impardonnable [2].

1. William Cobbett remarque qu'en Angleterre toutes les choses publiques s'appellent *royales*, mais que, par compensation, il y a la *dette nationale*. *(Note de Marx).*

2. Quand, au moment le plus critique de la deuxième guerre de la Fronde, Bussy-Rabutin demanda, pour pouvoir lever un régiment, des assignations sur les « tailles du Nivernais encore dues » et sur le sel, Mazarin répond : « Plut à Dieu que cela se pût ; mais tout cela est destiné pour les rentes sur l'hôtel de ville de Paris, et il serait étrange conséquence de faire des levées

La dette publique opère comme un des agents les plus énergiques de l'accumulation primitive. Par un coup de baguette, elle doue l'argent improductif de la vertu reproductive et le convertit ainsi en capital, sans qu'il ait pour cela à subir les risques, les troubles inséparables de son emploi industriel et même de l'usure privée. Les créditeurs publics à vrai dire, ne donnent rien, car leur principal, métamorphosé en effets publics d'un transfert facile, continue à fonctionner entre leurs mains comme autant de numéraire. Mais, à part la classe de rentiers oisifs ainsi créée, à part la fortune improvisée des financiers intermédiaires entre le gouvernement et la nation, — de même que celle des traitants, marchands, manufacturiers particuliers, auxquels une bonne partie de tout emprunt rend le service d'un capital tombé du ciel, — la dette publique a donné le branle aux sociétés par actions, au commerce de toute sorte de papiers négociables, aux opérations aléatoires, à l'agiotage, en somme, au jeu de bourse et à la bancocratie moderne.

Dès leur naissance les grandes banques, affublées de titres nationaux, n'étaient que des associations de spéculateurs privés, s'établissant à côté des gouvernements, et, grâce aux privilèges qu'ils en obtiennent, à même de leur prêter l'argent du public. Aussi l'accumulation de la dette publique n'a-t-elle pas de gradomètre plus infaillible que la hausse successive des actions de ces banques, dont le développement intégral date de la fondation de la Banque d'Angleterre en 1794. Celle-ci commença par prêter tout son capital

de ces deniers-là ; il ne faut point irriter les rentiers ni contre moi, ni contre vous. » (*Mémoires du comte de Bussy-Rabutin.* Nouv. édit. Amsterdam, 1751, t. 1, p. 165.) (*Note de Marx.*)

argent au gouvernement à un intérêt de 8 0/0 ; en même temps elle était autorisée par le Parlement à battre monnaie du même capital, en le prêtant de nouveau au public sous forme de billets, qu'on lui permit de jeter en circulation, en escomptant aveceux des billets d'échange, en les avançant sur des marchandises, et en les employant à l'achat des métaux précieux. Bientôt, après, cette monnaie de crédit de sa propre fabrique devint l'argent avec lequel la Banque d'Angleterre effectua ses prêts à l'État et paya pour lui les intérêts de la dette publique. Elle donnait d'une main, non seulement pour recevoir davantage, mais, tout en recevant, elle restait créancière de la nation à perpétuité, jusqu'à concurrence du dernier liard donné. Peu à peu elle devint nécessairement le réceptacle des trésors métalliques du pays et le grand centre autour duquel gravita dès lors le crédit commercial. Dans le même temps qu'on cessait, en Angleterre, de brûler les sorcières, on commença à y pendre les falsificateurs de billets de banque.

Il faut avoir parcouru les écrits de ce temps-là, ceux de BOLINGBROKE, par exemple, pour comprendre tout l'effet que produisit sur les contemporains l'apparition soudaine de cette engeance de bancocrates, financiers, rentiers, courtiers, agents de change, brasseurs d'affaires et loups-cerviers [1].

Avec les dettes publiques naquit un système de crédit international, qui cache souvent une des sources de l'accumulation primitive chez tel ou tel peuple. C'est ainsi, par

1. Si les Tartares inondaient aujourd'hui l'Europe, il faudrait bien des affaires pour leur faire entendre ce que c'est qu'un financier parmi nous. (MONTESQUIEU, *Esprit des lois.*)

exemple, que les rapines et les violences vénitiennes formen une des bases de la richesse en capital de la Hollande, à qui Venise en décadence prêtait des sommes considérables. A son tour, la Hollande déclina vers la fin du XVIIe siècle de sa suprématie industrielle et commerciale, se vit contrainte à faire valoir des capitaux énormes, en les prêtant à l'étranger, et, de 1701 à 1775, spécialement à l'Angleterre, sa rivale victorieuse. Et il en est de même de l'Angleterre et des États-Unis. Maint capital, qui fait aujourd'hui son apparition aux États-Unis sans extrait de naissance, n'est que du sang d'enfants de fabrique capitalisé hier en Angleterre.

Comme la dette publique est assise sur le revenu public, qui en doit payer les redevances annuelles, le système moderne des impôts était le corollaire obligé des emprunts nationaux. Les emprunts, qui mettent les gouvernements à même de faire face aux dépenses extraordinaires sans que les contribuables s'en ressentent (sur-le-champ), entraînent à leur suite un surcroît d'impôts ; de l'autre côté la surcharge d'impôts causée par l'accumulation des dettes successivement contractées contraint les gouvernements, en cas de nouvelles dépenses extraordinaires d'avoir recours à de nouveaux emprunts. La fiscalité moderne, dont les impôts sur les objets de première nécessité, et partant l'enchérissement de ceux-ci, formaient de prime-abord le pivot, renferme donc en soi un germe de progression automatique. La surcharge des taxes n'en est pas un incident, mais le principe. Aussi en Hollande, où ce système a été d'abord inauguré, le grand patriote de WITT l'a-t-il exalté dans ses maximes comme le plus propre à rendre le salarié soumis, frugal, industrieux et... exténué de travail. Mais l'influence délétère, qu'il exerce sur la situation de la classe ouvrière, doit moins nous occuper ici que l'expropriation forcée, qu'il implique, du paysan, de l'artiste et des autres éléments de la petite classe moyenne. Là-dessus il n'y a pas deux opinions, même parmi les économistes bourgeois. Et son action expropriatrice est encore renforcée par le système protectionniste, qui constitue une de ses parties intégrantes.

La grande part qui revient à la dette publique et au système de fiscalité correspondant, dans la capitalisation de la richesse et l'expropriation des masses, a induit une foule d'écrivains, tels que William Cobbett, Doubleday et autres, à y chercher à tort la cause première de la misère des peuples modernes.

CHAPITRE XIII.

POPULATION.

§ — Unique. — Exposé et objections.

Nous avons donné, chapitre V, un exposé fidèle de la « loi de la population » formulée par Malthus.

A un point de vue général, la terre étant limitée et la faculté prolifique des êtres étant illimitée dans toutes ses ramifications, il est évident que les espèces ont une tendance à croître plus vite que les moyens d'existence qui leur sont indispensables.

Cela est si vrai que la nature n'est qu'un immense champ de luttes et de destruction, que dans le monde végétal, comme dans le monde animal les espèces les mieux douées ou s'adaptant mieux aux milieux étouffent dans leur développement, ou détruisent les espèces inférieures, plus délicates, ou se prêtent moins aux modifications rendues nécessaires par les conditions extérieures.

Les constatations des *transformistes* ou darwinistes, à ce sujet sont sans réplique :

Cette loi naturelle courbe aussi le genre humain sous ses durs commandements, avec des atténuations toutefois.

Si donc Malthus s'était borné à dire : « Prenez garde, vous aurez beau aménager la terre pour lui faire produire le plus possible, vous aurez beau organiser socialement la production, répartir au mieux les produits du travail, la population croissant toujours et la terre étant bornée, il arrivera un moment où dans votre société égalitaire la surpopulation produira la famine, si vous n'avez pris des mesures pour limiter les progrès de la population aux progrès de la production. »

Malthus ayant ainsi parlé aurait été un avertisseur bienfaisant.

Mais il a dit : « Les produits croissent en raison arithmétique comme 1, 2, 3, 4... la population en raison géométrique, comme 1, 2, 4, 8.., la famine est dans la loi de ce monde pour ceux qui procréent imprudemment. Que les riches en fassent comme bon leur semble, ils ont de quoi ; mais que les pauvres se privent de l'amour et de la famille, sinon ce seront des criminels que la faim châtiera justement par la mort. »

En quoi il a été inhumain en essayant de détourner sur les pauvres seuls les foudres des fatalités naturelles ; contre la science, en présentant sous une forme absolue une loi modifiée par une foule de conditions géologiques, climatologiques, historiques, politiques et sociales ; en méconnaissant totalement la loi universelle de l'évolution qui régit aussi les phénomènes sociaux.

Les réfutations n'ont pas manqué à l'homme que protégèrent Pulteney et la fameuse *Compagnie des Indes*, de pillarde et sanglante mémoire.

On a d'abord objecté que les espèces n'étaient pas indéfiniment prolifiques, qu'arrivées à un certain degré de développement, elles perdaient de leur force reproductive.

Doubleday dit :

« La fécondité de tous les êtres humains et de tous les êtres vivants est dans une proportion inverse de la quantité des subsistances. Une population nourrie d'une manière insuffisante multiplie rapidement, mais toutes les classes aisées de la société sont, par suite d'une loi physiologique, si stériles, qu'elles peuvent rarement conserver leur proportion, sans se recruter dans les rangs de la classe pauvre. »

Madame Clémence Royer, darwiniste et malthusienne, avoue elle-même, après beaucoup d'autres, que : « Le développement du cerveau est en raison inverse de la faculté procréatrice... »

On ne saurait nier que la misère ne soit plus prolifique que l'aisance ; les populations grouillantes de l'Irlande, de certains faubourgs des villes industrielles d'Angleterre, de France et de Belgique, de différentes parties de l'Italie, sont là pour crier : *Plus un pays est misérable, plus il s'y fait d'enfants.*

Bien plus, certain pays, comme l'Irlande ont vu, d'une manière perceptible leur population enfantine diminuer, sous l'influence d'une petite amélioration économique [1].

Autres objections :

1. Pendant sa grande et épouvantable misère (de 1821 à 1841) la population irlandaise augmentait de 14 pour 0/0. Dans le Leinster, pays où il y a le plus d'aisance, la population n'augmentait, pendant la même période, que de 8 pour 0/0.

L'extinction rapide des aristocraties et corps fermés de citoyens est un fait général de l'antiquité. (Benoiston de Châteauneuf.)

A Sparte, au temps de Cléomène, il ne restait que 500 Lacédémoniens en état de porter les armes.

A Rome, 50 maisons patriciennes seulement, existaient encore à l'avénement de l'empire.

Au IXe siècle, il n'y avait plus, en France, de descendants directs des Francs (J. de Munster).

A Venise, le nombre des nobles était d'abord de 2000; en 1765, il n'était plus que de 1240.

A Berne, sur 487 familles bourgeoises, 379 s'éteignirent en deux siècles.

En France, il y avait 7000 familles nobles, en 1500, il n'y en avait plus que 3000, en 1785.

En Angleterre, il n'y a plus un seul descendant direct des Normands; le *dernier* est mort au siècle passé.

Au XVIIIe siècle, on comptait, en Europe 1,500,000 fiefs, et 7,500,000 nobles : en 1850, on ne comptait plus que 3,700,000 nobles.

Sur 427 sièges de la chambre des lords, il n'y en a que 41 occupés par des familles antérieures au XVIIe siècle [1].

1. Et encore les lords ont-ils l'intelligence de pratiquer sur leur classe une véritable sélection.

« Tout le monde connaît, mais personne n'a suffisamment vanté l'admirable mécanisme par lequel la pairie ouvre ses rangs et les vide, attire à elle les grandes notabilités de la politique, de la magistrature, de l'armée, de la diplomatie et du monde financier, sans aucun souci de leur origine, plus ou moins populaire, et en même temps refoule dans le gros de la nation toutes les

Que disent ces faits? Que la misère est trop prolifique, et que l'aristocratisme est fauteur de dépopulation [1].

Qu'est-ce que tout cela prouve, diront les malthusiens, sinon que les classes dominantes et riches s'affaiblissent par leur dépravation, se rendent par là moins propres à la procréation et pour le reste ne pratiquent pas l'*abstention morale* mais la *tricherie immorale* pour n'avoir qu'un nombre très limité d'enfants.

Quant à ce fait que les pays les moins misérables sont moins prolifiques, cela prouve simplement que ces pays sont

branches collatérales qui, à partir des petits-fils puînés de tout pair d'Angleterre, demeurent confondus avec le reste des citoyens, sans aucun titre, sans aucune marque de distinction. » (Montalembert.)

1. Le conservatisme est mortifère au physique et au moral.

Au physique : A Pharsale, les patriciens romains n'étaient plus que des petits maîtres, que les césariens mirent en fuite, en les menaçant de balafrer leurs beaux visages. La noblesse perruquée et poudrée des XVIIe et XIIIe siècles n'était au physique qu'un diminutif de la pesante, cruelle et guerroyante noblesse des XIVe XVe et XVIe siècles.

Où sont, en Espagne et en Portugal, les descendants de ces terribles et féroces aventuriers nobles, qui furent les compagnons des Cortès, des Albukerque, des Pizarre?

Quelle différence entre les rejetons de la noblesse impériale française et leurs célèbres grands-pères!

Au moral. Ici je m'en tiens à l'opinion d'un homme qu'on n'accusera ni de révolutionarisme ni de socialisme exagérés : Edgard Quinet :

« Une classe d'hommes, dit-il, que son intérêt immédiat pousse à rejeter toute vérité, cette classe ne s'attachera qu'à des idées mortes. Elle se fera une atmosphère de sophismes qui ne fournira aucun aliment vital à son cerveau. »

malthusiens, comme la France contemporaine (qui en mourra peut-être[1]) en fournit un éclatant exemple.

Soit. Il reste l'objection de madame Clémence Royer : la diminution de la force procréatrice en raison directe du développement de l'espèce. Cette loi, il est vrai, régit non seulement les hommes, mais encore les plantes et les animaux, qui sont, eux aussi, prolifiques en raison inverse de leur perfectionnement. De culture en culture, le fécond églantier devient la belle et quasi stérile rose de nos jardins. Les animaux domestiques qu'on engraisse trop deviennent stériles également.

Enfin ajoutent les anti-malthusiens, il y avait lieu de se demander :

1° Si la loi de la population ne dépendait pas des conditions de mœurs, de climat et de civilisation d'un pays ?

1. Prenons garde ! tout Etat dont la population est stationnaire (et c'est le cas de la France) s'affaiblit et décroît promptement.

Sous Ferdinand et Isabelle, la population de l'Espagne était de 40,000,000 d'habitants, qui vivaient dans l'aisance ; en 1808, elle n'était plus que 8,000,000 à cause des mauvaise lois. Aujourd'hui, elle est de 16,000,000 parce qu'il y a progrès dans la législation et dans les mœurs (et le bien-être général augmente avec la population). Cet exemple suffirait, à défaut de ceux que nous offrent l'antiquité et le moyen âge. (M. Villiaumé, opinion émise à la société d'Ecole polytechnique de Paris 1873.

A la même séance M. de Molinari ajouta qu'il y avait lieu de se préoccuper sérieusement *de l'insuffisance du développement de la population.*

MM. Hippolyte Passy, Baudrillart, Ménier, l'abbé Tounissoux furent à peu près de cet avis.

Voir aussi mes articles dans l'*Intransigeant*, sur la dépopulation de la France (Mars 1883).

2° Si Malthus n'a pas confondu la faculté *physiologique* de procréer avec la faculté *réelle*, qui en est bien différente.

Mais on n'en pensa pas si long; on crut sur parole et d'enthousiasme le théoricien de la misère, le dernier défenseur des privilèges ébranlés [1].

L'écrivain russe, Tchernychewsky, a presque prouvé [2] que la période de doublement tous les vingt-cinq ans, est une absurdité; qu'évaluer (même dans la société actuelle) la période possible de doublement à quarante-cinq ans, c'est être au-dessus de la vérité; que l'amélioration du sort des femmes et l'adoucissement des mœurs, sans parler d'autres causes, allongeraient constamment cette période; qu'en supposant la loi de Malthus vraie en partie, on pouvait, par une agriculture scientifique, faire prendre aux produits le pas sur la population; qu'enfin, en supposant les choses

1. Malthus commence ses recherches dans l'intention de défendre l'ordre économique actuel des reproches qui lui étaient adressés par les réformateurs; il le dit lui-même... En homme d'esprit fort logique, il comprit que les anciens arguments des conservateurs ne valaient rien pour réfuter les théories démocratiques d'alors, théories du genre de celle de Godwin. Il raconte lui-même, et Godwin le démontre, de quelle manière il trouva cet argument. Il rencontra par hasard ces paroles du célèbre Franklin que tous les organismes vivants végétaux, animaux, ont la faculté de se multiplier d'après la progression géométrique... et les hommes ont aussi cette faculté.

En même temps, Malthus vit les tables de Price, faites pour le calcul des intérêts composés... Il avait aussi sous la main les livres de Sussmilch, et d'Euler qui traitaient le même sujet... Il trouva dans ces livres les calculs dont il avait besoin.....

2. Tchernychewsky : *Economie politique, jugée par la science*, pages 367-469.

au pire, nous aurions devant nous quatre ou cinq siècles.

Il est évident que, par l'aménagement de toutes les terres encore incultes, on pourrait décupler les produits, que par l'agriculture intensive on pourrait encore décupler la production, soit au total une vingtuplication des produits. Cela nous ferait quelques siècles, même dans l'hypothèse où la loi sur la population s'exercerait dans toute sa rigueur.

Concluons :

Vu l'accroissement correspondant des capitaux, la surpopulation n'est pas le danger immédiat, bien qu'elle aggrave la situation des prolétaires, mais elle est le grand danger de l'avenir, en Europe, si l'Allemagne, l'Angleterre, la Russie, l'Italie, la Belgique n'imitent bientôt la prudence de la France, de la Hollande, du Danemark, de la Suède-Norwège... que leur sagesse prématurée met en ce moment en péril. Le plus grand péril est dans la surpopulation de la race jaune, si la race blanche n'avise pas à se défendre.

Il n'est pas moins vrai qu'avant de tant se préoccuper de la surpopulation, il y a régler la grande question de l'organisation sociale de la production et d'une plus juste répartition des produits, buts socialistes qui, en France, ont déjà eu plusieurs tentatives tragiques de réalisation. Stuart Mill a donc exagéré en disant pour le présent, qu'en économie politique la question de la population domine toutes les autres.

CHAPITRE XIV

LA CONCURRENCE

§ Unique

Nous serons brefs sur cette question. La cause est jugée par les faits.

La concurrence a de bons côtés; elle est d'une grande efficacité pour le développement des forces économiques. Mais dès que l'organisme social se complique, elle cesse d'être l'impulsion perpétuellement régénératrice pour donner comme résultat des monopoles anti sociaux.

Même dans sa période progressive la concurrence n'avance qu'en traînant après elle la ruine et la famine; en broyant sous les roues de son char des générations ouvrières, quelquefois des peuples entiers.

« La destruction qui suit les guerres les plus acharnées, dit Hartmann, (le *Grand inconscient*) n'est rien auprès de la mortalité qui frappe plusieurs millions d'hommes lorsque l'industrie d'un peuple épuise, en le privant de ses moyens d'existence, un autre peuple moins avancé. » Le même phénomène se produit en plus petit entre industries inégalement outillées.

« La loi de l'offre et de la demande (ou concurrence) loi menteuse, s'écrie Proudhon, dans les termes où on la pose, loi immorale, propre seulement à assurer la victoire du fort contre le faible, de celui qui a contre celui qui n'a pas. »

L'économiste officiel Rossi professait lui-même en plein épanouissement de la concurrence célébrée par les économistes orthodoxes du temps que le *laissez faire* avait ses inconvénients.

« Que sont les fameuses théories de la *balance*, du *produit net*, de la *libre concurrence*, avec leur généralité et leur intolérance, si ce n'est un déplorable entêtement dans des principes plus ou moins arbitraires, légèrement adoptés, un mépris peu sensé de tous les faits ? La *balance* du *commerce* et la *libre concurrence* eût établi, au sein de chaque état, *une guerre intestine*. »

Ce n'est pas seulement la guerre intestine que produit la concurrence ; mais encore de la misère à haute pression, comme le reconnait un autre économiste officiel.

— « La concurrence illimitée qui est l'UNIQUE LOI de l'industrie et qui rend les maîtres ENNEMIS les uns des autres, les oblige, sous peine de banqueroute, c'est-à-dire sous peine de MORT INDUSTRIELLE, A AUGMENTER sans cesse la tâche de l'ouvrier, en réduisant la rétribution de l'unité de travail, ce qu'en langage industriel, on appelle le PRIX DE LA PIÈCE. Elle a contraint l'ouvrier à regarder son voisin comme un RIVAL qui lui dispute son pain. Il semble que l génie de la guerre, repoussé par le bon sens des nations et des gouvernements, ait trouvé à se ménager dans l'industrie un dernier asile, et qu'il y ait provisoirement réussi. » (MICHEL CHEVALIER, *Premier Discours d'ouverture, comme professeur d'économie politique*.)

Pour la concurrence comme pour les autres catégories économiques, les économistes ont argumenté d'après des abstractions, d'après des habitudes de cerveau prises et non d'après la réalité. Ils répètent, depuis un siècle *laissez faire, laissez passer*, à l'instar de Gournay, sans se donner la peine de voir que Gournay et les physiocrates jetaient le cri de liberté économique en face d'une société aujourd'hui détruite où la réglementation à outrance et l'oppression méticuleuse et bête enserrait dans un réseau légal à mailles serrées toutes les manifestations de la vie sociale, de la sorte étouffée. Pas davantage ils ne se demandent si en face des souffrances et des ruines accumulées par les intérêts antagoniques qu'a déchainés le nouvel ordre de chose et dont nous voyons le triste spectacle, les réformateurs amis de Turgot ne diraient pas maintenant, *intervention sociale*, avec autant d'énergie qu'ils disaient autrefois : *laissez faire, laissez passer*.

Quelques-uns sont de ce chef atteints d'une véritable hallucination. Leroy Beaulieu, fort peu interventionniste, chacun le sait, en apporte un exemple qu'il faut se garder de laisser ignorer.

« Il y a quelques années, un président de la Nouvelle-Grenade, en arrivant au fauteuil, imbu des pures doctrines économiques, annonça que, « désormais l'Etat, ramené à son véritable rôle, laisserait tout à l'initiative individuelle. »

Les économistes d'applaudir. Au bout de peu de temps, les routes étaient rompues, les ports ensablés, la sécurité anéantie, l'instruction aux mains des moines, c'est-à-dire réduite à rien. C'était le retour à l'état naturel et à la forêt primitive. »

On dut revenir aux doctrines abhorrées de l'Etat. Ce président n'était qu'un naïf; ses coreligionnaires le sont moins. Ils parlent bien de liberté économique absolue; mais ils sous-entendent liberté de l'exploitation de l'homme par l'homme, et ils n'ont rien de si pressé que d'applaudir aux lois restrictives contre les associations et les coalitions ouvrières, car pour eux dès qu'elle profite aux ouvriers, pourtant si désarmés en face des capitalistes, la liberté devient de la licence. C'est aussi au nom de la « liberté romaine » que les durs patriciens romains exploitaient et torturaient leurs esclaves jusqu'à ce que mort s'ensuivît.

Nos modernes patriciens trouvent que la liberté patronale de l'exploitation est la source de tout bien, de toute justice; elle est la liberté sans phrase. Ils appellent *bien*, ravir au peuple travailleur jusqu'aux moyens de vivre, jusqu'à la possibilité de travail. Ils trouvent *juste* de le déshériter de son droit naturel et imprescriptible sur la source commune et la condition extérieure de toute richesse; de lui enlever jusqu'au moindre coin du globe où il puisse reposer gratuitement sa tête, planter sa tente, sans payer la dîme du loyer, du fermage, de l'intérêt, à quelques oisifs.

Ce n'est pas non plus là de la liberté.

Pecqueur dit excellemment :

« Toute classe qui travaille au profit exclusif d'une autre, qui attend d'elle son travail, sa fonction, son rang et son avancement, sa part et sa consommation, *est certes esclave de fait.* — Principe certain : *un homme n'est pas libre, tant qu'il dépend d'autrui pour obtenir tous ces constituants du bonheur.* Un caprice, un jugement arbitraire peut le précipiter du bien-être dans la misère, de la sécurité dans l'inquiétude.

» Il faut enfin bannir cette croyance que nous ayons conquis la liberté. C'est une mystification. Jamais la masse des peuples ne fut plus près de la vraie liberté, et cependant n'en jouit moins.

» Oui, les capitalistes, enfants privilégiés de toutes les révolutions opérées depuis trois siècles, sont relativement devenus libres, et même beaucoup trop libres ; mais la multitude n'a rien gagné à leur émancipation ni au régime du laissez faire. Je me trompe, elle y a gagné une ignorance et un abâtardissement héréditaires, un travail accablant et sans trêve, et la liberté de mourir de faim au moindre chômage de l'industrie des riches ; oui ! l'émancipation de la bourgeoisie a coûté au peuple sa liberté et son bonheur ; — comme autrefois chez les Grecs et les Romains, et, en général, chez les païens, il n'y a aujourd'hui des hommes *libres* dans nos sociétés que parce que, à leurs côtés, il y a des hommes *esclaves, serfs. prolétaires, ouvriers, salariés.* »

Le même Pecqueur trouvait, en 1842, des arguments non moins probants contre les libres échangistes levés à la suite de Cobden et de quelques autres pour annoncer aux peuples dupés que tout le mal venait du protectionnisme, que le paupérisme disparaîtrait avec la dernière douane et que la concurrence, cette guerre de tous contre tous, génératrice de tant de maux quand elle n'avait lieu que dans l'intérieur des nations, apporterait le bonheur universel quand elle servirait internationalement.

Je donne ici la réplique de Pecqueur dont les événements ont démontré la vérité.

« Cette bannière du libre échange universel qu'on agite aujourd'hui politiquement après cinquante ans de propagande scientifique, n'est peut-être propre qu'à détourner un instant l'attention publique de la véritable question. Ce n'est point du *dehors* qu'il faut d'abord et principalement s'occuper, mais du *dedans ;* ce n'est pas la liberté des échanges, c'est la juste *répartition,* et par elle la liberté des travailleurs, qu'il s'agit d'inaugurer. Qu'on mène de front les deux intérêts, nous l'approuvons, si le premier peut servir, même indirectement, le second, ce que nous ne croyons pas ; aussi comme nous n'en doutons pas, il peut seulement hâter le rapprochement et la solidarité des peuples. Certes, nous l'avons assez montré, ce n'est point en ouvrant la lice du monde entier aux plus riches, aux plus habiles, aux plus avantageux, aux plus heureux, ou aux plus forts, qu'on garantira l'égalité et la sécurité aux *petits,* aux pauvres, aux faibles, aux retardataires, aux justes et aux bons. Cependant, si l'on réussit à la tâche, on aura reculé à bien des égards, mais reculé pour mieux avancer, pour se rapprocher d'une conquête inappréciable : la communication et la fraternisation des peuples; préambule obligé d'une ère nouvelle pour l'émancipation et le bonheur du genre humain dans sa partie la plus souffrante. »

Les socialistes modernes n'ont pas dit mieux.

Rappeler à cette place les éloquentes flétrissures faites

des faits et gestes de la concurrence, par les Sismondi, les Buret, les Droz, les Ad. Blanqui, les de Villeneuve, les Proudhon, les Louis Blanc, les Vidal, les V. Considérant, etc., serait faire une redite, la société capitaliste ayant été passée au crible d'une inflexible critique par les appréciations que nous avons citées dans le cours de cet ouvrage.

Il s'est trouvé naturellement des économistes pour confondre la concurrence avec la liberté. Baudrillart n'y a pas manqué et il faut l'entendre dire avec le sérieux de l'augure qui regarde son collègue sans rire:

« Travailler est un devoir ou une nécessité ; c'est par conséquent *un* droit. La liberté de travailler implique le choix de la nature du travail. Forcer un homme à suivre une carrière qui lui répugne, et le détourner de celle qui lui convient, l'entraver dans l'exercice de sa profession, tant que cet exercice se maintient dans la limite du respect d'autrui, c'est une évidente injustice. Ce *droit de travailler*, si respectable en lui-même, diffère profondément du prétendu *droit au travail* dont il a été beaucoup question surtout avant et après notre dernière révolution de février. Le droit de travailler n'est que la *liberté* de se livrer à son industrie, sans empêchement ; il ne demande à *l'Etat* que la sécurité ; rien, on le voit, ne saurait être conçu de plus inoffensif. Le *droit au travail*, au contraire, donne à l'individu une action contre la société. »

A quoi, même un Le Hardi de Beaulieu, enkysté pourtant dans le conservatisme, peut répondre :

« La *véritable* concurrence ne sera possible que quand il existera la véritable liberté, tant celle qui résulte de la perfection des institutions politiques, que celle qui est la conséquence d'un complet développement et d'un meilleur usage de toutes les facultés de l'homme. Et cet état de choses n'est pas prochain. »

M. Villiaumé réplique, lui, plus durement à l'antienne économiste.

« Lorsque l'ouvrier se plaint de l'insuffisance du salaire, ils répondent que la liberté de l'industrie profite à toute la société. Mais ils se gardent d'ajouter que cette liberté n'est qu'au profit des accapareurs et des filous. »

Enfin, nous dira-t-on, la concurrence est le régime obligé de toute société individualiste.

Oui, répondrons-nous, et c'est la condamnation de cette forme sociale, car toute concurrence aboutit à des monopoles ainsi que le montrent les faits et que la logique des choses suffirait à l'enseigner.

Comme dans la lutte pour la vie, c'est toujours le mieux armé qui l'emporte et que, sous peine de tout bouleverser à chaque génération, on ne peut établir l'égalité des points de départ, il en résulte que la pratique de la concurrence dans les conditions actuelles, outre qu'elle livre pieds et poings liés les salariés aux capitalistes, augmente sans cesse les inégalités, fait tomber constamment les moins armés sous les coups des plus armés ou des plus favorisés pour se réaliser dans des monopoles monstrueux.

Que voyons-nous dans l'industrie et dans le commerce?

Les petits ateliers sont dévorés par les fabriques, celles-ci le sont à leur tour par ces formidables organismes industriels qui englobent souvent une ville entière et se partagent une région. Dans le commerce, même phénomène, les petites boutiques disparaissent sous un ouragan de faillites et de ruines pour faire place à ces immenses magasins aux deux millions d'affaires par jour, aux milliers d'employés. Demain il en sera de même pour l'agriculture.

Et chose trop peu remarquée dès qu'il s'est agi d'un service public la concurrence a été impuissante, il a fallu faire intervenir l'Etat, exemple : les chemins de fer, l'éclairage des villes, les mines, ou transformer de suite en services publics, postes, télégraphes.

Ainsi la concurrence, cette prétendue liberté économique, est impuissante pour toute œuvre organique. Dans tous les autres cas elle se résout en monopoles et glorifie son œuvre dans une féodalité, maîtresse absolue d'une population réduite à attendre de son bon plaisir la permission de travailler, c'est-à-dire de subsister ; — féodalité d'autant plus dure que, dans la plupart des cas, elle est anonyme.

Mais là, à la constitution de monopoles, d'obstruction et d'accaparement s'arrête l'œuvre de la concurrence. Pour aller plus loin elle devrait faire de l'ordre et ce n'est pas dans sa nature.

Pour que les monopoles fussent de quelque utilité, nous venons de le voir, il a toujours fallu l'intervention de l'Etat.

Lorsque, en effet, les gros capitaux se sont enflés jusqu'à écraser autour d'eux toute autre entreprise, toute autre activité, lorsqu'ils passent, en un mot à l'état de monopole — singulier mais inévitable aboutissant de la liberté commerciale — ils constituent des *impedimenta* à la vie sociale ; ils deviennent des instruments de rançonnement, analogues à ces forteresses féodales du moyen âge où se postaient les brigands seigneuriaux pour, de là, courir aux passants sur les routes, ne leur laissant la vie qu'après les avoir dépouillés et torturés.

C'est alors que l'Etat doit intervenir, non pas pour détruire comme quelques anciens rois de France favorables aux Communes, pour emporter d'assaut et ruiner de fond en comble le repaire féodal, — les monopoles capitalistes sont une accumulation de forces productives qu'il faut socialiser non détruire, — mais pour stipuler en faveur de la collectivité lésée par cette monopolisation des forces productives.

Ainsi doit-on faire pour l'industrie des transports : chemins de fer, omnibus des villes ; pour les branches importantes de l'industrie extractive (houilles) pour l'industrie de l'éclairage (gaz) et chaque fois l'utilité sociale du monopole adouci est en raison de l'action de l'Etat.

Même lorsque l'Etat, faisant un pas de plus, change le *monopole* en *service public* comme cela a lieu, par exemple pour la poste et le télégraphe, la réalisation nouvelle rend au public le maximum des services qu'on peut en attendre.

Si mal organisée soit-elle encore, si mal conduite qu'elle soit par des ennemis des services publics, la direction par l'Etat de certaines branches de travail, comme les manufactures de tabac, les fabriques d'armes, est bien supérieure, comme qualité de production, revenu à la collectivité et condition des travailleurs à ce qui se passe dans les fiefs capitalistes, d'une importance correspondante.

L'intervention de l'Etat est tellement indispensable pour empêcher les monopoles nés spontanément de la libre concurrence des capitaux de devenir une *nuisance* que le seul monopole arrivé à son plein développement que l'Etat ait laissé à peu près libre, celui du crédit, est pour la société actuelle une source constante de troubles, de crises, de souffrances, de pilleries, de ruines amoncelées, sous nom de faillites, de krachs, qui sont de véritables désastres publics, de démoralisation de la classe dominante. — Et peut-être est-il permis de dire que c'est des infamies des banques et de la Bourse que tombera la goutte d'eau souillée et froide qui fera éclater la chaudière.

En résumé : la concurrence des capitaux bâtit avec la chair et le sang du prolétariat exténué et affamé, sur les ruines du travail indépendant, de l'artisanat, des petits ateliers et de la classe moyenne des forteresses économiques qui, en se fédérant, deviennent des monopoles monstrueux. Ces monopoles pressurateurs du travail national au profit de quelques individus, réduiraient, dans leur développement logique, tout le peuple en servage.

Il s'agit maintenant de savoir si l'Etat mettra la main sur ces accumulations de forces productives dont les véritables créateurs ont été dépossédés, ou bien s'il laissera une féodalité nouvelle se constituer, écraser la société moderne.

Pas d'autre alternative dans le monde que nous fait la concurrence :

Ou monopoles exténuateurs, oppresseurs et affameurs;

— C'est l'avenir que nous réserverait le laisser faire;

Ou l'activité humaine et les capitaux (associés et concentrés par la force des choses) transformés et catégorisés, au fur et à mesure de leur passage à l'état de monopoles, en *Services publics*.

Le socialisme moderne débarrassé des utopies et des conceptions à priori, s'est donné pour but la réalisation de la seconde éventualité. Pour lui l'évolution économique s'opère de la sorte : La concurrence engendre le monopole ; l'Etat, considérant les monopoles comme des accumulations de force productives qu'on ne saurait détruire ni même combattre sans grand dommage, les dépouille de leur caractère de monopole pour leur donner un vêtement social : pour les transformer en Services publics.

C'est pourquoi il dit aux travailleurs : Sur le terrain purement économique, vous ne pouvez vaincre. Faites la conquête, par le vote ou autrement, des pouvoirs *administratifs* dans la commune et *politiques* dans l'Etat, pour les faire ensuite, comme une artillerie conquise que l'on tourne contre l'ennemi, fonctionner pour l'affranchissement de tous les opprimés et de tous les exploités.

Votre émancipation est là et n'est que là.

CHAPITRE XV.

LA VALEUR.

§ I. Les définitions.

Les anciens économistes voyaient surtout dans la *valeur* le côté d'*utilité*. Selon Barbon, vieil économiste anglais, les choses tirent leur valeur du besoin que l'on en a. Ce qui fait la valeur d'une chose, dit Locke, c'est la propriété qu'elle a de satisfaire les besoins ou les convenances de la nature humaine.

De son côté, Genovesi conclut :

« Les choses n'ont de prix et de valeur que par rapport à l'homme. Où il n'y a pas d'homme, il n'y a pas de valeur. Mais l'homme ne donne de la valeur aux choses qu'en raison des besoins qu'il en a ; par conséquent les choses n'ont de valeur que dans la proportion de la puissance qu'elles ont de satisfaire nos besoins. »

Turgot, imité en cela par Rossi et Baudrillard, considéra la valeur comme un rapport entre deux choses, ou un *rapport d'échange*.

Adam Smith distingua entre la *valeur d'utilité* et la *valeur d'échange*, le prix des choses étant déterminé par la loi de l'*offre* et de la *demande*. Verri avait conclu de même ; J. B. Say et la plupart des économistes français adoptèrent cette théorie.

Pour Bastiat et son école, la valeur est *le rapport d'échange des services*. Cette école substitue à la formule des physiocrates dont s'est emparé J.-B. Say : *Les produits s'échangent contre les produits*, cette autre : *Les services s'échangent contre les services* qui est une simple *spiritualisation* de la première.

Autrement remarquable est la théorie ricardienne de la valeur qui a pour conséquence, au grand désespoir de ses tenants bourgeois, d'entraîner pour éviter une paupérisation effroyable, l'appropriation sociale de la terre.

Ricardo posa le premier, après Anderson, les jalons de la théorie :

« Le travail humain, considéré en lui-même, est invariable. Ce que donne l'ouvrier qui travaille, c'est-à-dire une portion de son temps, de ses forces, de sa liberté, est la même en toutes circonstances. C'est là une quantité déterminée par les lois naturelles, comme le cours des astres et les changements de saison.

En ce sens, le travail est la mesure de valeur. »

Ricardo précisa daventage :

« Ce n'est ni l'utilité des choses, ni leur valeur intrinsèque qui en fait des richesses, c'est l'échange qui fixe et détermine leur *valeur*, et c'est cette *valeur* qui le sidentifie avec la richesse.

La *valeur* d'une marchandise ou la quantité de toute

autre marchandise contre laquelle elle s'échange, dépend de *la quantité de travail nécessaire pour la produire.*

En d'autres termes : la *valeur a pour mesure ses frais de production.* »

On lui fit cette objection :

« Quand deux quantités de grain ont été produites sur des terrains différents et que, par conséquent, l'une a plus coûté que l'autre, elles se vendent pourtant le même prix ? que signifient alors *vos frais de production ?* »

Il répondit :

« Les dépenses sont calculées sur celle qui a le plus coûté. La différence constitue la rente du propriétaire. »

D'où il résulte que plus serait diminué le coût de production, plus serait augmentée la prélibation propriétaire et capitaliste, plus serait réduite la part du travail.

On voit où cela conduirait.

Carey, Ferrara, Pasini et autres ont spécifié que la valeur a pour mesurer non pas l'équivalent de ce qu'elle a coûté en travail et loyer payé, mais l'effort qu'elle évite à l'acheteur en un mot *les frais de reproduction.*

A quoi Sénior, disciple de Ricardo, n'a su que répondre :

« En certains cas, le prix de la valeur est déterminé par le prix de l'acheteur (frais de reproduction) en d'autres cas, il est déterminé par le prix du vendeur (frais de production). »

Aveu qu'il n'avait pas d'argument à opposer.

Les économistes ne sont guère allés au delà sur la question de la valeur, sauf la distinction fort juste (mais dont ils n'ont pas osé tirer les conclusions rationnelles) entre la *valeur d'échange* et *la valeur d'utilité* [1].

1. Par *valeur* nous entendons exclusivement ce que Smith et

Non moins juste est leur distinction entre le *prix naturel* et le *prix courant* [1] Ils sont précis sur cette question :

« Le prix naturel des choses est celui qui est représenté par le montant des frais de production. Le prix courant, celui qui est représenté par les oscillations du marché, au-dessus et au-dessous du prix naturel. » (*Rossi* d'après *Ricardo.*) Mais évidemment pour que le prix courant restât voisin du prix naturel et que la concurrence et les consommateurs pussent toujours commander aux oscillations, il faudrait supposer, *ce qui n'est pas*, une liberté indéfinie de retrait chez les consommateurs et de concurrence du côté des producteurs.

Or ce qui n'est pas, même pour les marchandises de nature à se multiplier en proportion de la demande, n'est pas à plus forte raison pour les marchandises qui ne sont pas de nature à être multipliées en raison de la demande. Aussi peuvent-elles augmenter et augmentent-elles en effet de prix à mesure qu'elles sont demandées sans qu'on puisse fixer de bornes à l'augmentation, (ou renchérissement) [2].

autres ont appelé *valeur en échange*, valeur échangeable pour la distinguer de l'*utilité* à laquelle différents auteurs donnèrent différents noms et qui désigne l'ensemble des qualités qui rendent les choses propres à satisfaire des besoins et à procurer des satisfactions. (Joseph Garnier.)

1. Pour plus de clarté, nous donnerions nous le nom de valeur à ce que les économistes appellent *prix naturel* et le nom de *prix* à ce qu'ils appellent *prix courant.*

2. « Le propriétaire tire un double avantage de la difficulté de produire. En effet il obtient d'abord une portion plus forte du produit total et puis il est payé en denrées dont la valeur est plus considérable...

Or la terre et les produits agricoles sont de ce nombre.

Et voilà, d'après les économistes, où nous conduirait fatalement la monopolisation du sol et des instruments de travail.

A des prix de famine inabordables aux travailleurs, pour les denrées de première nécessité à mesure que l'accroissement de population donnera la prédominance de la *demande* illimitée dans ses développements, sur l'*offre* limitée dans ses sources.

Bastiat, avec l'audace qui caractérise ses affirmations sophistiques, s'est inscrit en faux contre ces conclusions rigoureuses de l'économique bourgeoise qualifiées par un de ses disciples (R. de Fontenay) de *théorie du dénuement progressif.*

Pour ce faire, il a tâché de démontrer que :

« Tout homme jouit gratuitement de toutes les utilités fournies ou élaborées par la nature à la condition de prendre la peine de les recueillir ou de restituer un service équivalent à ceux qui lui rendent le service de prendre cette peine pour lui. »

D'où il déduit :

« Toute propriété est une valeur ; toute valeur est une

» A mesure que s'accroît la population, les salaires vaudront moins de blé...

» La part de l'ouvrier se trouvera diminuée, tandis que celle du propriétaire foncier se trouvera augmentée, à la fois en valeur et en quantité...

» La condition de l'ouvrier empirera en général, tandis que celle des propriétaires fonciers s'améliorera...

» Les profits haussent toujours quand les salaires baissent, et tombent quand les salaires haussent... » (Ricardo, *Principe de l'économie politique et de l'impôt*, pages 57, 97, 77, 78, 305).

propriété. Ce qui n'a pas de valeur est gratuit ; ce qui est gratuit est commun.

Baisse de valeur, c'est approximation vers la gratuité.

Approximation vers la gratuité, c'est réalisation partielle de communauté. »

Ainsi tout est pour le mieux d'après le Pangloss des Landes.

Il sait bien qu'on lui dira que les *utilités* fournies gratuitement par la nature sont parfaitement onéreuses, appropriées qu'elles sont par des mangeurs de bénéfiees qui en font chèrement payer l'usufruit.

Il s'est proposé à répondre et voici la démonstration de l'auteur des *Harmonies économiques* :

« Dieu a créé la terre. Il a mis à sa surface et dans ses entrailles une foule de choses utiles à l'homme, en ce qu'elles sont propres à satisfaire ses besoins.

En outre il a mis dans la matière des forces : gravitation, élasticité, porosité, compressibilité, calorité, lumière, électricité, cristallisation, vie végétale. Il a placé l'homme en face de ces matériaux et de ces forces. Il les lui a livrés gratuitement.

Les hommes se sont mis à exercer leur activité sur ces matériaux et ces forces ; par là ils se sont rendus service à eux-mêmes. Ils ont aussi travaillé les uns pour les autres ; par là ils se sont rendus des services réciproques. Ces services comparés dans l'échange ont fait naître l'idée de valeur, et la valeur celle de propriété.

Chacun est donc devenu propriétaire en proportion de ces services.

Mais les forces et les matériaux, donnés par Dieu gratuitement à l'homme dès l'origine, sont demeurés, sont encore et seront toujours gratuits à travers toutes les transactions humaines; car, dans les appréciations auxquelles donnent lieu les échanges, ce sont les *services humains* et non les *dons de Dieu qui s'évaluent.* »

Que dites-vous de ce pathos?

« On croit rêver, dit E. Baron, en lisant ces pages de Bastiat, on tâche d'y démontrer sérieusement que toute valeur du travail y compris la terre et les espèces animales et végétales qui font notre richesse, le propriétaire n'a aucun droit à faire valoir sur quoi que ce soit. « L'homme a tout fait, » donc le prolétaire, nouveau venu, n'a rien fait et n'a droit à rien; ses aïeux ne comptent pas dans l'histoire du travail, ou plutôt il n'a pas d'aïeux; l'homme, paraît-il, c'est le propriétaire; tout est son œuvre, partant tout est à lui. Quant au prolétaire, c'est un intrus, tombé ces jours-ci de nous ne savons quelle planète, et qui a le plus grand tort de demander une place au soleil et un coin de terre à bêcher. Que ne s'y est-il pris plus tôt? S'il eût fait son apparition dans le monde sublunaire à la même date que l'homme, il y aurait eu part assurément, et en toute justice; mais arrivé en retard, trouvant la place prise, le logement assaini et embelli, c'est bien le moins qu'il en paie quelque loyer; rien pour rien, et si l'homme a tout créé, tout est à vendre, rien à prendre. « La nature ne peut pas plus faire un grain de blé qu'elle ne peut faire une montre. » D'où il suit, à n'en pas douter, que le prolétaire héritier des labeurs misérables de cent générations, créateur, par conséquent, de ce grain de blé comme de tout progrès social, ne saurait émettre la prétention de manger du pain sans payer, outre le prix de ce pain, un droit d'auteur à l'homme, au propriétaire, héritier, des loisirs repus d'un égal nombre d'ascendants. Peut-être, en effet, le prolétaire, cet être imprévoyant au premier chef, lui a-t-il vendu tous ses droits présents ou à venir sur le blé, le bœuf et le champ, au temps de Charlemagne ou de Vercingétorix qui sait. »

Les ricardiens ont d'ailleurs fait justice de cet optimisme peu sincère.

Cherbuliez a eu raison de répondre :

« Pour nier la rente, qui n'est le prix ni du travail, ni du capital employé, comme le font Carey et Bastiat (et tous les harmonistes), il faut fermer les yeux à la lumière et nier une foule de faits notoires, patents, quotidiens, qui autrement seraient inexplicables. Pourquoi les emplacements où l'on bâtit, terrains sans culture, qui n'ont de valeur que dans les villes, coûtent-ils aussi cher que les constructions elles-mêmes ?

Pourquoi les terrains, destinés à la même culture et d'une préparation identique, se vendent-ils bien plus cher dans certaines localités que dans d'autres?

Pourquoi les établissements loués depuis très longtemps se louent-ils bien plus cher qu'autrefois, sans que le propriétaire y ait mis la moindre dépense ?

Pourquoi certains terrains marécageux et malsains ont-ils une valeur supérieure à celle qu'y ajouteront les dessèchements faits aux dépens de l'acheteur?

Pourquoi partout, la qualité du terrain et sa situation, relativement aux villes, aux facilités de transport des produits, exercent-ils une si grande influence sur les prix de vente et de location?»

Joseph Granier n'est pas moins pressant.

« Supposons que Malthus, West, Ricardo, Mac Culoch, Rossi, etc. aient mal vu ; que la *rente*, le *fermage* *l'intérêt du capital* appliqués à l'acquisition ne soient qu'une seule et même chose, vous serez toujours obligés de recourir à J. B. Say et aux économistes que vous combattez, car les communistes pourront toujours vous dire :

» Propriétaire ! Tu prétends que ton revenu est le fruit de ton travail et de ton capital, d'accord ! Mais de quel droit accapares-tu cette partie du sol pour y mettre ton travail et ton capital, à l'exclusion de mon travail et de mon capital ? »

Dupuit enfin ose écrire :

MM. Thiers, Joseph Garnier, ont comme J. B. Say, parfaitement reconnu *que la propriété individuelle avait pour origine le vol, la fraude, l'assasinat...*

« On ne peut pas dire qu'elle est le fruit du travail, on ne peut la fonder que sur l'hérédité et la prescription. »

A quoi le bastiatiste de Fontenay répond imprudemment :

« La rente de Ricardo (fondé sur ce principe de Say, Thiers Ricardo, J. Garnier, Dupuit, etc. que la propriété n'est pas le fruit du travail), la rente de Ricardo, c'est le droit seigneurial, *l'aubaine*, comme dit Proudhon ; c'est la permission de vivre, la place au soleil, que les plus faibles payent au plus fort. Il est bien évident que cet impôt, soldé pour l'*usage des facultés propres et impérissables du sol*, ce n'est pas un individu, c'est l'État, c'est l'humanité tout entière, propriétaire du globe, qui ont seuls le droit de percevoir, La propriété de Ricardo aboutit au mot de Proudhon : sa rente c'est le vol ! »

C'est ainsi que lorsqu'ils s'élancent dans le champ clos de

la polémique, avec toute l'ardeur que met le cheval biblique à se précipiter dans la mêlée, au son des trompettes, les économistes lèvent le voile d'Isis dans le sanctuaire capitaliste et démontrent les uns, que l'actuelle répartition des richesses est le produit d'anciennes pilleries ou de fraudes récentes et de l'exploitation contemporaine du travailleur par le capitaliste, les autres que le système actuel conduit au *dénuement progressif.*

Les uns et les autres ont raison, et c'est pourquoi la transformation sociale s'impose.

Mais devant le flot montant d'un socialisme plus conscient et plus fort, les économistes ne tardèrent pas à se repentir de leur vivacité. Maintenant qu'ils ont fait banqueroute à la science, [1] ils réservent leurs coups aux socialistes.

1. C'est en 1830 qu'éclate la crise décisive.

En France et en Angleterre la bourgeoisie s'empare du pouvoir politique. Dès lors, dans la théorie comme dans la pratique, la lutte des classes revêt des formes de plus en plus accusées et menaçantes. Elle sonne le glas de l'économie bourgeoise scientifique. Désormais il ne s'agit plus de savoir, si tel ou tel théorème est vrai, mais s'il est bien ou mal sonnant, agréable ou non à la police, utile ou nuisible au capital. La recherche désintéressée fait place au pugilat payé, l'investigation consciencieuse à la mauvaise conscience, aux misérables subterfuges de l'apologétique. Toutefois, les petits traités dont l'*Anticornlaw-League*, sous les auspices des fabricants Bright et Cobden, importune le public, offrent encore quelque intérêt, sinon scientifique, du moins historique, à cause de leur attaque contre l'aristocratie foncière. Mais la législation libre-échangiste de Robert Peel arrache bientôt à l'économie vulgaire, avec son dernier grief, sa dernière griffe.

Vint la Révolution continentale de 1848-1849. Elle réagit sur

Quant à la théorie de la valeur, l'ancienne pomme de discorde, ils s'en soucient comme l'écureuil fait d'une noisette vide.

Il y a beaux jours que, pour couper court à toute discussion imprudente, le moniteur de l'économisme bourgeois, en France, le *Journal des Économistes*, a rendu l'arrêt que voici :

« Il n'y a pas de mesure de la valeur, d'étalon de la valeur. C'est la science économique qui dit cela, comme la science mathématique nous dit qu'il n'y a pas de mouvement perpétuel, pas de quadrature du cercle, et que cette quadrature et ce mouvement ne se trouveront jamais. Or, s'il n'y a pas d'étalon de la valeur, si la mesure de la valeur n'est pas même une illusion métaphysique, quelle est donc en définitive la règle qui préside aux échanges... C'est, nous l'avons dit, l'*offre* et la *demande* d'une manière générale, voilà le dernier mot de la science. »

Le dernier mot de leur science, qui ne va pas loin, en effet. Mais que dire d'un état économique dont les théoriciens déclarent le principe fondamental une utopie? Une société sans mesure de la valeur, n'a pas le droit de parler, ni de transac-

l'Angleterre ; les hommes qui avaient encore des prétentions scientifiques et désiraient être plus que de simples sophistes et sycophantes des classes supérieures, cherchèrent alors à concilier l'économie politique du capital avec les réclamations du prolétariat qui entrait désormais en ligne de compte. De là, un éclectisme édulcoré, dont John Stuart Mill est le meilleur interprète. C'était tout bonnement, comme l'a si bien montré le grand savant et critique russe N. Tchernichewski, la déclaration de faillite de l'économie bourgeoise.

(Karl Marx, *le Capital*.)

tions, ni de justice, tout y est livré au hasard de la spéculation, des monopoles et de la piraterie affariste.

Et il en est ainsi car tout s'enchaîne dans le monde économique, comme ailleurs. Sans justice sociale, pas de mesure possible et équitable de la valeur.

§ II. Solution socialiste.

Proudhon, Rodbertus, Marx, Lassalle, Tchernychewsky, de Paepe ont pris comme point de départ dans la recherche de la mesure de la valeur la définition de Ricardo en substituant à la définition : *la valeur d'une chose est égale à son coût de production*, cette autre définition qui a le mérite de ne pas comprendre en soi les profits capitalistes : *La valeur d'une chose est égale au travail socialement nécessaire à sa production.*

De Paepe s'exprime ainsi :

« C'est le travail qui détermine la valeur d'échange ou simplement la valeur d'un objet. La rareté ou bien la conservation difficile peut avoir une influence parfois considérable sur la valeur de certains objets; ainsi, par exemple, la rareté du diamant est certainement pour beaucoup dans la valeur attribuée actuellement à cet objet de luxe ; mais ce sont là des exceptions aussi rares que les objets eux-mêmes, et, sauf ces exceptions, on peut dire que tout objet tire sa valeur de la quantité de travail qu'il a fallu dépenser pour le produire. Et comme tous les objets ne demandent pas la même quantité de travail, on conçoit qu'un objet A vaille 2 objets B, 3 objets C, etc. La valeur est donc la qualité des choses qui les fait équivaloir à d'autres choses. Remarquons ici qu'il n'est pas nécessaire qu'il y ait échange pour qu'il y ait valeur, puisque, sans échanger ses produits, Robinson vivant seul dans son île, saura toujours estimer davantage un certain objet, soit parce qu'il lui coûte plus de travail, soit parce qu'il est plus rare. »

Nous dirons à notre tour :

Les objets utiles, c'est-à-dire pouvant servir à la satisfaction directe ou indirecte, momentanée ou durable d'un besoin humain ont deux origines 1° la terre y compris les forces naturelles appropriée par le génie humain. 2° Le travail.

Idéalement la *valeur* d'une chose se détermine par le quantum de travail *socialement nécessaire, dans les circonstances présentes, à sa production.*

Il est évident que si l'on disait simplement la valeur d'une chose est en raison du travail ou somme d'effort, on serait dans l'erreur, car le travail est plus ou moins productif, selon le degré de l'habileté ou de la force et selon l'outillage.

Ainsi, en Angleterre, l'application mécanique a plus que centuplé la production du travail humain. Le tisseur muni d'une mécanique mue par la vapeur fera trente fois plus de travail que le tisseur, même plus habile, n'ayant qu'un métier à main. Cependant sur le marché, 10 mètres d'étoffe du tisseur à la main ne vaudront pas 30 fois plus que 10 mètres fabriqués à la mécanique à vapeur, mais exactement le même prix, c'est-à-dire que le tisseur à la main ne recevrait dans ce cas qu'un trentième de journée. Il doit donc mourir de faim, (ce qui a eu lieu en Angleterre, en Silésie et un peu partout) s'il n'a la chance de devenir le salarié du propriétaire de la grande machine que le salaire de toute sa vie ne pourrait pas acheter et qui l'a ruiné. Le prix du mètre d'étoffe sera déterminé par le temps nécessaire, avec le système le plus perfectionné, c'est-à-dire le meilleur marché. Et si une machine plus parfaite est inventée, la première machine sera à son tour mise au rebut, comme l'ancien métier à la main, parce qu'alors sa productivité ne serait plus en rapport avec le degré social de productivité du travail acquis par de nouveaux perfectionnements industriels, et ne donnerait plus au travail et au capital une rémunération suffisante.

Quant à l'intensité et la finesse du travail, sauf pour quelques professions, le machinisme en diminue de plus en plus l'importance.

Peu importe qu'une machine soit servie par un enfant de seize ans ou un ouvrier expérimenté dans la fabrique moderne : la productivité et la perfection du produit dépendent surtout de la qualité de la machine. En ce sens, dans la grande industrie, une heure de travail vaut une heure de travail, comme dit excellemment Marx, et c'est ce *travail simple* qui est pris pour unité de mesure [1].

Toutefois cette loi d'unification n'est pas générale, il y aura toujours des genres de travaux plus pénibles, plus dangereux ou plus difficiles; mais ces nombreuses exceptions n'empêchent pas qu'on ne puisse mesurer la valeur d'après le temps de travail incorporé en elle. Il suffit, pour

1. Notons en passant que cette unification de l'intensité et de la qualité du travail, déjà si avancée dans l'industrie, se réalisera également dans les principales branches du travail agricole par l'application commencée des machines (moissonneuses, batteuses, charrues à vapeur, etc.) au travail agricole.

trancher la difficulté, de prendre pour unité de mesure le *travail simple* et de classer par catégories de *travail qualifié* les travaux qui font exception.

Supposons l'heure de *travail simple*, qui sera par exemple la conduite d'une machine à tisser, tarifée à 1 franc, on pourrait établir (ce sont là des classifications purement approximatives) que le cassage des pierres sur les routes est *qualifié* valoir 1/4 de plus, que le travail du mineur est qualifié valoir 1/2 de plus, et celui de l'égoutier *qualifié* valoir le double; l'heure du casseur de pierre vaudrait 1 fr. 25, celle du mineur 1 fr. 50, celle de l'égoutier 2 francs. De même, 4 heures d'égoutier vaudraient 8 heures de tisseur, 6 heures de mineur, 5 heures de casseur de pierre [1].

Cette part faite aux exceptions, nous pouvons dire qu'elles se réduiront de plus en plus, par l'extension du machinisme, par l'égalité des moyens de développement et par la liberté des vocations qu'assurera à tout être humain la réorganisation socialiste.

Bien des travaux dangereux ou répugnants maintenant, ne le seront plus quand la science, au lieu d'être falsifiée par la bourgeoisie, dans son intérêt personnel, selon l'expression du philosophe Lange, sera employée au service de l'humanité.

Certains travaux resteront plus pénibles ou plus dangereux, comme l'extraction de la houille, le percement des

1. Comment se fera cette majoration? On ne peut répondre à cette question qu'en esquissant hypothétiquement les conditions du travail dans la société socialiste. Ce sera l'objet d'un prochain ouvrage intitulé : *La main à la pâte.*

tunnels, le desséchement des marais, le puddlage, etc., ceux-là seront majorés comme *travail qualifié* [1].

La valeur peut être mesurée par le temps de travail *simple* ou *qualifié*, incorporé en elle, mais ne représente-t-elle sur le terrain de l'échange, que le travail accumulé en elle?

Marx va nous le dire. Je cite en résumant (Voir le *Capital*, 1er chapitre) :

Prenons deux marchandises soit du froment et du fer, quel que soit leur rapport d'échange, il peut toujours être représenté par une équation dans laquelle une quantité donnée de froment est réputée égale à une quantité quelconque de fer. Par exemple : 1 quarteron de froment à x kil. de fer. Que signifie cette équation? Que dans deux objets différents, dans 1 quarteron de froment et dans x kil. de fer, il existe quelque chose de commun. Les deux objets sont donc égaux à un *troisième* qui, par lui-même, n'est ni l'un ni l'autre. Chacun des deux doit, en tant que *valeur d'échange*, être réductible au troisième, indépendamment de l'autre.

La *valeur d'usage* des marchandises, une fois mise de côté, il ne leur reste plus qu'une qualité : celle d'être des produits du travail. Mais déjà le produit du travail lui-même

1. Disons ici qu'en régime de production capitaliste, il n'est presque tenu aucun compte du caractère pénible et dangereux des travaux, parce que le perfectionnement de l'outillage rejetant toujours dans l'armée de réserve du travail un plus grand nombre de bras inoccupés, les évincés sont trop heureux de trouver un travail si dangereux et si répugnant soit-il, qui leur permette de se procurer le minimum de substances à eux nécessaires, pour ne pas mourir brusquement de faim.

s'est métamorphosé à notre insu... Il ne reste plus aux produits que le caractère commun des travaux, ils sont tous ramenés au même travail humain... Chacun d'eux ressemble complètement à l'autre. Ils ont tous une même réalité fantômatique. Métamorphosés en *sublimés* identiques, échantillons du même travail indistinct, tous *ces objets ne manifestent plus qu'une chose, c'est que, dans leur production une force humaine de travail a été dépensée, que du travail humain y est accumulé*. En tant que cristaux, de cette substance sociale commune, ils sont réputés *valeurs*.

Comment mesurer maintenant la grandeur de la valeur? Par le *quantum* de la substance *créatrice de valeur*, contenu en lui, du travail. La quantité de travail elle-même a pour mesure sa durée dans le temps, et le temps de travail possède de nouveau, sa mesure dans les parties du temps, telles que l'heure et le jour.

On pourrait s'imaginer, que si la *valeur* d'une marchandise est déterminée par le *quantum du travail* dépensé pendant sa production, plus un homme est paresseux et inhabile, plus sa marchandise aurait de valeur, parce qu'il emploie plus de temps à sa fabrication. Mais le travail qui forme la substance de la valeur des marchandises est du travail égal et indistinct, une dépense de même force.

La force de travail de la société tout entière, laquelle se manifeste dans l'ensemble des *valeurs*, ne compte par conséquent que comme force unique, bien qu'elle se compose des forces individuelles innombrables. Chaque force individuelle de travail est égale à toute autre, en tant qu'elle possède le caractère de force sociale moyenne et fonctionne comme telle, c'est-à-dire n'emploie dans la production des marchandises que le temps nécessaire en moyenne, ou le temps de travail nécessaire socialement...

Après l'introduction en Angleterre du tissage à la vapeur, il fallut peut-être moitié moins de travail qu'auparavant pour transformer en tissus une certaine quantité de fils. Le tisserand anglais, lui, eut toujours besoin du même temps pour opérer cette transformation; mais, dès lors, le produit de son heure de travail individuel ne représenta plus que la moitié *d'une heure sociale* de travail et ne donna plus que la moitié de la valeur première.

C'est donc seulement le QUANTUM *de travail nécessaire dans une société donnée, à la production d'un article, qui en détermine la quantité de valeur* [1].

En somme, dit Marx : « La substance de la *valeur*, c'est le travail.

» La mesure de sa quantité, c'est la durée de travail.

» En général *plus grande est la force productive de travail*, plus est court le temps nécessaire à la production d'un article, et plus petite est la masse de travail cristallisé en lui, *plus est petite sa valeur.*

Inversement, *plus est petite la force productive de travail*, plus est grand le temps nécessaire à la production d'un article, *plus est grande sa valeur.*

La quantité de valeur d'une marchandise varie donc en raison directe du quantum *et en raison inverse* de la force de travail qui se réalise en elle.

1. Le travail est le seul élément de la production qui se trouve au fond de l'organisme humain ; c'est pourquoi, au point de vue humain, tous les produits doivent être considérés comme les produits exclusifs du travail. (Tchernychewsky.)

» L'égalité des travaux qui diffèrent *toto cœlo* les uns des autres ne peut consister que dans une abstraction de leur inégalité, que dans la réduction à leur caractère commun de dépense de force humaine, de travail humain en général, et c'est l'échange seul qui opère cette réduction, en mettant en présence les uns des autres, *sur un pied d'égalité*, les produits des travaux les plus divers. »

Ainsi l'analyse de la valeur nous amène à ne voir en elle que du travail cristallisé. Mais si sa *qualité* peut être ainsi déterminée, il n'en est pas de même de son *prix* qui est soumis et le sera toujours, tant qu'on *échangera* aux fluctuations du marché, aux rapports de l'offre et de la demande, aux circonstances de rareté et d'abondance [1].

Tant que durera la société bourgeoise, tant que, selon la célèbre définition de Marx, la richesse se présentera comme « une immense accumulation de marchandises, » l'offre et

1. De moins en moins toutefois, dans une société socialiste. Ce qui fait que maintenant les oscillations sont si brusques et si grandes, c'est que, par la forme capitaliste de la production, celle-ou livrée à l'arbitraire des spéculations individuelles,se développe et se restreint sans mesure, à la recherche du plus grand bénéfice, d'où *engorgements* sur certains points, *rareté* artificielle sur certains autres. Tandis que si la production est guidée par les statistiques de la consommation prévue, comme ce sera le cas dans la société socialiste, les arrérages du marché seront plus en rapport avec les besoins, et les prix seront plus uniformes. On peut dire par suite, que l'influence de l'offre et de la demande ira en se retrécissant, à mesure que s'organisera socialement le travail, et que dans la même proportion, le prix de la valeur se rapprochera *du quantum de travail incorporé en elle*, sans qu'il puisse jamais arriver à l'atteindre toutefois, ainsi que le démontre Schaeffle.

la demande influeront presque autant sur les prix que le *quantum de travail*. C'est-à-dire que, en société capitaliste, le prix des choses sera toujours arbitraire et fait de profits scandaleux et de pertes imméritées.

L'harmonie du *prix* avec le *quantum de travail* est un idéal que seul le socialisme réalisera, parce que seul il socialisera les forces naturelles et les acquisitions sociales.

Et pour cela il faut débarrasser le terrain de l'échange des lianes parasites qui font qu'on y trébuche à chaque pas.

En effet, la matière et les instruments de travail sont appropriés; comme tels, ils rapportent un bénéfice à leur possesseur. Ce bénéfice entre nécessairement dans la *formation des prix* et, qui pis est, y entre sans être soumis à aucun taux : dans telle profession, le prélèvement capitaliste est de 20 0/0; dans telle autre, de 60, et 100 0/0; allez donc, après cela, dire qu'en fait la mesure de la valeur : *c'est la somme de travail incorporée en elle !*

On peut tout au plus, en production capitaliste, tendre au *coût de production* tel que l'entendait Ricardo, c'est-à-dire corrompu et surchargé de *rente*, de *profits*, *d'intérêt* absolument étrangers à la production, si ce n'est qu'ils sont dépressifs du travail et des travailleurs. Mais, c'est autre chose, si l'on suppose que, comme le Prométhée de Proudhon et le Robinson de Marx, la société dispose librement de la matière qu'elle transforme et se dit ensuite : cet objet vaut tant, car pour le faire, j'ai dépensé tant de travail.

La comparaison des *devis* permettrait de découvrir les exagérations et d'ailleurs la concurrence en ferait justice.

Enfin les associations fédérées pourraient dans chaque région nommer des experts, qui, après examen, mettraient leur *visa* d'approbation ou de désapprobation au bas du *devis*. Or qui voudrait courir le risque d'une flétrissure publique? En outre on pourrait, pour l'édification des acheteurs, afficher dans chaque magasin social, un tableau annuel ou mensuel du prix des différents objets, réglé sur le travail *actuellement* nécessaire à leur fabrication et aussi un peu sur leur quantité, relativement au besoin que l'on en a.

Récapitulons :

Il y a en toute chose produite, deux éléments :

1) LE CAPITAL (matière première, originelle [1], forces naturelles et forces sociales [2]). C'est à proprement parler l'UTILITÉ qui devrait et pourrait être mise à la disposition de tous, et par conséquent ne pas entrer dans l'échange.

1. *La matière première originelle*, car, par suite de la division professionnelle du travail, la matière reçoit diverses transformations, qui chacune lui impriment une *valeur*. Par exemple, un cordonnier quand il prend le cuir nécessaire à une paire de souliers, se sert d'une matière qui, par l'éleveur, le tanneur, le corroyeur a déjà acquis de la *valeur*.

Il n'y a de gratuit que le pâturage, où l'animal dont on s'est approprié la peau a pu paître. En supposant donc qu'au prix actuel de la terre appropriée, le pâturage, représente dans une paire de souliers, une participation équivalant à 2 et que dans l'état économique actuel, le prélèvement des trois capitalistes successifs représente une part équivalente à 3; en supposant, d'autre part, que les travailleurs successifs, l'éleveur, le tanneur-corroyeur, le cordonnier réclament chacun 2 pour leur travail, une paire de souliers se vendrait $2 + 3 + 6 = 11$. Dans une société débarrassée de parasites, la paire de souliers se vendrait seulement, et sans diminution du prix du travail : $2 + 2 + 2 = 6$.

2. J'appelle *force sociale* l'ensemble des découvertes, des inventions et des applications, dont les générations successives ont doté l'humanité.

2) LE TRAVAIL, appropriation ou transformation particulière qu'un individu ou un groupe producteur ont fait subir à une somme d'UTILITÉ donnée. Par suite de l'intervention de ces agents, la chose travaillée a acquis une propriété spéciale : la VALEUR; elle *vaut* en raison du travail que son état présent a nécessité.

Ainsi donc :

ULILITÉ, apport de la nature et de la société, dans la production, partie de la chose qui ne peut être ni appropriée, ni échangée.

VALEUR, apport des individus, producteurs libres et responsables, seule partie de la chose appropriable et échangeable.

Toute la subversion économique vient de ce que l'*utilité* est appropriée et jetée dans la circulation, au grand détriment des travailleurs, seuls producteurs de la *valeur*.

Ajoutons, pour terminer, que chaque état social a sa forme de distribution, conséquemment sa forme d'échange des valeurs. Dans les anciennes communautés, dans la famille encore, les objets ne sont considérés que sous le rapport de leur utilité dans le commerce intérieur entre les membres, ce n'est que dans le commerce extérieur avec d'autres groupes ou des personnes étrangères qu'elles ont une valeur d'échange. Les Icariens ne vendent pas du pain ou du sel à leurs membres, il y a consommation en commun, à chacun selon ses besoins, dans la mesure des ressources générales. Ce n'est que lorsqu'ils ont affaire à des étrangers, que les Icariens doivent vendre et acheter, échanger des valeurs à profit ou à perte, selon l'état du marché.

Dans la production artisanne d'avant le XVIIIe siècle, quand les guerres, les pestes et autres fléaux très communs n'engendraient pas la disette et ne brisaient pas tout équilibre, le prix des choses était surtout déterminé par leur *utilité* et leur *coût de production*, l'offre et la demande y étaient pour peu de chose : *la production ayant toujours été appelée par la consommation habituelle.*

Avec la production grande-industrielle, au contraire, le déchaînement de la concurrence et des spéculations individuelles, recherchant de nouveaux débouchés et sollicitant des besoins non manifestés de consommation, l'*offre* et la *demande* jouent un grand rôle sur le marché universel.

Cette tendance sera frappée jusqu'à élimination presque complète dans un ordre voisin du collectivisme, à mesure que s'opérera la socialisation des forces productives, et l'organisation rationnelle du travail et de l'échange.

Enfin, si jamais le communisme économique devenait une réalité, il n'y aurait plus *valeur d'échange* de choses s'estimant quantitativement et qualificativement, d'après leurs rapports respectifs et l'état du marché; mais seulement des *utilités* ou *valeurs d'usage* ne se réalisant que dans l'usag ou la consommation.

Mais il y a des étapes à parcourir. L'on ira en avant, en éliminant progressivement les preneurs de profits et parasites de toutes sortes qui oppriment et spolient les producteurs; en amenant ainsi le prix d'une chose à se rapprocher toujours plus du quantum de travail cristallisé en elle, en réalisant, en un mot, l'équitable échange entre deux producteurs solidaires, échange que Proudhon crut erronément possible, en régime d'appropriation individuelle; mais qui le sera, lorsque les forces productives seront socialisées et que le travail et l'échange seront, par l'Etat et par les communes, selon les catégories, socialement organisés.

Alors l'abstruse question de la valeur, insoluble dans le régime bourgeois, sera simplifiée, comprise par tous et résolue conformément à la justice [1].

1. Actuellement, les prix se forment de plus en plus au détriment des travailleurs, parce qu'un élément corrupteur intervient en quantité croissante qui empêche le *prix* des marchandises de se rapprocher de leur valeur. Tels sont la rente foncière, le profit capitaliste, l'intérêt de l'argent, la spéculation commerciale et résultant de l'appropriation individuelle des capitaux. Cet état de choses a pour conséquence d'établir une différence entre le *prix* du travail (ou salaire) et sa *valeur* (ou résultat qu'il donne), en raison de la productivité de la force de travail — le salaire ne s'évaluant pas d'après la productivité de la *force de travail;* mais d'après les rapports existants entre l'*offre* et la *demande* de travail. On peut même dire, après Rodbertus, que *plus l'effort humain est productif, moins grande est la part du travail.*

Exemple :

Avec un outillage donné, un ouvrier produit 10; sa consommation est égale à 5. On lui donne un nouvel outillage, avec lequel il produira 20. Son salaire n'augmentera pas pour cela, au contraire, il diminuera; le perfectionnement de l'outillage ayant accru l'armée industrielle de réserve, puissant instrument de baisse des salaires. Ainsi, en régime capitaliste, le *prix* de l'effort humain devient toujours plus inférieur à sa valeur effective. L'écart est partagé par moitié à peu près, entre les consommateurs (dont le travailleur fait partie) et les capitalistes. Mais la part des capitalistes augmente toujours. Ainsi, tous les progrès industriels se traduisent en baisse de la part attribuée au travailleur, et en hausse de la part attribuée au capitaliste oisif. C'est l'iniquité sociale organisée.

CHAPITRE XVI.

CAPACITÉ POLITIQUE DES CLASSES OUVRIÈRES.

§ I. Raison d'être d'un parti politique ouvrier.

Qu'il me soit permis de dire ici que depuis mon entrée dans le mouvement ouvrier, tendant à la constitution du prolétariat en parti politique distinct (il y a de cela 18 ans), je n'ai jamais été plus persuadé qu'en ce moment de la nécessité où sont les travailleurs de prendre en main leurs propres intérêts.

Les publicistes du parti ouvrier et divers socialistes modernes ont démontré, que dans le présent capitaliste, comme dans le passé féodal, esclavagiste ou sacerdotal, le grand dominateur des phénomènes sociaux a toujours été, est encore, l'antagonisme des classes. Des économistes eux-mêmes l'ont reconnu.

« Il m'a semblé, dit A. Blanqui, que l'économie politique des anciens n'avait pas d'autres prétentions que celle des modernes. Dans toutes les révolutions, il n'y a jamais que *deux partis* en présence : celui des gens qui veulent vivre de leur travail, et celui des gens qui veulent vivre du travail d'autrui. On ne se dispute le pouvoir et les honneurs que pour se reposer dans cette région de béatitude où le parti vaincu ne laisse jamais dormir tranquille les vainqueurs. *Patriciens* et *plébéiens*, *esclaves* et *affranchis*, *roses rouges* et *roses blanches*, *cavaliers* et *têtes rondes*, *libéraux* et *serviles*, ne sont que des variétés de la même espèce, c'est toujours la question du bien-être qui les divise, chacun voulant, si j'ose me servir d'une expression vulgaire, tirer la couverture à soi au risque de découvrir son voisin. »

Proudhon, condensant cette idée, a écrit de son côté avec un grand sens de la vérité : Toutes les guerres ont une cause économique directe ou indirecte, manifestée ou latente.

Nous pouvons ajouter que plus la cause économique est immédiate, comme dans les guerres civiles, plus la guerre est cruelle.

Cela est si vrai que, même au déclin du XIXe siècle,la plus grande préoccupation des classes dominantes est de réprimer les classes dominées et exploitées.

Il n'y a pas vis-à-vis de celles-là les considérations d'honneur, de droit des gens existant dans les guerres internationales.

Tout est bon contre les peuples révoltés. Les Rig-Véda nous apprennent que les prêtres de l'Inde brahmanique ne se contentaient pas d'invoquer contre les insurgés les foudres d'*Indra*, comme on faisait contre les étrangers, les détestés *daysious ;* mais qu'ils faisaient appel contre le peuple soulevé pour demander justice (la foudre d'*Indra* étant trop noble pour lui) à l'implacable courroux de *Maniyu* « la colère aveugle » et à celui de *Tapas* « l'ardeur brutale. »

Sont-ils plus humains les répresseurs bourgeois qui, en juin 1848 et en avril-mai 1871, ont traité les prolétaires et les socialistes parisiens comme des brigands qu'on ne pourrait massacrer en assez grand nombre et contre lesquels tous les moyens sont bons?

Michel Chevalier disait en 1832 : « Il y a aujourd'hui deux natures ennemies, la nature bourgeoise et la nature prolétaire. » Ce n'était pas vrai encore; ce l'est maintenant, grâce à l'aveuglement, à l'égoïsme et à la cruauté de la classe dominante.

Plus que jamais nos dirigeants peuvent dire comme le même Michel Chevalier : (Lettres sur l'Amérique du Nord.)

« *Nous bourgeois, fils d'affranchis*, nous croyons que les prolétaires, *fils d'esclaves, sont d'une autre nature que nous.* Nous avons encore au fond du cœur un reste de vieux levain esclaviste. Nous ne professons plus avec *Aristote* qu'il y a deux natures distinctes, la nature libre et la nature esclave; mais *nous faisons tout comme si nous étions nourris de cette doctrine.* »

La prédiction de Boisguilbert s'est réalisée : la lutte est engagée entre ceux qui travaillent pour autrui et ceux qui consomment et gaspillent le travail des autres. Aussi la situation est-elle de plus en plus grave.

Si l'économiste que nous avons cité plus haut, pouvait dire encore dans ces *Lettres d'Amérique* où le grand Humboldt trouva tant de génie :

« Il suffit en France de regarder autour de soi, pour reconnaître que si la bourgeoisie oisive représente en totalité l'élément d'ordre, ce n'est qu'à l'aide et par l'intermédiaire de 400,000 baionnettes, non compris les baïonnettes bourgeoises.... ce qui démontre clairement que cette bourgeoisie ne conserve plus sa prédominance qu'en opposant aux masses la force des masses elles-mêmes : position critique à faire frémir, et qu'il est impossible de faire durer, car toutes les baïonnettes *commencent à être intelligentes.* »

Que ne peut-on pas dire, maintenant que la guerre sociale est déchainée avec tant de violence dans cette France dont les douleurs, les expériences et les batailles révolutionnaires sont souffertes, tentées et livrées pour le compte de l'humanité tout entière? Nous avons vu en moins d'un demi-siècle, et croissantes d'horreurs, trois Saint-Barthélemi de prolétaires!...

Bastiat lui-même n'oserait plus en ce temps-ci parler de l'harmonie des intérêts.

Les intérêts? combien ils sont opposés!

Ce que la bourgeoisie par exemple entend par intérêts légitimes (ce ne sont pas bien entendu dit excellemment Ch. Longuet, (dans *la Justice*), ceux de la masse paysanne : journaliers, valets de ferme, petits fermiers, cultivateurs attachés à la glèbe de la propriété parcellaire, dévorés par l'hypothèque, l'usure et la concurrence étrangère; ce ne sont pas les intérêts des petits industriels ou commerçants que balaye le mouvement ascendant de la féodalité capitaliste et financière; encore moins ceux des ouvriers des mines, des chemins de fer, des artisans de la grande industrie, de tous ces esclaves qui, tant qu'ils ne sont pas affranchis, tiennent la société moderne sous la menace permanente d'une guerre servile. Enfin, ce ne sont pas les intérêts de l'immense majorité de la nation française. Les intérêts légitimes, ce sont les intérêts des monopoleurs qui détiennent toutes les sources de la richesse publque et lui imposent mille péages, des maîtres du crédit, des matières premières et des transports; de ceux qui de tout service public se font une vache à lait et trafiquent même sur la sécurité de la France! Voilà les intérêts légitimes qu'il ne faut pas alarmer.

Oui, sur le terrain politique comme sur le terrain économique la brisure sociale est faite; le sang coule de la plaie béante, et si l'on ne veut pas la guérison on aura la décomposition.

Des philosophes bourgeois eux-mêmes le reconnaissent.

Ecoutez plutôt Ballanche (*essai sur les institutions sociales.*)

« Nous sommes arrivés à un âge critique de l'esprit humain, à une époque de fin et de renouvellement. La société ne repose plus sur les mêmes bases, et les peuples ont besoin d'instituteurs qui soient en rapport avec leurs destinées futures. Nous sommes semblables aux Israélites dans le désert. A peine échappés comme eux à la maison de la servitude, nous vivons sous la tente comme eux, et comme eux encore nous somes nourris en quelque sorte de la manne du ciel car le temps n'est pas venu d'avoir des moissons nouvelles.

» — Le monde est, je le sais, en travail d'une nouvelle unité. Mais cette unité future ne consiste point dans une reconstruction éphémère du passé. »

C'est pour avoir méconnu cette vérité que la classe bourgeoise n'a su, pendant un siècle de pouvoir, que prolonger les anciens antagonismes et augmenter le désarroi.

Des promesses souvent, des résultats, jamais que ceux conquis par le peuple travailleur à la pointe des baïonnettes.

Le chevalier Dauphin qui réalisa les vœux des douze nièces du vieux Pergamon et dont Cressus « le sage clerc, » dans le roman de *Perceforest* raconte les exploits surprenants, ne fut pas plus prodigue en promesses que les candidats de la fraction démocratique bourgeoise : qu'ont-ils donné? qu'ont-ils tenté?

Et pourtant le temps presse, car de meurtrières contradictions, éléments de dissolution et principes de ruine, sont répandus dans la société actuelle.

Pour n'en citer qu'une, l'émancipation politique de mieux en mieux comprise et le servage économique toujours plus lourd qui sont le lot des travailleurs, fondent l'un sur l'autre de toute la force acquise croissante, de toute la rapidité sans cesse augmentante des mouvements modernes, et un heurt effroyable est inévitable, si un bloc de réformes hardiment jeté ne vient amortir le choc.

La masse conservatrice ne veut pas voir cette situation; mais les prolétaires militants des divers pays d'Europe et d'Amérique l'ont vue; pour y parer ils ont créé leurs *partis ouvriers*. J'ai expliqué ailleurs les principes et l'organisation du parti ouvrier français[1]. Je l'ai montré entrant en scène actif et plein de vie, quoique fort tumultueux et fort divisé encore, au moment où tous les partis politiques, ou sont devenus des anachronismes ou n'ont pas la conscience des

1. *Les Principes du nouveau parti* (1881). *La politique du nouveau parti* (1882), *le Parti ouvrier*, etc. 3 volumes complets franco 3 fr. 25, chez Derveaux, éditeur.

besoins de ce temps, voyant les uns avec désespoir, les autres avec inquiétude, l'orage de la révolution économique qui se forme et va bientôt soulever contre le vieux monde les flots pressés et irrésistibles de la masse populaire. Je viens, pour ma part, apprécier mon parti avec la sincérité d'un homme pénétré du relativisme de toutes choses, et plus préoccupé d'être utile que de plaire.

§ II. Des possibilités d'un parti politique ouvrier et des écueils à éviter.

Tout d'abord la nécessité d'un parti prolétarien de classe étant mise hors de discussion, les temps sont-ils venus ? Se dégage-t-il de la classe ouvrière un nombre suffisant de capacités pour mener à bien l'œuvre si pénible et si grande de l'émancipation politique, intellectuelle et économique des travailleurs?

Je réponds : oui les capacités ouvrières existent, mais leur action n'est pas convergente; d'où bien des troubles et bien des impuissances.

Ensuite la classe ouvrière, dans son ensemble, est-elle mûre pour la constitution d'un parti politique de classe?

La chose est évidemment discutable, les difficultés sont terribles, le lourd travail du jour, l'impossibilité d'une instruction étendue livrent trop souvent les ouvriers à ceux qui ont plus de loisir, plus d'instruction et surtout plus de talent de parole.

Il en résulte que les ouvriers militants se fractionnent; se passionnent pour telle ou telle théorie, forment des partis politiques divers; mais non un parti politique de classe. Ainsi les uns vont avec les radicaux, d'autres forment un groupement ultra-modéré (l'Union syndicale), d'autres encore, un peu en avant, se cantonnent dans des sociétés corporatives non fédérées dont l'activité est surtout dirigée vers des buts professionnels; mais qui, à l'occasion, prennent part au grand combat pour l'émancipation.

Vient ensuite le *parti ouvrier* où se trouvent le plus grand nombre de travailleurs militants, le plus d'activité et aussi le plus de capacités. Mes lecteurs connaissent assez ce parti pour que je n'aie pas à en faire la présentation en règle. Lui seul, à proprement parler, a déployé le drapeau de la politique de classe, tant par l'importance de son action que par l'énergie de ses revendications que par l'éclat des capacités qu'il a mises en ligne.

Plus conscient des nécessités historiques que les fractions précédentes, il a reçu dans son sein les fils de bourgeois désireux de faire aux prolétaires d'avant-garde l'hommage de leur talent, de leur activité, de leur dévouement et résolus à s'enrôler, comme simples soldats, dans l'armée prolétarienne. Le parti ouvrier a ainsi doublé l'effectif des capacités jetées par lui dans le combat pour l'affranchissement. De plus le parti ouvrier, saisissant bien le côté traditionnel du peuple français, s'est déclaré le continuateur des hommes de cette première Commune de Paris (tombée sous le couperet bourgeois de Robespierre et de ses Jacobins), des Babouvistes, des grandes écoles socialistes françaises de 1825 à 1848 (saint-simoniens, fouriéristes, communistes, mutuellistes, éclectiques), des prolétaires insurgés de Lyon (1831-1834), des vaincus de juin 1848, et de la Commune de Paris, de 1871, prenant à chacun ce qu'il eut de meilleur, l'éclairant au reflet de la science moderne et des plus récentes expériences politiques.

Il semble qu'un parti ouvrier ainsi constitué aurait dû absorber toutes les fractions militantes ouvrières et entrainer peu à peu dans son tourbillon les masses profondes du prolétariat qui le rendraient invincible.

Cependant cela n'a pas eu lieu, bien que la propagande du parti ouvrier ait été féconde pour l'agitation et pour le groupement.

Faut-il en chercher la raison au dedans du parti ouvrier ou au dehors? Dans les deux.

Les initiateurs du parti ouvrier n'ont pas compris que, si dans un pays à tradition révolutionnaire comme la France, il ne faut pas négliger la méthode révolutionnaire, il importe aussi de ne pas tout lui sacrifier, qu'il ne faut pas surtout se livrer à toutes les inspirations d'un sentimentalisme dédaigneux des réalités, conséquemment fertile en déceptions et en défaites irréparables.

On n'a pas vu assez distinctement que, dans l'état actuel des choses, en présence d'une classe dominante si puissamment armée et si vivace encore par ses énergies de résistance, les prolétaires, sans négliger les luttes politiques et économiques au jour le jour, devaient fermement, mais sans faire abstraction ni de la notion du temps, ni des circonstances, qu'on ne tente jamais impunément de supprimer, se vouer à l'organisation d'un parti de classe puissant par le nombre, irrésistible par l'esprit de suite et plus soucieux du nombre de ses adhérents que des *credo* socialistes.

On avait bien reconnu cela en principe; on avait dit :

Nous nous groupons pour la transformation sociale, mais nous réclamons énergiquement toutes les réformes dont l'actuation, nous rapprocherait du but. Par là nous avertissons la classe dominante que les refuser toujours, c'est pour elle courir au-devant d'une révolution d'autant plus violente que la résistance aura été plus aveugle, plus prolongée.

Mais vinrent des parangons de modération pour dire : Plus de révolution à aucun prix, tout peut et doit s'obtenir pacifiquement; n'allons pas au delà, par l'épargne et l'association, nous irons au but.

— Vous le voyez, fut-il répondu par d'autres, on veut nous endormir. Pas d'illusions, citoyens, le monde bourgeois ne peut se réformer, il doit périr. Nos conceptions sociales sont opposées aux siennes; il y a entre lui et nous des fleuves de sang, pas de discussion et la guerre, la guerre immédiate aujourd'hui sur le terrain des idées, demain sur les champs de bataille. Nous consentons bien à nous servir de quelques-unes des institutions bourgeoises; mais nous le faisons sans buts pratiques, simplement comme moyen d'organisation et de lutte.

Les plus énergiques applaudirent et formèrent ce qu'on appela le parti collectiviste révolutionnaire, pendant qu'une grande partie de l'élément syndical suivait les modérés (c'était en 1878). La scission était faite, le prolétariat français ne pouvait plus avoir son organisation homogène. Les deux groupes devinrent même ennemis. La rupture, assaisonnée d'attaques violentes, fut proclamée au congrès de Marseille (1879), et consommée au congrès du Havre (1880).

Des deux côtés en outra.

Les collectivistes révolutionnaires allèrent quelquefois

jusqu'à l'anarchisme, et, comme une affirmation énergique appelle une négation correspondante, pour faire échec aux révolutionnaires, les modérés renièrent même les principes socialistes. Les déclarations de la minorité du congrès de Marseille et du congrès scissionnaire du Havre, outre qu'elles ne tarissaient pas en insultes contre les socialistes révolutionnaires, furent même au-dessous du programme radical, au point que l'on a pu accuser une fraction des dis sidents de s'être fait les tenants de la politique opportuniste.

Au point de vue socialiste cette minorité fut absolument réactionnaire, elle perdit le plus grand nombre de ses groupes. Une partie la plus importante se désagrégéa; d'autres allèrent au radicalisme, d'autres enfin vinrent au parti ouvrier socialiste révolutionnaire.

Ce dernier avait pour lui, nous l'avons dit, le nombre et la capacité. Mais empêtré dans la métaphysique révolutionnaire, il ne pouvait rester homogène.

La fraction anarchiste ne tarda pas à trouver qu'on faisait encore trop de politique et qualifia de réactionnaire un parti assez abandonné du génie de la révolution pour tenir compte encore de certaines institutions actuelles, pour vouloir, par exemple, se servir de l'agitation électorale, comme moyen de groupement, d'organisation, de lutte, dans l'œuvre poursuivie de la conquête des pouvoirs politiques.

La scission anarchiste eut de bons résultats pour le parti collectiviste, devenu « le parti ouvrier », qui eut à s'expliquer sur ses espérances révolutionnaires et n'eut pas de peine à démontrer que les révolutions ne se faisaient pas à jour fixe. Où ce parti fit surtout preuve de savoir et d'esprit politique, c'est lorsque, à l'ancienne théorie du nivellement immédiat, il substitua comme but, se basant sur l'observation et les tendances des phénomènes économiques, la socialisation des forces productives, progressivement et dans l'ordre de leur monopolisation par la féodalité capitaliste moderne.

Cette socialisation ne pouvant d'ailleurs être effectuée que lorsque le prolétariat, par le vote ou la force, se serait emparé des pouvoirs publics dans la Commune et dans l'Etat.

Pour les anarchistes, au contraire, la solution est tout entière dans la destruction révolutionnaire des gouvernements et des liens sociaux existants. Selon eux, la spontanéité populaire, se manifestant par des libres contrats toujours résiliables, devant suffire ensuite pour les réalisations socialistes conformes à la justice. Aux yeux des anarchistes, les hommes du parti ouvrier furent donc non seulement des modérés, mais encore des autoritaires et des bourgeois qu'il importait de combattre.

On les combattit en effet à outrance et le parti ouvrier se trouve pris entre deux feux, entre les anarchistes et les coopératistes de l'Union syndicale.

Ainsi fut substituée à la lutte pour le groupement des forces ouvrières et l'organisation d'un parti de classe, les polémiques énervantes et sans issue sur les opinions individuelles.

Le parti ouvrier se sentant finalement entraîné dans une voie aboutissant à de prochains et sanglants désastres, voulut accentuer son caractère politique et économique, c'est-à-dire substituer l'étude des possibilités révolutionnaires et réformistes à la course au clocher des opinions ; de nouvelles crises, des antipathies personnelles se firent jour, une fraction collectiviste sectaire, dénonça, faisant cette fois chorus avec les anarchistes, « le possibilisme » de l'immense majorité du parti ouvrier.

Dans un pays à traditions révolutionnaires comme la France, les accusations de modérantisme, si calomnieuses et si ridicules même soient-elles, ont toujours une certaine portée.

Il se trouva donc dans le même parti des hommes pour se demander sincèrement si l'on n'était pas trop « possibilistes ; » quelques-uns passèrent à l'opposition ; il fallut convaincre les uns, se défendre contre les autres, cela dans l'intérêt du parti et sans préjudice de la guerre acharnée faite du dehors par les partis bourgeois proprement dits, les coopératistes, les anarchistes et les collectivistes sectaires, appelés aussi improprement marxistes.

Cet état de choses a eu un résultat pernicieux. Il a ralenti le mouvement des adhésions, qui, à un moment donné, avait été considérable. Il n'en pouvait être autrement : un parti en proie aux dissensions et dans lequel la lutte des opinions, ne se basant que sur des subjectivités pures, a remplacé l'étude des faits et l'activité pour l'accroissement, l'organisation des forces et les réalisations reconnues faciles, n'a rien de bien attractif.

La lutte des opinions qu'on venait de renouveler a bien d'autres inconvénients d'ordre général.

L'habitude de n'opérer que sur de pures appréciations idéologiques, en ôtant à la pensée le frein salutaire des constatations réelles et du relativisme scientifique, engage les esprits dans une voie fausse, aigrit les caractères, fait dévier les énergies. On substitue l'imaginaire, *ce qu'on voudrait* au réel, *ce qui pourrait être en partant de ce qui est,* on perd la notion de lois régissant la nature des choses, pour retomber dans une scolastique énervante non moins trompeuse, non moins funeste que l'ancienne, on arrive ainsi à une espèce de théologisme révolutionnaire au fond rétrograde. Puis comme il est dans l'esprit humain de toujours vouloir dépasser le voisin dans un mouvement donné pour ne pas rester en arrière, dans ce *steeple chase* des opinions, on arrive à des conclusions qui n'ont plus rien de commun avec la réalité des choses. Or la réalité ne se laisse pas supprimer; elle fait cruellement expier leur imaginative sans frein à ceux qui la négligent.

Si l'on n'y prend garde, cette scolastique opérera dans le parti une raréfaction rapide. Ainsi dans ces courses d'hommes qui sont le plus bel ornement des fêtes du village, plus l'on avance dans la carrière, plus le nombre des coureurs diminue, ainsi dans un parti, plus les opinions, s'excitant mutuellement, s'enfoncent dans le rêve des aspirations impossibles, moins nombreux sont les adhérents. La minorité restante ne perd rien en ce cas de son assurance, au contraire elle fait abstraction de la grande vie sociale aux éléments multiples dont elle s'éloigne de plus en plus, elle croit tout possible, croit tenir le monde entier dans son petit cénacle, jusqu'au jour où le gouvernement qui guettait met facilement la main sur cette poignée d'énergiques, rassure le bourgeois, sauve la société et peut dès lors se permettre quelques-unes de ces lois liberticides que les peuples ont ensuite tant de peine à briser, ou même de ces répressions si sanglantes et si douloureuses qui font perdre dix années.

Pour qui a sincèrement observé la situation sociale présente, il est hors de doute, nous l'avons dit au commencement de ce chapitre, que les nations civilisées ne peuvent suivre longtemps la pente qu'elles ont prise, sous peine de ruine totale. Une monstrueuse contradiction économique fait se heurter et s'user tous les rouages sociaux. La science multiplie les richesses et décuple la productivité du travail, et ce progrès, cet acquis colossal et croissant, ne se résout pas en loisir pour ceux qui travaillent ni en mieux-être pour ceux qui souffrent ; au contraire, il augmente la tâche et la souffrance de ces derniers, pour aller tout entier à ceux que déjà le superflu embarrasse : dans le monde capitaliste, aux progrès industriels si merveilleux, la richesse du petit nombre et la pauvreté du plus grand nombre croissent en deux lignes parallèles. Voilà la vérité d'autant plus effrayante que le peuple travailleur, politiquement libre et s'instruisant de plus en plus, a dans son élite, conscience de l'injustice à lui faite et sait que la force au service du droit pourra détruire ce que la force a établi contre le droit. Or le jour où le prolétariat industriel commercial et agricole le voudra dans sa majorité, cela sera.

Là est justement le nœud de la situation.

Devant les iniquités douloureuses dont elle souffre ou dont elle est témoin, la minorité consciente de la classe ouvrière doit-elle se lever, avec l'absolue certitude d'être écrasée, contre cet état de chose fortement étayé sur tout l'organisme gouvernemental, sur la puissance du capital, sur l'enchevêtrement des intérêts ; ou bien doit-elle se vouer par la propagande et l'organisation au ralliement et à la mise en ligne de l'armée formidable des opprimés, des exploités qui sera, elle, invincible?

La première méthode est celle du sentimentalisme révolutionnaire, si féconde en désastres. Souvenons-nous !

Sous le gouvernement de Louis-Philippe, le plus faible qu'ait eu la France, puisqu'il avait contre lui outre les républicains, les royalistes de droit divin, les bonapartistes, et que — pouvoir exécutif de la bourgeoisie capitaliste — il ne pouvait certes pas compter sur l'amour du peuple, dix mille héros, habitués à l'odeur de la poudre, ayant des armes et une organisation formidable, résolurent de libérer leur pays du joug monarchique.

Ils ourdirent, dans ce but, conspirations sur conspirations, tentèrent prises d'armes sur prises d'armes. Pourtant, malgré un courage devenu fort rare, et une persévérance héroïque, ils fur^nt toujours réprimés.

Après huit années de tentatives ils durent se reconnaître vaincus. Cependant le faible gouvernement qu'ils n'avaient pas réussi à ébranler fut brisé comme une noix sous le marteau, le jour où le peuple de Paris entraîné par une idée générale, « descendit dans la rue » avec la complicité de la garde nationale bourgeoise qui démoralisa l'armée.

Les combattants de *Juin* furent certes plus nombreux et plus décidés que ceux de *Février*, cependant ils furent vaincus, parce que l'idée au nom de laquelle ils prenaient les armes n'avait pas pénétré l'âme populaire et que l'armée les combattit sans être entourée par leur propagande. On peut comparer dans le même sens la facile victoire du 18 *Mars* et l'effroyable défaite de la *Semaine sanglante*.

Les révolutions ne se font qu'avec l'appui de l'opinion publique et un peu la complicité de l'armée.

Or plus que jamais sous l'action du formidable outillage de résistance de la classe dominante et possédante, les tentatives insurrectionnelles seraient écrasées. C'est douloureux à constater; mais c'est vrai et il faut le dire.

Cela signifie qu'en ce moment surtout où toutes les guerres civiles sont doublées d'une guerre sociale, les insurrections violentes ne pourront triompher que lorsqu'elles se feront sur un principe si juste, sur une question si palpitante que l'armée hésitera entre le devoir disciplinaire et le devoir moral et qu'elles auront derrière elles, sinon le concours effectif, du moins le concours moral des masses populaires.

Il faut donc dans les partis, comme dans les armées en guerre, savoir temporiser : faire de la tactique. Dans l'un et l'autre cas, c'est une question de victoire ou de défaite, de vie ou de mort.

Le faire, c'est d'autant plus facile que temporisation ne veut pas dire, ici, inaction, mais augmentation des forces, perfectionnement de l'organisation, prise à l'ennemi de positions secondaires formant ensuite autant d'ouvrages avancés, combats de détails à coup sûr où les victoires comptent, tandis que les défaites ne comptent pas, et grossissement incessant sur le champ de manœuvre et de combat de l'armée révolutionnaire, assurée ainsi du triomphe final.

Proclamer que la solution des antagonismes sociaux qui troublent le XIXe siècle sera fatalement révolutionnaire, ne veut pas dire que la révolution soit à tenter immédiatement ; une femme ne devant pas nécessairement accoucher de suite, par le seul fait qu'elle est enceinte. Le parti ouvrier dans son ensemble finit par le comprendre ainsi.

Ce serait parfait si dans l'intérieur du parti les dissidents de la politique sentimentale pour lesquels tenir compte des circonstances et vouloir mettre de son côté les probabilités de victoire c'est être réactionnaire, ne s'élevaient contre cette manière de voir et n'absorbaient dans des discussions vaines et aigrissantes toutes les activités intellectuelles.

Pourtant la question se pose lumineusement :

Le parti ouvrier et les différents partis révolutionnaires fédérés pourraient-ils dans les circonstances actuelles livrer, avec quelques chances de succès, bataille à la vieille société.

Non certainement.

Importe-t-il néanmoins, pour faire œuvre d'affirmation, de « propagande par le fait » de se rejeter dans une émeute sûrement vaincue.

Non encore, ce serait vouloir compromettre de gaîté de cœur tout le travail socialiste accompli et il est grand : les faits et gestes du parti ouvrier et des partis révolutionnaires font plus de bruit que les crises ministérielles ; une affirmation à coups de fusil ne dirait rien de plus ; elle n'aurait d'autres résultats que la répression qui suivrait.

Nous restons donc en face de cette situation :

Nous avons pris position, à un petit nombre, devant une immense armée supérieurement outillée qui nous observe.

Nous courrons risque d'être écrasés si nous sortons de nos retranchements que nous pouvons, par exemple, avancer impunément, à mesure qu'à notre appel, de nouveaux détachements nous arrivent même de l'armée ennemie.

Ne serait-ce pas folie de vouloir, dans de telles circonstances, livrer prématurément une bataille où nous serions exterminés et où notre cause serait vaincue pour un quart de siècle, sinon définitivement ?

Le parti ouvrier ne peut hésiter, il ne doit pas franchir la période nécessaire de *l'organisation* pour passer à une *action* prématurée et désastreuse. Il doit continuer son œuvre de propagande dans le peuple et de mise en demeure à la bourgeoisie, jusqu'au jour où pouvant opposer nombre à nombre et ayant de plus la force morale d'un droit reconnu, il brisera d'une main ferme les moules capitalistes et jettera les fondements de civilisation socialiste dans laquelle le travail étant le devoir de tous, la science, le bien être, et le demi-loisir seront le droit de tous. Mais il faut qu'immédiatement il se défasse de son sectarisme, qu'il cesse d'être la fraction modérée du parti révolutionnaire pour devenir, conformément à son nom et à son but, le parti de classe des travailleurs ouvert à tous.

A cette condition seulement le prolétariat militant qui a révélé bien des capacités individuelles fera preuve dans son ensemble de capacité politique, et ne faillira pas à la mission historique que lui ont léguée les révolutions passées : l'émancipation de tous, les opprimés, de tous les exploités.

Qu'a-t-on gagné à ne pas vouloir accepter cette méthode sans arrière-pensée ?

Pour faire des concessions aux ardents de l'impossible révolution immédiate, on s'est fourvoyé dans les voies sans issues des affirmations individuelles qui opposent socialiste à socialiste, groupe à groupe, créent des antipathies injustifiées, nous rendent plus facilement dupes des agents provocateurs, égrènent le parti, le rendent presque incapable d'une action commune incarnant une pensée homogène.

Pour plaire aux anarchistes dont on n'a pas pour cela désarmé l'antipathie, si souvent manifestée, on a ôté aux *comités fédéraux*, au *comité national* toute espèce d'initiative, d'où l'absence, dans notre parti, de ces affirmations collectives, de ces actions d'ensemble qui fondent les partis politiques, et décuplent leur influence et leur force.

L'anarchisme est satisfait; mais le socialisme, mais la révolution économique dont nous poursuivons la réalisation y perdent les incalculables bénéfices d'une puissante organisation.

Qui fera comprendre aux militants du parti ouvrier, que les opinions individuelles n'ont qu'une valeur fort relative, que celui qui croit avoir à lui seul la vérité absolue et sacrifierait le parti à ses préférences personnelles, est tout d'abord un réactionnaire au premier chef, un catholique à sa façon, car seuls les catholiques admettent encore la théorie surannée du libre arbitre et de l'absolutisme métaphysique. La science nous apprend que toute conception personnelle, tout système arrêté, est mêlé d'erreur.

Donnons donc un peu plus à la recherche, à l'étude sans parti pris, écartons les questions purement théoriques, surtout ne sacrifions plus aux fantaisies de notre cerveau.

Dans cette recherche, dans ce relativisme scientifique, dans cette conception du caractère évolutif de toutes choses, nous trouverons, avec la fin des discussions irritantes, cette unité d'action, cette solidarité effective, cette puissance attractive, cette sympathie et cette tolérance mutuelle, condition de force collective grandissante et de victoire rapprochée.

Les luttes politiques sont déjà assez pleines de froissements et de déceptions ; elles deviennent intolérables si le combattant ne trouve pas dans ses coreligionnaires la sympathie que son cœur asséché par la lutte a besoin de trouver, qu'on ne l'oublie pas dans le parti ouvrier.

Les forces affectives sont aussi des forces. Vingt amis sont plus forts que cent coreligionnaires n'ayant, entre eux, aucun lien d'amitié. *Les treize* de Balzac tenaient par leur affection mutuelle et leur dévouement à toute épreuve, toute la société en échec.

La haine des iniquités présentes n'est que la moitié de la pensée socialiste, elle est stérile si elle n'a pour complément la passion du bien public, qui seule enfante les grands enthousiasmes et prépare les régénérations sociales. Avec la haine seule, ou si l'on veut la destructivité, on ne fonde rien.

Aussi bien un parti dont les membres ne sont pas reliés par la sympathie et où la tolérance et le bon vouloir des uns envers les autres, l'acceptation de sérieux devoirs au point de vue individuel et au point de vue social, ne sont pas la règle générale, n'aura jamais ni la force attractive nécessaire pour devenir puissant, ni l'unité de vue indispensable pour mener à bonne fin les grandes taches politiques.

Que les prolétaires y songent ! Trop méconnaître ces vérités de fait c'est risquer de faire sombrer leur magnifique tentative de parti politique de classe dans les convulsions épuisantes des sectes qui s'entre-déchirent pour se disputer la peau de l'ours que l'on n'a même pas encore aperçu.

Il faut d'abord fonder un parti ouvrier puissant, tolérant pour les opinions politiques de ses membres, uni dans son action générale, défendant, dans la mesure du possible, les intérêts immédiats des travailleurs, organisant la conquête progressive du pouvoir politique, ou du moins d'une influence politique prépondérante -- chose très obtenable, — constituant une force ouvrière imposante, bientôt irrésistible, trop éclairé pour se laisser entraîner à des tentatives pouvant tout perdre. On verra plus tard, quand on en sera venu à l'ère des réalisations, à discuter sur la quintessence ultra-socialiste et ultra-révolutionnaire.

En prenant cette méthode plus lente en apparence, en fait la plus rapide et la plus sûre, les prolétaires français, ces soldats d'avant-garde du progrès social, toujours si prodigues, pour l'humanité, de leur dévouement et de leur sang, feront preuve de capacité politique. Alors ils travailleront et combattront enfin pour eux-mêmes, pour leur classe, pour l'ensemble de ceux qui souffrent du désordre social, et cela sans jeter par milliers les meilleurs d'entre eux dans les hécatombes périodiques de prolétaires que les dirigeants de ce siècle offrent à chaque génération, avec une effroyable régularité, au Moloch de l'oppression politique et de l'exploitation capitaliste.

CHAPITRE XVII

PACIFIQUEMENT OU VIOLEMMENT

La nécessité historique, pour le développement de la civilisation, d'une transformation sociale, n'est plus à démontrer; à la question posée par Proudhon en 1850 : *Y a-t-il raison suffisante de révolution économique au* XIXe *siècle?* on peut nettement répondre par l'affirmative.

L'ancienne objection économiste formulée par Buckle dans les termes suivants : « De toutes les grandes améliorations sociales, la première à réaliser c'est l'accumulation des richesses, » n'a plus sa raison d'être. L'accumulation est faite et s'accroît avec une rapidité vertigineuse. Les temps sont donc venus de s'occuper de la répartition des richesses.

Naturellement les classes dirigeantes n'en ont pas le moindre souci. Vico a eu une vision prophétique des conservateurs modernes, lorsqu'il a écrit : « Ces hommes se sont accoutumés à ne penser qu'à l'intérêt privé au milieu de la plus grande foule. Ils vivent dans une profonde solitude d'âme et de volonté. » Au peuple, incarnant en lui le sentiment de la solidarité sociale, comme la bourgeoisie a incarné en elle le sentiment de la liberté individuelle [1], à aviser. De là, situation révolutionnaire, c'est-à-dire grosse d'une transformation sociale.

Lamartime (*Voyage en Orient*) écrivait avant 1848 :

« On peut préférer un instrument à un autre pour remuer le monde et le changer de place ; *voilà tout*. Mais l'idée de révolution, c'est-à-dire de changement et d'amélioration, n'en éclaire pas moins l'esprit, n'en échauffe pas moins le cœur. Quel est parmi nous l'homme pensant, l'homme de cœur et de raison, l'homme de religion et d'espérance qui, mettant la main sur la conscience et s'interrogeant devant Dieu, en présence d'une société qui tombe d'anomalie et de vétusté, ne se réponde : Je suis révolutionnaire. »

Emile de Girardin (*Etudes politiques*) dans un de ses rares bons moments, disait avec non moins de raison :

« Voulez-vous que les peuples cessent d'être révolutionnaires? Soyez hardiment réformateurs, abjurez hautement et à toujours, la fatale doctrine qui consiste à séparer des intérêts inséparables, ceux du pouvoir de ceux de la société. Aucune doctrine n'est plus pernicieuse, ne favorise plus ouvertement l'insurrection, n'est plus ennemie de l'autorité, plus subversive de l'ordre. »

On n'a pas écouté ce sage conseil et nous voilà, plus que jamais, en présence du sphinx.

Au moment où j'écris (mars 1883) un journal, pourtant, optimiste peut dire, en restant dans la vérité :

Dans toute l'Europe monarchique, il n'est bruit que d'attentats et de conspirations anarchiques. Le feu ne s'éteint sur un point que pour se rallumer sur un autre ; du train dont vont les choses, l'Europe monarchique risque de res-

1. Liberté en raison, dans le monde bourgeois, de la somme de richesses possédée, c'est-à-dire accessible en fait aux seuls capitalistes.

sembler avant peu à ce district de la Californie où le voyageur ne peut faire cent pas sans voir partir devant lui ou dans ses jambes quelque jet de lave, d'eau bouillonnante ou de vapeur. »

Ce journal s'étendait ensuite sur la société secrète la *Mano negra* dont faisait grand bruit le gouvernement espagnol, après quoi il ajoutait :

« Ecoutez M. Ivan de Wœstyne qui revient de Russie. Est-ce que les nihilistes?... Il est bien question des nihilistes! Le danger ne vient pas des lettrés, mais des simples. On a persuadé aux paysans que le czar a été assassiné par les nobles, dont il voulait distribuer les terres entre les tenanciers, et on répand le bruit que le nouvel empereur procédera au partage le jour de son couronnement. Cette conviction est si bien enracinée dans les masses, que dans soixante-quatre localités, les paysans croyant que le couronnement aurait lieu en juillet, avaient ensemencé de leur blé à eux, les terres sur lesquelles ils avaient jeté leur dévolu. Les propriétaires les ont laissé faire et ont mis ensuite la main sur la récolte; de là les troubles, les émeutes qui ont éclaté sur divers points du territoire, et la nécessité pour le czar de hâter son couronnement. Mais, de deux choses l'une : ou Alexandre III tombera sous les coups des nihilistes; on dira alors que les nobles l'ont supprimé comme ils ont supprimé son père, et il y aura un massacre général des propriétaires fonciers; ou le couronnement aura lieu sans encombre, et, comme le czar n'a aucune envie de prendre la terre de ses gentilshommes pour en faire cadeau aux moujicks, les paysans déçus feront la révolution. »

En Autriche, procès socialistes sur procès socialistes. Im

puissance de M. de Bismarck à avoir raison du parti socialiste allemand : insurrection de la faim et agitation révolutionnaire en Italie. Résistance héroïque des patriotes et des agrariens irlandais contre l'oppression anglaise; procès des anarchistes, meetings d'ouvriers sans travail et progrès rapides du socialisme ouvrier en France; grèves colossales, à procédés révolutionnaires, dans l'Amérique du Nord; partout crises financières et kracks portant la ruine dans les classes moyennes; partout, les crises industrielles génératrices de souffrances intolérables dans des centaines de milliers de familles ouvrières; malaise général, le mécontentement croissant, l'inquiétude universelle, en un mot tous les symptômes de conflits prochains et de bouleversements inévitables, si l'on n'avise promptement : voilà où nous en sommes.

Maintenant la crise aura-t-elle forcément un caractère et un dénouement révolutionnaire.

Je serais assez à ce sujet de l'avis de Deynaud [1] :

« Je suis un de ceux qui soutiennent que la solution pacifique de la question sociale est matériellement possible, mais que cette action dépend entièrement du bon vouloir des classes dirigeantes; que le peuple, n'ayant pas une puissance de propagande proportionnée à la grandeur de l'œuvre, doit tout attendre de sa force, seul moyen d'émancipation dont il dispose, à moins que la bourgeoisie ne le devance en inaugurant résolument l'ère des réalisations efficaces. Et je n'hésite pas à le dire, si les classes dirigeantes déployaient sur le terrain pacifique la moitié de l'ardeur apportée par les révolutionnaires dans le domaine qui leur est propre,

1. Lettre à la *Revue sociale*, 18 février 1883.

l'évolution pacifique de l'humanité serait bientôt une certitude. Pour mon compte je serais très heureux d'entrevoir cette probabilité, que des actes seuls et non des promesses pourront me faire considérer comme possible. »

Aucun acte de la bourgeoisie n'est venu jusqu'ici nous démontrer que cette solution pacifique soit dans le domaine des choses possibles, et toutes les probabilités sont pour la fatalité d'une solution révolutionnaire.

La bourgeoisie n'a su jusqu'ici dans ses velléités progressistes, que prêcher l'épargne et l'association aux victimes du salariat.

On nous a vanté des réalisations absolument illusoires. Oui, des coopérateurs de Rochdale ont réussi à s'enrichir; mais ils n'ont fait que changer le nom des patrons des ateliers dont ils ont pris la direction. Laissant substituer le salariat, ils doivent, sous peine de ruine, se conformer aux lois du monde capitaliste, en vertu desquelles le salaire des ouvriers dans la généralité des cas, ne s'élève jamais de beaucoup au-dessus du strict nécessaire et descend souvent au-dessous.

Oui encore, des bourgeois démocrates et libéraux ont pu fonder des banques dites *populaires*, fort utiles pour les commerçants, qu'elles ne sauveront pourtant pas de l'absorption des grands magasins qui engloutissent les petites boutiques avec la voracité du requin à dévorer, sans jamais être rassasié, tout corps mangeable à la portée de ses dents. Mais en quoi ses fondations, si nombreuses en Allemagne, en Ecosse, fort connues en Italie, ont-elles amélioré les conditions des ouvriers dans ces contrées [1]?

1. Aussi quand on a lu des volumes plus ou moins dithyram-

Un homme qu'on n'accusera pas d'être un ennemi de la coopération, disait avec infiniment de sens, en 1874 (V. Collection du *Journal des Economistes*, art. de Ch. Limousin) :

« Beaucoup de gens ont vu et voient encore dans les sociétés coopératives, une manifestation du socialisme. Rien n'est moins exact.

... Elles sont plutôt une application des doctrines de liberté que préconise l'école économiste contre l'école socialiste. »

Lorsque l'association s'applique à l'union pour l'obtention des courtes journées, l'abolition des vexations patronales, la défense des salaires, le secours mutuel en cas de chômage ou de maladie, elle est éminemment utile et tous les socialistes la prêchent; mais ils ne s'attendent pas à trouver dans ces associations le *Sésame, ouvre-toi*, qui donnera aux prolétaires l'instrument de travail, comme il ouvrit à Ali-Baba la caverne regorgeante d'or des quarante voleurs.

C'est une illusion d'attendre de l'épargne ouvrière le rachat du capital.

Lorsque après l'écrasement de la Commune, un pseudo-démocrate tenta d'embrigader le prolétariat pour le jeter dans

biques sur l'invention de M. Schulze-Delitzch et sur ses applications en Allemagne et en Italie, est-on tout étonné d'apprendre que ces fameuses banques populaires ne servent pas aux *ouvriers proprement dits*, mais surtout aux petits commerçants et aux petits industriels, et que la proportion des ouvriers qui y figurent, est de 8 0/0 en Allemagne et de 7,25 0/0 en Italie! (E. Baron.)

J'ajoute qu'en Italie, les *banques* dites *populaires*, beaucoup plus difficiles aux prêts que les banquiers, ne rendent même pas service aux petits commerçants. Elles font surtout affaire avec le commerce moyen.

les voies trompeuses du coopératisme, la tentative de duperie fut si évidente, que le journal radical qui s'était d'abord prêté à cette manœuvre, renvoya l'auteur, et qu'il se trouva même un conservateur pour protester au nom du bon sens.

Ayant à répondre à l'affirmation de M. Barberet, que l'on pouvait racheter l'outillage par l'épargne, M. Laboulaye opposa, en effet, au coopératiste cette argumentation, à laquelle il ne fut pas répondu :

On ne peut estimer à moins de 4,000 francs par ouvrier le capital engagé dans une fabrication, en machines, modèles, capital circulant, etc. Votre découverte consiste à faire verser par cotisation, à faire économiser par les ouvriers, une somme suffisante pour qu'ils puissent travailler à leur compte, ce qui, pour les 285,000 ouvriers parisiens, n'est que l'affaire de la modique somme de 1 milliard 140 millions.

Ils n'auront pas plutôt réalisé cette somme, qu'ils seront affranchis de la tyrannie du capital. La découverte est merveilleuse, mais vous ne l'avez pas faite le premier; M. Vautour vous a précédé, en recommandant d'acheter une maison pour n'avoir pas à payer son terme.

Avouez-le, citoyen Barberet, les socialistes de l'Internationale sont plus forts que vous. (*Les Droits des ouvriers*, par Ch. Laboulaye, p. 59.)

Est-il besoin de faire remarquer, qu'en prenant pour exemple les ouvriers de Paris, pour la plupart ouvriers de petite industrie, M. Laboulaye, qui ne voulait pas trop prouver, s'est placé sur le terrain le plus favorable aux épargnistes.

Ce serait bien autre chose si nous portions la question dans les régions de grande industrie, où l'outillage représente une valeur de 6 à 12,000 francs par chaque ouvrier employé.

L'ironie des épargnistes se montre ici avec tous ses côtés odieux. Quelques lignes le feront comprendre.

En supposant que ces ouvriers de grande industrie dont on intensifie sans cesse le travail, pour augmenter les profits capitalistes, qu'on oblige même parfois, pour qu'ils ne voient jamais d'argent [1], à se fournir dans les magasins généraux de l'entreprise, qu'on réduit, de plus en plus, à la portion congrue — l'augmentation des salaires allant moins vite que l'augmentation des denrées — en supposant, dis-je, que les serfs industriels mettraient de côté un dixième de leur salaire, il leur faudrait au moins un siècle pour arriver aux dix mille francs requis[2]. Et que disons-nous? Lorsque après quatre générations de privations plus grandes et d'efforts surhumains on arriverait à la somme désirée, la valeur de l'outillage aurait pour le moins quadruplé. L'on serait gros Jean comme devant.

Je n'ai pas fait intervenir ici cette considération, que les capitalistes beaucoup plus attachés — avec raison — à la productivité du capital qu'à une quantité déterminée de capital, refuseraient purement et simplement de vendre; les plus traitables feraient des conditions léonines.

— On les contraindrait par une bonne loi sur l'expropriation, réplique un épargniste.

— Pourquoi alors perdre un siècle et ne pas en commencer par là, comme disait Cinéas à son roi ?

1. Eugène Fournière m'a cité le fait d'un mineur de Bessèges; d'une bonne conduite, lui disant : Voilà trente ans que je travaille, je n'ai jamais pu me voir une pièce de 10 francs dans la main.

2. On admettra bien que les intérêts seraient absorbés par les aléas de maladie et de chômage.

Mais ce n'est pas tout.

L'outillage se perfectionne ; par suite, la productivité du travail augmente et le nombre des ouvriers nécessaires à la production — avec les grandes journées de 10 à 16 heures — diminue rapidement, tandis que la population ouvrière augmente, d'où formation et accroissement continu, d'une armée industrielle de réserve que la faim décime.

Dans cette situation il faut, sous peine de terribles bouleversements, modifier la forme de répartition, pour faire diminuer le temps de travail au fur et à mesure de l'augmentation de sa productivité. Or, non seulement l'épargnisme et le coopératisme n'y tendent pas, mais ils aggraveraient la situation actuelle, en favorisant les longues journées et en restreignant la consommation, par la soif de l'épargne. C'est ce qu'a aussi compris M. Laviron, le fondateur de la *Ligue du droit des travailleurs à la retraite.*

Voici, en effet, une commune dont les habitants ne peuvent émigrer et où l'immigration est inconnue. Elle est composée de 1000 habitants, dont 400 travailleurs adultes employés chez des propriétaires terriens au nombre de 300 et dans des ateliers industriels, au nombre de 100. On leur a dit que les terres de la commune qu'ils peuvent racheter aux 20 propriétaires, valent 600,000 francs; que l'outillage industriel détenu par un seul capitaliste, vaut 200,000 francs. Ils se mettent courageusement à l'œuvre pour épargner les 800,000 francs nécessaires. A raison de 50,000 francs par an entre tous, ce sera une affaire de 16 ans. Cette épargne est naturellement prise sur la consommation. Au bout de l'année, s'ils ont épargné 50,000 francs, la consommation s'est restreinte d'autant. Les propriétaires et le capitaliste renvoient dix salariés dont ils n'ont que faire, vu l'encombrement du marché. L'année suivante, nouvel encombrement, nouveau renvoi de 10 autres ouvriers. Ceux-ci la trouvent mauvaise. Ne voulant pas, avec raison, consentir à mourir de faim, ils demandent aux travaillants de partager leur travail ou de leur fournir de quoi vivre. Les épargneurs accordent des secours insuffisants. Les chômeurs en concluent que, s'ils veulent vivre, ils ne doivent compter que sur eux-mêmes, et ils vont s'offrir au rabais. Les employeurs en profitent pour accroître leurs bénéfices, en faisant baisser les salaires. De la sorte, toute la partie de leur salaire, que les ouvriers avaient résolu d'épargner, se trouve leur être ôtée par la prédominance de l'*offre* de travail sur la *demande*, prédominance aggravée par cette même épargne qui a restreint la consommation.

Inutile de poursuivre ce raisonnement, la démonstration est déjà concluante.

On ne saurait trop le répéter, *l'épargne ne peut être efficace pour quelques individus, qu'à la condition que la grande majorité n'épargnera pas, car avec l'épargne généralisée, la consommation et par conséquent la production sont restreintes, la quantité de travail diminue elle sort des salariés empire.* L'épargne est plus que mangée par les pertes de salaires qu'elle détermine, en ce dernier cas.

La solution coopératiste étant ainsi écartée et la nécessité de désindividualiser le capital étant urgente, nous restons en présence de deux solutions possibles : le rachat par voie d'expropriation légale et l'expropriation révolutionnaire sans indemnité. Il est probable que la réalité sera entre les deux, et il dépend des classes dominantes qu'elle ait un caractère plus ou moins réformiste ou plus ou moins révolutionnaire.

Mais l'indiscutable, c'est que la solution ne pourra résulter que de l'action des pouvoirs publics, dont la conquête s'impose ainsi aux travailleurs et aux socialistes.

Toute la discussion porte sur ce point :

Les prolétaires doivent-ils pratiquer, dans la société actuelle, l'écart absolu, et ne compter que sur un renversement par la force de l'ordre existant?

Ou bien doivent-ils, tout en se groupant en parti politique distinct, se placer sur le terrain des institutions existantes pour s'organiser en force puissante, poursuivre les améliorations immédiates et commencer par le vote, la conquête des pouvoirs publics, sans pour cela négliger les possibilités révolutionnaires qui se présenteront ?

Le choix ne saurait être douteux. En suivant la première méthode, on n'a que le choix entre des tentatives prématurées et désastreuses ou une expectative d'autant plus dissolvante que l'excitation parolière sera en raison même de l'impuissance reconnue.

Adoptons donc franchement la seconde méthode; guérissons-nous des énervantes excitations, que ne peut suivre une action correspondante et qui ne semblent faites que pour la galerie dont les applaudissements passagers ne donnent pas un atome de force.

A procéder par étapes, nous sommes avec la science. Tout dans la nature est évolution continue. Un progrès en amène un autre, une amélioration en permet une seconde, une conquête permet d'en entreprendre d'autres.

Ne croyons pas non plus que la transformation économique pourra n'être pas graduelle, elle devra l'être d'autant plus que la société est plus compliquée.

« En disant que de la question sociale dépend le bien-être général, les socialistes n'ont jamais eu l'audace et la prétention bête de vouloir faire croire qu'il s'agissait de transformer subitement la société et de changer d'un seul coup l'enfer individualiste en un paradis collectiviste. Ils savent que l'on doit tenir compte des influences provenant du milieu, de l'éducation, de l'atavisme. Ils veulent simplement préparer par une impulsion énergique l'avénement prochain d'une morale et d'une légalité dérivant logiquement de principes incontestables; ils réclament des institutions basées sur la science à la place des pratiques empiriques et routinières, qui ont pour conséquences un paupérisme monstrueux, à une époque où l'on dispose depuis longtemps de méthodes et d'engins susceptibles de décupler la production en quelques années.

Les collectivistes sont convaincus que la sociologie constitue une véritable science, que l'ensemble des règles qui doivent présider à la manière de vivre en société des individus et des peuples se rattache à quelques vérités premières, comme tous les problèmes d'arithmétique sont implicitement contenus dans la numération, comme tous les morceaux de musique sont tirés de la gamme, comme toutes les combinaisons chimiques s'analysent d'après la théorie des équivalents. A leurs yeux, la pratique sociale actuelle ne vaut pas mieux que les mathématiques chez un peuple ignorant les lois de la numération, que la musique dans une contrée où l'on rhythme d'après la tradition, que la chimie à l'époque de l'alchimie; c'est donc la numération, la gamme, la nomenclature de la sociologie qu'ils appellent la QUESTION SOCIALE. » (S. Deynaud, Lettre à la *Revue sociale.*)

Au point où nous en sommes arrivés, il faudrait maintenant dire quelle est, dans le milieu socialiste ouvrier, la procédure révolutionnaire que l'on entend suivre. En un mot, exposer, en tablant sur les faits et les situations actuelles, par quelles séries de réformes ou de transformations il faudra passer pour substituer, aussi rapidement que possible, le socialisme à l'individualisme. Question difficile qui ne peut être traitée en quelques pages. Elle le sera dans une brochure de publication prochaine.

A ceux d'ailleurs trop pressés d'avoir immédiatement des plans de législation révolutionnaire et qui voulant, d'ores et déjà, savoir comment tout se passera dans la société future, il n'est que trop facile de répondre : le parti socialiste, dans son ensemble, n'est pas encore à la veille de prendre le pouvoir. Organisons l'armée assiégeante, non formée encore, et ne nous partageons pas prématurément le butin de la ville à laquelle nous ne serons pas de longtemps en mesure de donner fructueusement l'assaut.

Nous sommes, encore une fois, dans la période de formation, d'éducation et de groupement, donnons à cette œuvre toutes nos forces, jusqu'à nouvel ordre.

En résumé, si les classes dirigeantes voulaient, une solution pacifique serait possible, le socialisme économique moderne se réduisant comme, après De Paepe, l'a précisé Paul Brousse, à la progressive transformation en services publics, des foyers de production et de circulation au fur et à mesure de leur monopolisation par la féodalité capitaliste ajoutons-nous.

Mais l'égoïsme et l'aveuglement des dirigeants font prévoir que l'entrée dans la terre promise des transformations socialistes devra être précédée d'une victoire révolutionnaire.

Dans cette hypothèse même, les ouvriers militants doivent, avant de rien entreprendre, se départir de certaines intolérances, voir un peu moins en ligne droite et un peu plus en surface, grouper autour de leurs idées d'émancipation toutes les forces vives du prolétariat et de la démocratie sociale. Ils doivent ensuite procéder par voie de mises en demeure constantes; prenant le moins, sans renoncer au plus, c'est-à-dire à la défense des grands intérêts humains, jusqu'au jour où ils seront en mesure, par le vote ou autrement, de prendre le pouvoir et de fonder, par une série de transformations, embrassant toutes les catégories sociales, l'ordre dans lequel seront la production organisée socialement, la répartition des richesses conforme à la justice, l'instruction intégrale universalisée.

Paris, le 10 mars 1883.

FIN

TABLE DES MATIÈRES

PREMIÈRE PARTIE

HISTORIQUE DE L'ÉCONOMIE POLITIQUE DEPUIS LES ATHÉNIENS JUSQU'A NOS JOURS.

DEUXIÈME PARTIE

EXPOSÉ CRITIQUE DES LOIS ÉCONOMIQUES ET DES PHÉNOMÈNES SOCIAUX.

Paris. — Imprimerie DERVEAUX, 32, rue d'Angoulême.

AVIS

A TOUS LES LIBRAIRES.

La Maison DERVEAUX mettra en vente, à partir du 1er juillet prochain, une série de cahiers d'écoliers, pour être vendus au public à raison de

www.ingramcontent.com/pod-product-compliance
Ingram Content Group UK Ltd.
Pitfield, Milton Keynes, MK11 3LW, UK
UKHW012151240726
13966UKWH00001B/253